현대한국학연구소 학술총서 11

근대 한·중·일 관계사

김 기 혁

연세대학교 출판부

간 행 사

국제학대학원 현대한국학연구소는 故 김기혁 교수님의 유고 가운데 일부를 골라 "근대 한·중·일 관계사"라는 제목의 학술총서를 출판하게 되었다. 현대한국학연구소는 한국근대 대외관계사 분야의 저명한 학자이셨던 교수님의 유고집을 출판하게 된 것을 다시없는 영광으로 생각한다.

김기혁 교수님은 연세대와 이러저런 인연을 맺으셨다. 먼저 포항공대 교양학부에 재직하시며 한국사를 강의하시는 동안에, 그리고 포항공대를 퇴임하신 이후에 연세대 국제학대학원의 특임교수를 역임하셨다. 둘째, 1997년 3월에 설립된 현대한국학연구소가 "우남이승만문서"를 정리·편찬하고, 기타 연구사업을 펼치는데 자문 역할을 맡아주셨다. 셋째, 당신의 영문 저서의 내용을 축약한 *Opening of Korea*라는 강의용 교재를 현대한국학연구소에서 출판하셨다. 넷째, 사후에 교수님의 손때가 묻은 애장서들이 교수님의 부인과 계씨 김기환 박사님의 후의로 국제학대학원 도서관에 기증되었다. 이러한 인연들을 기리기 위해 현대한국학연구소가 교수님의 유고집을 간행하게 되었다.

이 책은 19세기 후반 한국의 개항 전후문제를 이웃 나라들의 개항문제와 대비하여 살펴보려는 비교사적 시각에 입각하여 저술된 것이다. 기왕에 한국의 근대사학계에는 조선의 개항문제를 연구함에 있어 개항에 끼친 조선정부와 개화파들의 역할만을 과대 해석함으로써 지나치게 자민족중심주의적 역사해석을 취하는 경향이 있었다. 다시 말해 한국 근대사학계의 개항연구는 조선의 개항문제를 동아시아 3국의 국제관계 속에서 파악하려는 국제적 시각을 견지하지 못했던 것이다. 이에 반해 김기혁 교수님은 한국의 개항문제가 철저히 동아시아의 근대사와 연동되어 있다는 사실을 파악하시고, 그러한 시각을 일관되게 자신의 연구에 반영시키려 노력하셨다. 이러한 점에서 교수님의 유고집은 한국근대 초엽의 개항문제와 대외관계사를 객관적이며 역사적인 관점에서 파악하도록 하는데 유익한 역할을 수행할 것이라고 자부한다.

이 책을 출간하기에 앞서 무엇보다도 김기혁 교수님의 유고집을 정리하는데 필요한 제반 비용을 흔쾌히 지원해 주신 연세대 국제학대학원의 이영선·한성신 전임 원장님들과 장대련 현임 원장님께 진심으로 감사드린다. 그리고 원고를 통독하시고 책의 체제를 정하고 편집 후기를 써주신 국제학대학원의 유영익 석좌교수님과 포항공대 교양학부의 고정휴 교수님께도 감사의 말씀을 드린다. 아울러 이 책의 편집·교열·교정 작업을 도맡아준 현대한국학연구소 오영섭 연구교수의 노고에 치하를 드린다. 이 책의 출판을 계기로 교수님의 국제적 시각에 입각한 한국근대사 연구성과가 널리 전해지기를 기원해 마지 않는다.

2007년 3월 31일
현대한국학연구소
소 장 김 혁 래

축 사

연세대학교 국제학대학원 산하의 현대한국학연구소가 고 김기혁 교수님의 유고집을 출판하게 된 것을 진심으로 축하합니다. 김교수님이 일본과 미국에서 내학을 마치시고, 미국의 캘리포니아대학에서 박사학위를 마치신 걸출한 학자라는 것은 널리 알려진 사실입니다. 김교수님은 *The Last Phase of the East Asian World Order* (『동아시아 세계질서의 종막』)이라는 저서를 통해 한국근대 대외관계사 분야에서 독보적인 업적을 내셨습니다. 그리고 한국학계의 국수주의적 근대사 해석과 달리 한국의 개항문제를 동아시아 3국의 국제관계 속에서 파악하려는 새로운 연구시각을 도입하셨습니다. 이러한 고명한 학자분의 유고집에 축하의 말씀을 올리게 되어 다시없는 영광으로 생각합니다.

김기혁 교수님은 생전과 사후에 연세대 국제학대학원과 각별한 관계를 맺으셨습니다. 우선 김교수님은 포항공대 교양학부에서 한국사를 가르치실 때에 국제하대학원에서 특임교수를 겸임하고 계셨습니다. 그리고 포항공대를 퇴임하신 후에도 다년간 특임교수를 계속 맡아주셨습니다. 그리고 김교수님이 돌아가신 후에는 당신이 소장하시던 모든 책들이 사모님의 허락과 동생이신 김기환 한국태평양경제협력위원회 회장님의 주선으로 국제학대학원 도서관에 기증되었습니다. 이로 인해 김교수님은 국제학대학원과 영원한 인연을 맺게 되었던 것입니다.

김기혁 교수님의 유고집을 세상에 내놓기에 앞서 먼저 이 책의 출판을 위해 각별한 관심을 표해 주신 이영선 · 한성신 전임 원장님들께 진심으로 경의를 표합니다. 아울러 이 책의 출판에 필요한 제반 지원 업무를 이면에서 기획하고 조정하신 현대한국학연구소의 김혁

래 소장님의 노고도 잊을 수 없습니다. 또 이 책의 체제를 잡아주시고 편집 후기를 써주신 국제학대학원의 유영익 석좌교수님과 포항공대의 고정휴 교수님께도 감사의 말씀을 드립니다. 그리고 이 책에 수록된 난삽한 원고들을 번듯한 책으로 만들기 위해 온갖 수고를 아끼지 않은 현대한국학연구소의 오영섭 연구교수의 노고에 치하를 드립니다.

김기혁 교수님의 주옥같은 논문들이 실린 이 유고집이 한국근대사학계에 두고두고 의미 있는 역할을 하리라는 것을 믿어 의심치 않습니다. 아울러 김교수님의 장서를 국제학대학원에 흔쾌히 기증해 주신 사모님과 김기환 회장님께 충심으로 감사의 말씀을 올립니다. 고맙습니다.

2007년 4월 2일

연세대학교 국제학대학원

원 장 장 대 련

목　　차

19세기 중엽의 동아시아 국제정세
— 조공체제에서 조약체제로 —

I. 머리말

19세기 중엽의 동아시아 정세를 단적으로 표현한다면 이 지역에서 장구한 세월에 걸쳐 존속해온 농업경제에 의거한 전통적 세계질서가 이른바 서세동점의 거센 물결 앞에서 동요, 붕괴하기 시작하고 지역 내 각국이 서구열강의 압력 앞에서 그 문호를 개방하고 그들이 주도하는 새로운 국제사회에 편입되는 시기였다고 할 수 있다. 이와 같은 세계역사상의 대변혁은 이때 갑자기 일어난 것이 아니었고 이미 근세 초기 즉 16세기 초두에 시작한 서구 제국(諸國)의 동방진출의 결과였다. 본장에서는 먼저 전통적인 동아시아 세계내에 존재했던 이른바 중국적 세계질서와 그 속에서 조선이 차지하고 있었던 위치를 고찰해 본 다음, 서방 제국의 동방진출이 시작된 배경과 경위와 과정을 살펴보고, 끝으로 19세기 초부터 서세동점의 물결 즉 '서양의 충격'이 동아시아 제국에 어떠한 결과를 가져왔던가를 고찰하기로 한다.

II. 전통적 동아시아와 한국: 농경사회적 세계질서

1. 화이질서와 중국의 조공제도

19세기 초기의 동아시아는 극히 제한된 무역을 제외하고는 서방세계와 거의 교섭이나 접촉이 없는 폐쇄된 천지였다. 이 동아시아에는 중국을 중심으로 형성된 독특한 세계질서가 존재하고 있었는데 중국 사람들은 이를 화이질서라고 하였다. 이 화이질서는 세계를 단일제국으로 간주한 고대 중국인이 문명이 발달한 자기를 화(華) 또는 중화(中華)라 하고, 문명이 뒤떨어진 주변 이민족을 이(夷) 또는 사이(四夷, 東夷·西戎·南蠻·北狄)로 구별한 사상과 인류사회에는 신분의 상하와 지위의 우열을 구분하는 위계질서가 존재한다는 유교사상에 기초한 것이었다. 화이질서는 중국을 종주국으로 하고 모든 이민족 사회나 국가를 그 '번속(藩屬)' 또는 '속방(屬邦)'으로 하는 종속체제(宗屬體制)에 구현되어 있었으며 이 체제는 종주국인 중국과 속방 또는 번속과의 관계를 조직 관리하는 중국의 조공제도에 의하여 운영 유지되고 있었다.[1)]

중국을 중심으로 한 동아시아 세계질서는 한왕조(漢王朝, 前漢: 206 BC~AD 8; 後漢: AD 25~221) 시대에 그 원형이 형성되었다. 그 후 천수백 년에 걸쳐 중국대륙에서 분열과 통일이 반복되고 여러 왕조가 교체되었으며, 특히 여러 북방 이민족의 이른바 정복왕조가 등장하여 한민족의 우월성에 관한 신화가 무너짐에 따라 화이질서도 동요와 혼돈에 빠지게 되었다. 이와 함께 중국의 조공제도도 우여곡절과 소장(消長)을 면치 못하였다. 그러다가 14세기 후반에 한민족에 의한 강력한 통일왕조인 명(1368~1644)이 등장함에 따라 중국에서는 화이질서가 회복되고 동아시아 천지에는 중국 중심의 세계질서가 다시 확립되었다. 그리하여 중화제국의 종속체제와 조공제도가 제도적으로 정비되었다. 이때 정비된 체제와 제도는 그후 19세기 말에 가서 마지막으로 붕괴될 때까지 크게 변함없이 존속되었다.

---

1) 古代 中國人의 天下思想에 관한 종합적인 연구는 많이 있는바 국내에서는 金翰奎,『古代 中國的 世界秩序 硏究』, 一潮閣, 1982; 尹乃鉉, 金翰奎 외,『中國의 天下思想』, 民音社, 1988; 그리고 국외에서는 John K. Fairbank, ed., *The Chinese World Order: Traditional China's Foreign Relations* (Harvard University Press, 1968) 등이 있다.

2. 조선왕조와 중국: 종속관계

17세기 전반에 중국에서는 명조가 멸망하고 다시 북방 오랑캐의 정복왕조인 청조가 등장하는 왕조교체가 일어났다. 조선도 불가피하게 이에 휩쓸려 들어가 정묘호란(1627)과 병자호란(1636)이라는 양대 국난을 겪게 되었다. 특히 조선왕조가 그때까지 야인으로 홀시하여 왔던 여진족이 세운 청조를 종주국으로 섬기는 것은 큰 굴욕이 아닐 수 없었다. 그러나 오랫동안 중국 주변에서 한문화를 받아들여온 청조의 통치자들은 명조의 문물과 제도를 거의 그대로 계승하였다. 조선과의 관계에 있어서도 청조는 건국 초기의 강압과 대결이 끝나자 양국간에 정상적인 종속관계를 회복하는데 노력하였다. 그 결과 청한 종속관계는 조선조정 군신들의 끈질긴 '숭명반청(崇明反淸)' 감정에도 불구하고 19세기 말까지 200여년 동안 평화롭고 원만하게 지속되었다.

청한 종속관계에는 의례적인 것과 실질적인 것이 있었다. 전자에는 중국황제와 조선국왕간의 군신관계를 상징하는 사절과 예물의 교환 및 의례의 준행이었고 후자에는 이에 수반한 교역이었다. 조선에서 새로운 군주가 왕위에 오르게 되면 청조에 주청사(奏請使)를 파견하여 황제의 책봉을 요청하였다. 이에 황제는 그를 조선국왕으로 책봉한다는 고서(誥書)를 내리고 책봉사를 서울에 파견하여 이를 전달하였다. 이로써 양자간에 군신관계가 정식으로 성립하였다. 조선은 정기적으로 조공사를 청조에 파견하였는데 청조 초기를 제외하고는 매년 일차 동지 때 파견하였기 때문에 이를 동지사(冬至使)라고 통칭하였다. 동지사 외에도 수시로 필요에 따라 각종의 사명을 띤 사절을 파견하였다. 중국에서도 책봉사 이외에 각종 사신을 파견하였으나 이는 부정기적이었고 그 회수도 많치는 않았다. 조선국왕이 사절을 파견할 때는 반드시 방물 즉 조선의 토산물을 공물로 헌상하였으며 중국황제는 회사품(回賜品)을 하사하는 예물교환이 수반되었다. 종주국에 대한 신복의 상징으로 조선은 중국황제가 제정한 역법을 사용하고 모든 공문서에는 황제연호를 사용하였다.

이상과 같은 의례적 관계에 수반한 교역이 있었다. 조선의 조공사 일행이 북경 회동관(會同館)에 머무는 동안 그들이 가지고 간 물품을 팔고 중국 물품을 사는 이른바 회동관무역이 허용되었다. 반면 청조의 사행은 서울에 머무는 동안에 교역에 종사하지 않았다. 이외에 변방무역이라고 하여 매년 일정한 시기에 양국 상인들이 양국간 국경에 있는 중강(中江), 회녕(會寧), 경원(慶源) 등지에서 물물교환 형식의 교역을 하였다. 이 외에는 양국간에 어떠한 인적·물적 교류도 없었다.[2)]

청한 종속관계의 가장 중요한 원칙은 종주국인 중국의 서열상의 우위였다. 청한간에 초기에 있었던 갈등과 대립, 그리고 그 후에도 계속된 반청감정에도 불구하고 조선이 정면으로 청조의 우위를 부정하거나 이와 대등한 지위를 주장한 적은 없었다. 중한관계는 부자나 형제간의 관계에서 부형의 지위가 절대적으로 우위를 이루는 것과 동일하다고 생각되었다. 둘째로 이와 같은 서열상의 구별과는 관계없이 양자간의 상호 불간섭의 원칙이었다. 이는 조선은 속방이나 '정교(政教)와 금령(禁令)은 자주'라는 말로 분명히 규정되었다. 이와 같이 중국은 종주국으로서 의례상 확고한 우위를 차지하였으나 속방에 대하여 함부로 간섭하거나 실지로 지배한 것은 절대로 아니었다. 종주국의 권한은 '자소이덕(字小以德)'으로, 속방의 의무는 '사대이례(事大以禮)'로 표현된 것과 같이 도의적인 것이므로 양자간의 관계의 근본정신과 원칙은 결코 '힘에 의한 지배와 굴복'관계는 아니었다.

---

2) 清韓 宗屬관계에 관한 연구에는 金聖七, 「燕行小攷 — 朝中交涉의 一駒」, 『역사학보』 12, 1-79쪽; 全海宗, 『韓中關係史硏究』, 一潮閣, 1970, 59-112쪽 참조.

3. 조선왕조와 일본: 교린관계

한일관계는 장구한 역사를 갖고 있으나, 이것이 제도적으로 정비된 것은 15세기 초였다. 14세기 후반에 명조가 등장하였을 때 일본에서는 무로마치(室町)막부의 지위와 권위가 점차 안정되고 있었다. 조선의 태종 이방원(李芳遠)이 명조로부터 조선국왕에 책봉된 다음해인 1401년에 부로마치막부의 제3대장군 아시카가 요시미쓰(足利義滿)도 명조에 입공하여 중일관계 역사상 처음으로 '일본국왕'에 책봉되었다. 조선과 일본이 동시에 명의 조공제도에 편입된 것은 동아시아 세계질서의 제도적 정비와 완성을 뜻하였으며 한일 양국간에 기존관계를 정리하는데 도움이 되었을 것이다.

이때 형성된 한일관계에는 크게 두 가지 특징이 있었다. 그 하나는 양국의 통치자, 즉 조선 국왕과 일본 장군의 지위가 동등하다는 원칙이 확립된 것이다. 또 하나는 중앙집권적인 조선은 국왕이 유일한 통치권자로 일원적으로서 외교권을 행사하는 반면, 봉건체제하의 일본에서는 중앙정권의 장군 이외에 세습영주들이 각각 지방분권적으로 통치권을 행사하여 조선과 독자적인 관계를 지녔다는 사실이다. 즉 조선의 대일관계는 일원적으로 관리되었으나 일본의 대조선관계는 다원적으로 운영되었다. 여기서 주목할 것은 조선왕조와 교또에 있었던 일본왕실과는 아무 관계도 없었다는 사실이다. 이것은 당시 일본의 천황이 통치권이 없는 단순한 명목상의 원수였으며 토속신앙인 신도(神道)의 교조적인 존재에 불과하였다는 것과, 중앙정권인 막부의 힘과 권위가 약하여 일원적인 외교권을 행사하지 못했음을 말하여 주는 것이다. 조선왕조가 이와 같이 일본과 다원적인 관계를 가졌던 것은 일본 서남지방의 영주나 호족들에게 명목상의 관직 또는 인장을 수여하여 외교와 무역상 일정한 특권을 주고 그 대가로 한반도 해역에서 그들의 침범과 약탈을 억제하는 것이 그 목적이었다. 수직왜(受職倭) 또는 수도서왜(受圖書倭)라고 불려진 이들은 조선국왕의 단순한 배신(陪臣)이 아니라 '준신하(準臣下)'였다. 조선초기에 형성된 이와 같은 한일관계는 그후 한반도 해역에서 왜구활동이 꾸준히 계속되었음에도 불구하고 크게 변화 없이 지속되다가 16세기 말에 일어난 임진왜란으로 말미암아 일시 중단되었다. 그러나 난이 종식된 직후 일본에서 도쿠가와(德川)정권이 등장한 후 1609년에 이른바 기유약조(己酉約條)가 체결되어 양국간의 정식국교가 재개되었다. 기유약조는 1876년에 강화도조약이 체결될 때까지 약 260년 동안 한일관계의 기본적인 틀로 남아있었다. 이 약조에 의하여 조선은 일본과 두 가지 차원의 관계를 유지하였다. 하나는 막부와의 관계였고 또 하나는 위에서 말한 수직왜와 수도서왜와의 관계였다.

막부와의 관계는 조선측에서 막부에 사절을 파견하는 것과 이에 수반하는 서계와 예물교환이 전부였다. 이 사절을 통신사라고 하였는데 통신사는 장군(將軍)이 사망하고 새 장군이 승습할 때 조의와 축하의 뜻을 전하는 국왕의 서한과 예물을 전달하기 위하여 막부의 소재지인 에도(江戶)에 파견되었다. 도쿠가와시대 전시기를 통하여 통신사는 12회에 걸쳐 파견되었다. 19세기 초에 재정난에 시달린 막부가 비용을 절감하기 위하여 에도가 아닌 다른 곳에서 통신사를 영접하자는 이른바 역지빙행(易地聘行)을 제의했으나 조선측이 이를 거절한 결과 통신사 파견은 폐지되었다. 도쿠가와막부도 조선에 사절을 파견코자 했으나 임진왜란으로 극도로 증폭된 대일불신감을 지닌 조선조정은 이를 거절하였다. 따라서 막부의 조선조정과의 연락은 대마도영주가 이를 대행하였다. 그 결과 도쿠가와시대에 일본인은 공적으로나 사적으로나 한 사람도 서울을 방문하지 못하였다. 이와 같이 조선조정과 막부간의 관계는 엄격한 대등원칙에 입각한 의례외교에 불과하였다. 이때 통신사는 청조에 파견된 조공사와 같이 의무적인 것은 아니고 막부의 요청에 따라 수시로 필요에 따라 파견된 것이었다.

한편 대마도와의 관계에서 조선측은 필요에 따라 부정기로 역관을 파견하였는데, 이를 도해역관(渡海譯官) 또는 문위역관(問慰譯官)이라

하였다. 이들의 사명은 새 영주의 승습을 축하하거나 도내 사정을 조사하는 것이었다. 그들은 단기간 체재하였으며 소정된 임무 이외의 활동은 일절 하지 않았다. 반면 대마도는 매년 연례사라고 불린 정기사절과 별차왜(別差倭)라고 불린 임시사절을 보냈다. 연례사에는 대마도 도주가 장군을 대행하여 보내는 대차사(大差使)와 그 자신이 영주자격으로 보내는 차사, 그리고 수직왜(受職倭) 및 수도서왜(受圖書倭)가 보내는 사신이 있었다. 별차왜는 양국간에 단순한 연락사항이 있을 때 파견되었다. 이들은 조선 예조참판과 동래부사 또는 그들의 속료들에 보내는 서계와 조선조정에 헌상하는 예물을 전달하고 이에 대한 회사품을 하사받았다. 모든 서계에는 조선의 종주국인 중국황제의 연호와 조선국왕으로부터 하사된 관인을 사용하여야 했다. 대마도에서 도래하는 일본인들은 부산 초량에 있었던 왜관에서 소정된 범위내에서 물물교환형식의 교역에 종사하였다. 그러나 관외로의 출입이나 여행은 일절 금지되어 있었다. 왜관은 조선정부가 설치한 것이었고 그 일상관리는 대마도 영주가 임명한 관수(館守)에 맡겼다. 왜관에 와서 체류하는 일본인은 매년 1,000명 전후에 달했으며 조선정부는 이들을 위하여 매년 3,000석의 쌀을 제공하였다.

도쿠가와초기에는 조선조정과 이와 같은 관계를 맺고 있는 영주들이 일본 서남지방에 여럿 있었다. 그러나 도쿠가와중기에 들어 17세기 말엽까지 이들과 조선과의 관계가 청산되었다. 이때부터 대마도는 조선과의 외교와 교역을 독점하게 되었다. 조선과 대마도간의 관계는 물론 대등한 것이 아니었고 양자간에는 상하와 우열의 구분이 분명하여 조선왕은 대마도 영주를 준신하로 대우하였다.

4. 화이질서하의 한국과 일본

동아시아 천지에서 중국중심적인 세계질서가 처음으로 형성된 것은

7세기 초 당왕조(608~917) 초기였다. 이때 중국대륙에서 후한이 멸망한 후 400여년이나 계속된 분열과 혼란이 끝나고 다시 통일제국인 수와 당이 차례로 흥기하자 고구려, 백제, 신라는 서둘러 그들과 책봉관계를 맺었다. 이때 일본도 사절을 파견하여 입공하였으나 책봉관계는 맺지 않았다. 한반도 3국과 일본 사이의 이와 같은 대응의 차이는 동아시아세계에서 각자가 차지하고 있었던 지리적·전략적 입지의 차이에서 유래한 것이었다. 즉 중국대륙에서 강력한 세력이 흥기하여 외교적·군사적으로 직접 그 영향과 압력을 받게 된 한반도 3국은 재빨리 중국과 외교적 관계를 확립하여 자신의 지위와 안전을 도모하여야 했다. 그러나 중국대륙에서 거리가 먼 도서국가 일본은 외교상·전략상 훨씬 더 큰 선택의 폭과 자유를 갖고 있었다. 일본은 대륙에서 일어나고 있는 변동을 자국에 유리하게 이용하기 위하여 새 대륙세력과 외교관계를 맺었으나 구속적인 책봉관계까지 맺어야 할 필요는 없었다.

그후 당이 직접 한반도에 개입하여 신라에 의한 3국의 통일을 지원한 다음 이를 자기 판도에 편입하려고 했으나 통일신라의 완강한 항거에 봉착하여 실패하고 말았다. 그러나 이같은 적대관계는 일시적인 것에 불과하였고 양국간에는 곧 종속관계가 회복되었다. 그후 신라는 계속 당과 밀접한 관계를 유지하고 그 선진문화를 도입하여 민족문화를 꽃피게 하였다. 반면 일본은 한반도가 통일되자 한반도 진출기도가 좌절되었고 한 가닥의 희망을 걸었던 나당전쟁이 끝나 나당간에 우호관계가 회복되자 자신의 한반도에 대한 야심을 포기할 수밖에 없었다. 이와 함께 중국에 대한 일본의 관심은 급격히 저하하였다. 당왕조 300년간을 통하여 신라는 나당전쟁 중 수년을 제외하고는 매년 사절을 보냈다. 이에 비하여 일본은 같은 기간에 전후 15차례의 사절을 파견하는데 그쳤다. 이중 초기 6회는 630년부터 약 40년간에 집중되었는데 이때는 바로 3국 통일전쟁이 일어나고 당이 이에 개입한 시기였다. 나머지 9회는 그후 약 170년 동안에 20년만에 한번 꼴이었으며 그 조차 838년을 마지막으로 완전히 폐지되었다.

일본이 당에 입공하였던 목적은 대륙의 선진문화를 도입하는 것이었다는 것이 일본학계의 통설이었다. 그러나 위에서 지적한 사실은 그 목적이 주로 전략적인 것이었으며 문화도입은 이차적인 것이었음을 보여준다. 이와 같이 한국과 달리 일본은 동아시아 세계의 일원이면서도 항상 중국과 일정한 거리를 유지하였는데 일본의 이와 같은 태도는 그후 더욱 분명해졌다. 당이 멸망한 후 중국에서는 송왕조(960~1279)가 들어섰다. 군사적으로 약했던 송은 북방민족 국가인 요와 금의 압력 하에 동아시아세계의 종주국 역할을 제대로 하지 못하고 중원에서 남쪽으로 밀려났다. 이로 말미암아 화이질서는 크게 흔들리게 되었다. 그럼에도 불구하고 한반도에서 통일신라를 계승한 고려는 송과 꾸준히 종속관계를 유지하며 그 문화를 도입하는데 힘썼다. 특히 유학 발달에서 새로운 국면을 개척하여 획기적인 발전을 가져온 정주학을 도입하여 후일 한국유학 발전의 터전을 마련하였다. 한편 일본은 9세기 중엽 이후 계속 중국과 공식적 관계를 맺지 않고 민간차원의 문화적 교류는 어느 정도 유지하였다.

13세기 중엽에 전유라시아 대륙에 걸쳐 역사상 미증유의 대변동이 일어났으니 바로 몽고에 의한 중국정복과 원제국의 창건이다. 이 과정에서 고려는 30년간에 걸친 치열한 항쟁 끝에 결국 몽고에 항복하고 직접 그 통치를 받게 되었다. 뒤이어 섬나라 일본도 역사상 처음으로 대륙으로부터 무력침공을 받았다. 그러나 1274년과 1281년 두 차례에 걸친 여몽연합군의 일본침공은 완전한 실패로 끝났다. 몽고에 의한 중국정복은 한민족의 화이사상과 덕치주의에 치명적인 타격을 주고 전통적 동아시아 세계질서를 무너뜨렸다. 한편 몽고의 일본침공은 일본인의 민족감정을 자극하여 단결을 강화시켰으며, 이에 대한 일본의 승리는 일본인의 민족적 자부심을 북돋아주었다.

15세기 초에 일본의 아시카가장군(足利將軍)이 명조의 책봉을 받았던 목적은 주로 자신의 권위를 강화하고 중국무역의 이윤을 추구하는 것이었고 중국문물의 도입에는 그다지 관심이 없었다. 그 때문에 그는 국내 왕정귀족들과 신도(神道) 신관(神官)들의 비난공격을 받게 되었다. 이로 말미암아 그후 아시카가장군들은 명조와의 종속관계를 단속적으로 유지하였다. 16세기 중엽에 가서는 그들의 정권은 유명무실하게 되고 명과의 종속관계도 자연 소멸되었다. 그후 17세기 초에 등장한 도쿠가와정권은 아예 중국과 공식적인 국교를 맺지 않았다. 그러나 도쿠가와정권은 조선과 유구왕국을 통하여 비공식으로 중국과 연관되어 있었다. 따라서 일본도 분명히 동아시아세계의 일원으로 남아있었다.

위에서 본 바와 같이 한국은 고대 동아시아 세계질서가 형성된 후 언제나 그 테두리 안에서 중국과 불가분의 유대를 유지하였다. 특히 중국과 동질적인 문화를 발전시켜 '소중화'라고 자타가 인정하였다. 그러나 정치적으로는 언제나 의연한 태도로 완전한 자주를 고집하고 중국의 간섭을 거절하였다. 중국도 원왕조를 제외하고는 한국을 통치하거나 그 내외정에 간섭하지 않았다. 한편 일본도 중국문화를 도입하여 자체의 문화를 발전시켜 왔으나 항상 중국과는 일정한 거리를 두고 공식적인 국교를 유지하려고 노력하지 않았다.

이러한 과정에서 한일 양국은 각각 상대방에 대한 고정된 견해 또는 편견을 갖게 되었다. 즉 중국과의 문화적 일체감을 갖고 대륙문화를 일본에 전도한 한국인은 일본에 대하여 문화적으로 선진자라는 자부심과 우월감을 갖게 되었다. 또 예로부터 꾸준히 계속된 일본인들의 침범과 약탈에 시달려온 한국인은 일본인을 도덕적으로 야만으로 보게 되고 그에 대한 불신감을 갖게 되었다. 특히 임진왜란은 한국인의 일본에 대한 불신을 거의 절대적인 것으로 만들었다. 한편 일본인은 중국에 대해서 그 문화적 우위와 선진성을 인정하면서도 외교상 동등한 지위를 주장하고 한국에 대하여는 우위를 주장하였다. 일본왕실은 일본인의 이와 같은 사고와 태도를 제도적으로 표현하였다.

예로부터 이른바 천명을 받아 중국을 통치한 중국의 군주는 모든 인류에 군림하는 '천자'라 하고 '황제'라고 불렀다. 동아시아에서는 중국을 제외한 어느 민족의 군주나 수장도 이를 사용할 수 없었다. 그러나 유독 일본만이 자국의 왕을 '천황'이라고 불러왔다. 물론 이는 타국이 인정하지 않았다. 그러나 이와 같은 관용은 일본인의 대외관계에 대한 사고를 왜곡하는 요인이 되었다. 일본 고대 사서인 『일본서기』에는 고구려, 백제, 신라왕이 일본조정에 입공하였다는 왜곡된 기사가 실려있다. 이것이 사실이든 아니든 후세 일본인은 한반도가 고내 일본의 속국이었다고 믿게 되었다. 19세기 중엽 일본에서 막부정치가 끝나고 이른바 '천황의 친정'이 회복되었을 때 바로 이 때문에 양국 군주의 호칭을 둘러싸고 외교상 분쟁이 일어나게 되었다.

III. 서세동점과 동아시아 제국(諸國)

1. 서구 제국(諸國)의 동방진출

이른바 서세동점은 근세 초두 즉 15세기 말에서 16세기 초에 걸쳐 시작된 서구 제국의 동방진출로 출발하였다. 그 배경에는 13~14세기에 걸쳐 광대한 유라시아 대륙을 지배한 몽고제국의 붕괴에 이어 15세기 중엽의 오스만 터어키의 흥기와 이로 인한 동로마제국의 멸망으로 비단길(the Silk Road)이라고 불려진 동방교역로가 회교도와 아랍상인들 수중에 넘어갔다는 사실이 있었다. 이로 말미암아 13세기 중엽 이래 동방무역으로 번영하여 온 지중해연안의 기독교국가 상인들은 인도와 중국, 즉 동방으로 가는 새로운 무역로를 개척해야만 했다. 바로 이를 위한 노력으로 인류역사상 미증유의 대항해시대, 대발견시대가 개막되었다. 그 시작이 1492년 콜롬버스(Christopher Columbus)의 미주대륙 발견과 1498년 바스코 다 가마(Vasco da Gama)의 인도항로 발견이었다. 이를 가능케 한 것은 근세 초기에 시작된 과학혁명의 일환으로 천문학과 항해술의 획기적인 발달과, 이와 때를 같이하여 전개된 유럽 근대 민족국가간의 식민지획득 경쟁이었다. 또 이 경쟁에 박차를 가한 것이 종교개혁과 이에 대응하기 위한 가톨릭교회 자체의 개혁운동, 이른바 반개혁운동(the Counter Reformation)이며 그 일환으로 전세계에 걸쳐 전개된 천주교 포교활동이었다. 이와 같이 근세 서구제국의 동방진출은 유럽상인들의 동방무역, 유럽국가들의 영토확장 경쟁과 가톨릭교회의 포교운동이 합쳐져서 이루어진 세계사상의 대사건이었다.

2. 포르투갈과 스페인의 동방진출

이 동방진출에서 선두에 나선 것이 이베리아반도 국가 포르투갈과 스페인이었다. 1493년 12월 교황 알렉산더 6세가 장차 발견될 모든 지역을 유럽대륙 서쪽 대서양해역을 남북으로 종단하는 자오선을 경계로 하여 서쪽은 스페인이 동쪽은 포르투갈이 영유케 한다는 교서를 발표하였다. 양국은 이 교서의 내용을 다음해 1494년에 톨데시래스(Tordesillas)조약으로 확인하였다. 이에 따라 포르투갈은 아프리카대륙 서해안을 남하하여 희망봉을 동으로 돌아 인도양에 진출, 다시 북상하여 아랍해를 거쳐 인도 서해안에 도달하였다. 1510년에는 인도의 고아(Goa)를 점령하여 이곳을 동방진출의 본거지로 삼았다. 1511년에는 마래반도 서남단에 있는 말라카(Malacca)를 탈취하여 이곳에 동남아 향신료 무역기지를 건설하였다. 다시 남지나해를 북상하여 중국 남부해안 항구들을 점취하려고 여러 차례 시도했으나 번번이 축출당했다. 그러다가 1557년에 중국해역에서 해적 소탕에 공을 세워 명조로부터 마카오(Macao)에 무역기지 건설허가를 취득하였다.

한편 스페인은 대서양을 건너 신세계로 진출하였다. 1519~1520년에 멕시코(Mexico)를 정복하여 이를 본거지로 삼아 중남미대륙 정복을 활발히 추진하였다. 남미대륙 북부의 파나마지협을 횡단하여 서해안지역에 진출하여 1530년대 초에는 페루(Peru)를 그리고 1540년대에는 칠리(Chili)를 정복하였다. 그 후 1세기 동안 이 지역은 세계 최대의 은산지가 되어 스페인의 번영에 크게 공헌하였다. 이에 앞서 1519～1521년 마젤란(Magellan)이 남미대륙 남단에서 태평양을 서쪽으로 횡단하여 필리핀을 발견하였다. 스페인은 이곳에 식민지를 건설하여 동남아시아, 중국, 일본무역의 기지로 삼았다. 이와 같이 16세기 중엽까지 포르투갈과 스페인은 동남아시아와 동아시아에 진출하여 17세기 초까지 이 지역 전해역에서 제해권을 장악하고 해상무역을 거의 독점하다시피 했다.

이와 같이 양국이 동아시아에서 쉽사리 해상주도권을 장악할 수 있었던 것은 당시 중국, 한국, 일본 등 이 지역 국가들이 이른바 해금정책(海禁政策) 하에서 해외교류와 왕래를 금하거나 극도로 제한하고 있었기 때문이었다. 16세기 초에 중국의 명조는 환관 정화(鄭和)가 이끄는 대함대를 전후 7차에 걸쳐 인도양과 아프리카 동해안지역에 파견하여 이를 중국 조공체제에 편입시켰다. 1405년의 제1회 원정은 60여척의 함정과 28,000명의 병원이 동원된 세계사상 미증유의 규모였다. 만일 명조가 그 해상활동을 계속하였더라면 포르투갈이나 스페인은 그 상대가 되지 못했을 것이다. 그러나 1433년을 마지막으로 명조는 해외원정을 갑자기 중단하고 그 후에는 연안해역에 출몰하는 왜구소탕을 위한 해군력을 유지하였을 뿐이었다.

원래 대륙국가인 중국은 수만 리의 해안선을 갖고 있음에도 불구하고 19세기 초까지 해상으로부터 군사적 위협을 받은 적이 없었다. 역사상 중국에 대한 군사적 압력이나 무력침입은 언제나 북방 초원이나 서북 사막지대에서 왔다. 또 중국은 예로부터 '지대물박(地大物博)'하여 광대한 국토와 풍부한 자원과 다양한 물산을 자랑하는 자급자족의 농업대국이었다. 따라서 중국인들은 국방을 위한 해군력의 필요를 느끼지 않았으며 경제적 부를 획득하기 위한 교역이나 선진문화도입을 위한 해외교류에 관심이 없었다. 명조가 해외 대원정을 갑자기 그만두고 해군력을 여지없이 축소한 배후에는 이와 같은 중국의 전통적 전략사상과 중화사상이 있었다. 바로 이와 같은 명조의 결정은 포르투갈과 스페인이 용이하게 동아시아 해역에 진출할 수 있는 기회를 주게 된 것이다.

위에서 말한 바와 같이 근세초기 유럽국가의 동방지출의 또 하나의 동기는 천주교의 포교였다. 이를 위하여 유럽을 떠나는 포르투갈과 스페인 무장선단에는 온 세계를 기독교왕국으로 만들고야 말겠다는 정열에 불타는 선교사들이 타고 있었다. 이들은 포르투갈, 스페인 또는 프랑스왕실의 재정적 지원으로 조직된 교단에 소속하고 있었는데, 그중 동아시아 지역에서 선도적 활동을 전개한 것이 야소회(the Society of Jesus)였다. 야소회는 통칭 '제수위트(the Jesuits)'라고 불려진 교단으로 포르투갈 왕실의 지원으로 유럽 각국의 귀족과 명문 출신의 일류 학자와 지식인으로 구성되어 있었다. 그들 중에서도 특히 저명한 사람이 성프란시스 사비에르 신부와 마테오 리치 신부였다. 사비에르는 이태리 귀족 출신으로 1549년 일본땅을 밟았다. 그는 3년간 그곳에 머물면서 큐슈(九州), 야마구찌(山口), 교또(京都) 등지에서 포교활동을 벌여 큰 성과를 거두어 그 후 반세기 동안에 수십 만명의 일본인이 천주교에 개종하게 되는 터전을 닦았다. 리치 역시 이태리의 명문 출신으로 1582년에 마카오에 도착하였다. 그는 그곳에서 중국의 언어, 풍속, 역사를 공부한 다음 광동(廣東), 남경(南京) 등지를 거쳐 1598년에 북경(北京)에 들어갔다. 1610년 그곳에서 사망할 때까지 헌신적인 활동을 전개하여 천주교 포교뿐만 아니라 동서 문화교류에도 큰 공적을 남겼다.

이와 같이 천주교는 주로 야소회 선교사들에 의하여 중국과 일본에 전파되었는데 특히 일본에서는 빠른 속도로 퍼져나갔다. 당시 일본은 전국에 군웅이 할거하여 법과 질서가 무너지고 기성종교인 신도와 불교는 혼란과 고난 속에 빠져있는 백성들을 구원하지 못하였다.

이때 천주교가 들어와서 그들에게 새로운 희망과 구원의 빛이 되었던 것이다.

한편 천주교는 중국에서도 야소회 선교사들의 활동으로 명조 말에서 청조 초기에 걸쳐 북경 조정과 상류사회에 침투하여 착실하게 영향력을 넓혀갔다. 그리하여 많은 명류들을 개종시켰으며 일부 선교사들은 황제의 신임을 얻어 청조의 벼슬까지 하게 되었다. 청조가 선교사들의 포교활동을 묵인하고 그들을 관직에 등용한 것은 서양종교를 수용한 것이 아니라 천문학, 역학에 관한 그들의 과학적 지식과 회화와 같은 예술분야에서의 기능을 중용한 것이었다. 한편 선교사들은 자기들의 신앙을 버리고 유교사상을 받아들인 것은 아니었다. 그들은 중국의 전통문화를 존중하여 중국사회에 기독교를 전파하자면 먼저 그 지배계급의 존경과 신뢰를 획득해야 한다고 믿고 있었다.

이와 같이 포르투갈과 스페인 양국은 동방진출의 선두에서 눈부신 활동을 전개하였다. 그러나 16세기 중엽에 들어서자 그들의 활동에 제동이 걸렸다. 천주교 포교활동에 있어서 초기에는 명조의 관용으로 선교사 활동이 묵인되었으나 교단 상호간의 시기와 질투, 그리고 로마교회의 배타적 독선으로 말미암아 중국으로부터 축출당하고 말았다. 일본에서도 사정은 내동소이하였다. 초기에 포르투갈 상인들과 선교사들이 비교적 용이하게 일본에 들어갈 수 있었던 것은 상술한 바와 같이 주로 일본 국내사정과 필요에 의한 것이었다. 그러나 일단 일본 국내가 다시 통일되고 질서가 회복되자 선교사들은 축출되고 상인들은 엄격한 통제하에 한 곳으로 물리쳐졌다. 다시 말하면 근세 초기 유럽 제국의 중국과 일본 진출은 이들 국가의 용인과 필요에 따라서만 가능했던 것이다. 이와 같은 정세는 그 후 약 200년 동안 크게 변함없이 19세기 초까지 계속되었다.

근세 초기에 중국과 일본이 유럽인들과 새로운 접촉을 갖고 교역을 하게 된 시기에 조선은 그들과 아무런 접촉도 없이 폐관자수(閉關自守)하고 있었다. 그 이유는 무엇이었을까? 가장 근본적인 이유는 한반도의 지리적 위치였다고 생각된다. 당시 동아시아에 도래한 유럽인들의 목적지는 주로 중국이었으며 그것도 주로 남중국이었다. 따라서 한반도는 일본 남부지방과 달리 국제항로에서 멀리 떨어져 있어서 유럽인들의 주의를 끌지 못했던 것이다. 비록 알고 있었다 해도 중국대륙의 보잘 것 없는 일부로 생각했을 것이다. 그러나 더 중요한 것은 당시 한국인들 자신의 외부세계에 대한 무지와 무관심이었다. 16세기 전반은 바로 명과 조선의 초기로 동아시아 세계질서가 제도적으로 완성된 시기였다. 조선의 새로운 통치계급으로 등장한 사대부들은 정주학을 신봉하고 국내정치나 대외관계에서 중국일변도였다. 이와 반대로 그들은 일본에 대하여는 문화적으로 완전히 무관심이었으며 국내정치나 대외관계에서 이와 동조한다는 생각은 추호도 없었다. 만일 당시 명조가 해금정책을 포기하고 유럽문화에 관심을 보이고 서방과의 교역에 좀더 적극적이었다면 조선의 관심도 그쪽으로 기울어졌을 것이 아닌가 하는 아쉬움을 금할 수 없다.

3. 일항무역(一港貿易): 전통적 동서교역 제도

16세기 초에 유럽인들이 동아시아해역에 진출했으나 중국이나 일본과의 정식교역은 미미한 것이었고 밀무역이나 해적행위가 주였다. 이는 이미 지적한 바와 같이 양국의 해금정책이 그 주된 원인이었다. 그러나 그후 중국에서는 국내가 안정됨에 따라 생산이 증가되고 물자유통이 활발하게 되었다. 그리하여 해외통상의 요구가 필연적으로 일어나고 연해지역 주민간에 해외 밀무역이 성행하게 되었다. 포르투갈인이 중국해역에 나타나서 절강(浙江), 복건(福建), 광동 근해에서 밀무역을 시작하자 중국인들도 이에 합류하여 해외로 밀항하는 자가 점차 증가하였다. 특히 한동안 수그러졌던 왜구활동이 다시 증가하였는데 이때 왜구라고 불린 해적의 태반은 중국인이었다. 그들은 일본해

적들과 함께 중국 연해지역뿐만 아니라 동남아 각지에서 활동하였다.

1644년 중국에서는 명조가 멸망하고 청조가 들어섰다. 명청교체기의 국내 전란에도 불구하고 중국 상인들의 일본과 동남아시아무역은 계속되었다. 한편 명조가 항복한 후에도 해적출신인 정지룡(鄭芝龍), 정성공(鄭成功) 부자는 강력한 선단을 이끌고 대만과 복건성 지역에서 계속 청조에 항거하였다. 청조는 이를 정복하기 위하여 1656년에 중국인의 해외 도항과 무역을 금지하고 1661년에 천계령(遷界令)을 선포하여 중국 동남 연해지역 인민을 내륙으로 강제 이주시키고 해상교통을 전면적으로 차단하였다. 이 대륙봉쇄령이 성공하여 1683년에 정씨집단이 항복하고 이에 따라 천계령도 철폐되었다. 뒤이어 1685년에 강희제는 해금을 해제하여 중국상인들의 해외도항과 외국선박의 중국 왕래를 허용하였다. 이 획기적인 대영단으로 비로소 서방 여러 나라와의 무역이 정식으로 인정되어 근세 중서무역 발전의 기틀이 구축되었다.

청조의 해금 해제와 함께 영파(寧波), 하문(厦門), 광주(廣州) 등 동남 연안 각항에 유럽과 동남아시아 각지에서 상선이 내도했으나 점차 지리적으로 가장 가까운 광주에 집중하게 되었다. 그 결과 청조당국은 1757년에 유럽과 동남아시아 무역을 광주항에 한정하기로 결정하였다. 이리하여 1842년 남경조약에 의하여 5개항이 개방될 때까지 광동무역제도가 지속되었다. 광동무역은 청조의 감독하에 이루어진 중서간의 독점 민영무역이었다. 청조측에서는 양광총독(兩廣總督)과 광동순무(廣東巡撫)의 총괄적인 감독하에 월해관감독(粵海關監督)이 이를 관장하였다. 이들의 감독 하에 직접 무역에 종사한 것은 광동13행(廣東十三行)으로 불려진 민간 무역상사인 양행(洋行)들이었다. 양행은 거액을 정부에 납부하고 광주에 내도하는 유럽상인들과의 무역독점권을 취득한 상인이 조직이었다. 이를 통칭 13행(十三行)이라고 하였으나 그 수는 반드시 일정한 것은 아니고 대충 13사(十三社) 전후였다.

한편 유럽 상인들도 각자 정부에서 동방무역의 독점권을 취득한 다음 이른바 동인도회사를 조직하여 광동무역에 참가하였다. 이들은 광주에 상주한 것이 아니고 청조가 정한대로 매년 10월부터 다음해 1월까지 광주에 있는 상관(商館)에 머물면서 양행(洋行)들을 상대로 교역에 종사하였다. 교역기간이 끝나면 전원이 마카오로 철퇴하거나 본국으로 돌아가야 했다. 그리고 광주에는 가족을 데리고 올 수 없었으며 특히 여자들의 내왕은 엄금되었다. 또 광주에서는 상관을 떠날 수 없었으며 일상생활에서 철저히 통제를 받았다. 광동무역체제가 정비된 18세기 후반에는 많은 유럽국가와 미국이 이에 참가했는데 모든 면에서 영국이 대표적인 지위를 차지하고 있었다.

이에 앞서 일본의 도쿠가와막부는 이미 17세기 전반에 엄중한 쇄국정책을 시행하여 유럽과의 무역을 나가사끼 1개항에 제한하였다. 교역상대는 화란 일국에 한정했으며 그 규모는 광동무역에 비하여 훨씬 적었다. 나가사끼항내의 인공섬에 있는 상관에 화란 동인도회사 사원 몇 명이 상주하고 있었다. 그러나 이들 역시 가족을 동반할 수 없었으며 자유로운 외출이나 여행은 엄금되었다. 화란상선의 내도는 일년에 1~2차에 제한되었고 그 수 역시 매번 수척만이 허용되었다. 따라서 교역양도 미미한 것이었다. 또 하나 주목할 점은 나가사끼의 화란 동인도회사 상관장(商館長)은 5년에 한 차례 에도(江戶)에 가서 장군에게 배알하고 공물을 헌상하는 의무를 지고 있었다는 사실이다. 이와 같이 나가사끼무역(長崎貿易)도 광동무역과 같이 동아시아적 조공무역의 성격이 짙었다. 나가사끼에는 비공식으로 많은 중국상인들이 내도하였고 일부는 그곳에 상주하였다. 또 매년 나가사끼에 내도한 화란상선은 수 척에 불과했는데 중국상선은 그 수십 배가 되는 7~80척에 달하였다. 이로 보아 도쿠가와정권의 쇄국정책은 주로 유럽국가가 그 대상이었다는 것과 화란과의 무역이 일본을 위하여 경제적으로 그다지 큰 비중을 갖지 못했음을 알 수 있다.

4. 화란과 영국의 진출

16세기 유럽의 동방진출을 주도한 것은 상술한 바와 같이 포르투갈과 스페인이었으나, 17세기로 접어들면서 이들을 제치고 화란과 영국이 선두에 나섰다. 원래 화란은 스페인의 일부였으나 종교개혁의 결과 개신교도들이 연합하여 1581년에 스페인에서 독립한 국가이다. 영국의 동방진출은 초기에 포르투갈과 스페인 해군력의 견제를 받아 여의치 못했으나 1588년에 스페인의 무적함대를 격파하고 유럽에서 동방과 미주대륙에 이르는 해역에서 제해권을 장악하였다. 이와 함께 포르투갈, 스페인 양국이 로마교황으로부터 받았던 해외영토와 무역의 독점권은 유명무실하게 되었다.

개신교 공화국으로 출발한 화란은 동방진출에서 기독교 포교나 식민지 획득에는 관심을 갖지 않고 오로지 상업활동에 주력하였다. 왕실이나 정부가 아니라 상인들이 공동 출자하고 동방무역을 위한 항해를 조직하여 그때그때 이익을 분배하는 방식으로 시작하였다. 그러다가 각자 고정적인 출자금을 내어 상설 무역기구를 조직하여 지속적인 활동을 전개하였다. 이것이 근대 주식회사의 효시였다. 이와 같이 화란상인들은 해외진출에서 당시 복잡한 유럽의 종교분쟁이나 왕실이나 국가간의 경쟁에 휩쓸려 들지 않고 오로지 상업활동에만 전념했다. 또 화란은 이베리아반도와는 달리 좋은 선재가 많이 생산되는 발트해 연안에 가까운 곳에 위치하여 대양 항해를 위한 조선업을 발달시킬 수 있었다. 이와 같은 유리한 조건하에 전개된 화란의 동방진출은 1602년에 창설된 화란 동인도회사가 주도하였다.

화란 동인도회사는 해외식민지 획득을 원치 않았으나 본국에서 멀리 떨어진 곳에 있는 광대한 지역의 원주민들을 통제하고 유럽인 경쟁자들의 침입을 막기 위하여 불가피하게 전략적 요지에 기지를 건설하지 않을 수 없었다. 먼저 아프리카 남단 희망봉에 식민지를 건설한 다음 1619년에는 바따비아(Batavia)를 동방경영의 본거지로 삼았다.

그리하여 본국을 떠난 화란 상선들은 희망봉기지에서 보급을 받은 후 남인도양을 동으로 횡단하여 바따비아로 직행하는 신항로를 개척하여 포르투갈과 스페인을 압도하고 광대한 인도네시아 열도를 지배하게 되었다. 이에 앞서 1609년에는 일본 큐슈에 상관을 설치하였다. 1624년에는 명조말기의 중국정세가 불안한 틈을 타서 대만을 점령하여 1661년에 축출될 때까지 본토에서 건너오는 중국선들과 교역하였다. 이와 같이 화란은 17세기 전시기를 통하여 동방무역에서 우위를 유지하였다. 그 후 영국에 주도권을 빼앗기게 되었으나 제2차 세계대전이 끝날 때까지 300년간 세계 유수의 식민지제국으로 남아 있었다.

영국이 16세기 초에 해외진출을 개시하였을 때는 주로 북미대륙 식민사업에 주력하였다. 그러나 화란이 동방무역에서 막대한 이윤을 얻는 것을 보자 이 분야에 진출하기로 결심하게 되었다. 스페인의 무적함대를 격파한 후 1600년에 동인도회사를 설립했으나 그 규모는 2년후에 설립된 화란회사보다 적어서 동남아지역에서는 그 세력에 대항하지 못하였다. 1612년 처음으로 인도 서해안 스래트(Surat)에 상관을 설치하고, 이어 마드라스(Madras)와 봄베이(Bombay)에 항만을 구축하고, 1633년에 캘커타(Calcutta)에 기지를 건설하여 벵갈(Bengal) 경영을 시작하였다. 이와 같이 초기에 영국은 주로 인도무역에 종사하였다. 영국 동인도회사가 중국 무역을 시작한 것은 17세기 말엽이었는데 하문, 광주 등지에서 중국산 견직물과 도자기를 본국에 수입하였다.

18세기로 접어들면서 영국은 화란을 압도하기 시작하였다. 그 배후에는 영국 국내경제의 발전이 있었다. 주지하는 바와 같이 영국은 세계에서 산업혁명을 최초로 이룬 국가이다. 영국의 산업혁명은 18세기 후반에 시작하여 19세기 초에는 모방직을 중심으로 본격적 단계에 들어갔다. 국내 산업의 뒷받침 없이 단순한 해외 중계무역에 의존하는 화란과 달리 국내에 산업기지를 갖게 된 영국은 경제력과 군사력이 급속히 장성하여 해외 식민지획득에서 점차 경쟁국들을 압도하기 시작했다. 18세기 중엽 오스트리아 왕위계승 문제로 영국과 프랑스가 적대관계에 들어가자 인도에서 양국간에 군사적 대결이 일어났다. 1757년 뿌래시(Plassey)대전에서 영국이 결정적인 승리를 거두게 되어 프랑스세력은 인도에서 축출되고 영국의 인도지배가 확립되었다. 인도를 동방경략의 본거지로 삼은 영국은 19세기 초에는 마래반도(馬來半島)를 장악하여 동방무역에서 모든 유럽국가를 압도하였다. 특히 중국무역에서는 이들을 주도하는 지위를 차지하게 되었다.

5. 중영 무역의 변천: 차에서 아편으로

초기에 광주에서 유럽으로 수출된 중국상품은 주로 견직물과 도자기였으나 17세기 후반부터 차가 수출되기 시작했다. 유럽 각국, 특히 영국의 상류사회에서 차를 애용하기 시작한 것은 17세기 중엽이었다. 이때는 주로 화란을 통하여 수입한 것이었다. 그 후 청조의 해금이 해제되고 광동무역제도가 확립되자 영국 동인도회사도 이에 참가하게 되었다. 이에 따라 영국내 차의 판매가격이 대폭 인하되었다. 그리하여 18세기 초부터 차의 국내소비가 크게 증가되고, 19세기에 집어들면서 차수입이 견사와 견직물을 능가하게 되었으며, 1830년대부터는 중국에서 수입되는 상품 중 대종이 되었다. 이와 함께 차에 대한 관세는 영국정부의 중요한 재원이 되었다.

영국은 1688년 명예혁명 이후 지속적인 해외팽창 활동을 전개하여 세계 각처에서 막대한 군사비가 필요하게 되었다. 이를 조달하기 위하여 차관세를 대폭 인상하였다. 이로써 17세기 후반에는 세율이 100%에 가깝게 되었고 그 총액은 일년에 100만 파운드를 초과하였다. 이와 같은 고관세는 불가피하게 국민의 반세감정을 증폭시켜 화란을 비롯하여 유럽 각국으로부터 차의 대규모 밀수입을 초래하였다. 결국 영국 차소비량 중 영국 동인도회사가 수입한 것은 3~40%에 불과하고 나머지는 유럽에서 밀수입한 것이었다. 영국은 차 밀수입에 매년 약 200만 파운드의 은화를 소비하는 형편이었다. 한편 차에 대한 고관세를 반대하여 일어난 북미식민지의 반대운동은 독립운동으로 발전하여 급기야 1776년에 13식민지령이 연합하여 독립을 선포하였다. 이리하여 동인도회사는 막대한 이윤을 상실했으며, 영국은 소중한 북미 식민지를 영영 상실하였다.

이와 같은 전무후무한 역사적 실패에서 교훈을 얻은 영국은 1784년에 과감한 감세정책을 단행하였다. 이해 8월 영국의회는 차관세를 119%에서 일거에 2.5%로 인하하는 법안을 통과시켰다. 그 목적은 물론 동인도회사의 이윤을 확보하고 영국정부의 세입을 증대시키는 것이었다. 그리고 한 걸음 더 나아가 중국무역을 확대시켜 북미대륙에서 상실한 것을 동방무역에서 만회하자는 것이었다. 영국의 감세정책은 놀라운 성과를 거두었다. 즉 1785년 감세법 시행을 계기로 유럽 각국의 영국에 대한 차 밀수출은 완전히 근절되고 광주에서 유럽으로 수출되는 차의 30% 정도를 취급했던 영국 동인도회사는 그 후 10년 내에 70%를 취급하게 되었다. 프랑스혁명과 이로 인하여 야기된 유럽의 대전란은 이 추세에 박차를 가하여 19세기 초두에는 중국에서 유럽으로 수출되는 차의 90% 이상을 영국이 취급하게 되었다. 이와 함께 광동무역에서 영국은 유럽제국을 결정적으로 압도하여 전무역량의 80% 전후를 차지하게 되었다. 이 결과 1785년 감세법이 시행되기 전 10년간 동인도회사가 중국차 수입에서 얻은 이익은 연평균 18만 3천 파운드 정도였는데, 그 후 10년간에는 58만 파운드를 넘었으며 1793년 이후에는 매년 70만 파운드를 초과하였다. 이와 함께 매년 약 17만 파운드로 예측되었던 영국정부 차세 수입은 30만 파운드를 초과하였다.

그러나 이같은 성공은 증가하는 차수입에 필요한 자금조달 문제를 초래하였다. 이에는 두 가지 원인이 있었는데, 하나는 중국무역의 일방성이고 또 하나는 당시 국제무역의 결제관행이었다. 이미 지적한 바와 같이 중서무역은 교역쌍방이 다같이 원해서 시작된 것이 아니고 주로 서방제국의 일방적인 요구에 따라 시작된 것이었다. 원래 중국인들은 중국은 '지대물박(地大物博)'하여 인간의 문화적 생활에 필요한 모든 것이 자족하다고 믿었다. 따라서 그들은 외국산품에 대하여 크게 필요를 느끼지 않았으며 외국무역에 관심이 적었다. 대외무역은 중국의 경제를 발전시키고 중국인들의 생활을 유족하게 만들기 위한 것이 아니고 어려운 환경에 있는 사방 이민족에 대하여 '유원(柔遠)'의 정신에서 베풀어 주는 은전으로 생각하였다. 그 결과 광동무역에서 중국의 일방적인 수출초과는 매년 증가할 뿐이었다. 당시 국제무역은 모든 거래에서 은화에 의한 현금결제가 관행이었다. 따라서 매년 막대한 은화가 중국으로 흘러 들어갔고 서방 교역국들은 이에 필요한 은화조달에 고심하였다.

이와 같은 무역의 불균형을 시정하기 위하여 영국은 자국산품을 중국에 수출하기 위하여 노력하였다. 영국에서는 17세기부터 모방직공업이 국가경제의 기축을 이루게 되고 장차 다가올 산업혁명의 기반이 되었다. 사국산 모직물시장을 개척하기 위하여 1693년에 영국의회는 동인도회사에 동방무역 독점권을 부여하는 대가로 매년 10만 파운드의 영국산 모직물을 동방제국에 수출할 의무를 부과하였다. 그러나 기후가 온난다습한 인도, 중국남부, 일본 등지에서 모직물은 거의 팔리지 않았다. 그 후 중국 양상(洋商)들로 하여금 차를 파는 대가로 일정량의 영국산 모직물을 사도록 하는 방법으로 어느 정도 성과를 거두었다. 그러나 영국의 연간 대중국 수출총액은 중국의 대영국 수출총액의 1/3에도 미치지 못했다. 1783년 미국 독립전쟁이 끝난 후 신대륙에서 은화조달이 용이하게 되자 영국 동인도회사는 차를 위시한 중국상품 수입을 위하여 매년 200만 파운드의 은화를 영국에서 중국으로 싣고 갔다. 여기에 인도-중국간의 지방무역에 종사하는 상인들이 회사에 송금 목적으로 불입하는 150만 파운드를 합치면 실로 350만 파운드의 은화가 매년 영국에서 중국으로 유입되었던 것이다.

이때 영국의 산업혁명이 가속도로 진행되고 있어 국내 산업투자에 많은 자금이 필요했다. 국내 기업인들은 동인도회사가 매년 대량의 은화를 해외로 반출하는 것은 영국 산품의 해외시장 개척을 소홀히 하고 국가이익보다 회사이익만을 추구하는 행위라고 비난하였다. 이런 상황에서 동인도회사는 중국무역의 내용을 개선하기 위해 1787년에 육군중령 캬트카트(Cathcart)를 단장으로 하는 사절단을 중국에 파견하였다. 그러나 이 사절단은 중국으로 가는 도중 단장이 사망하여 중도에서 철수하였다. 다음에 파견된 것이 유명한 마카트니사절단이다.

외교와 식민지 통치에서 요직을 역임한 마카트니(Sir George Macartney)경이 대규모의 사절단을 이끌고 중국방문 길에 오른 것은 1792년 9월이었다. 이때 중국과 영국간에는 광동무역 뿐만 아니라 영국상인들에 대한 중국상인들의 부채, 청조 당국의 외국인에 대한 규제, 그리고 특히 광주에 거주하는 영국인에 대한 재판권 등 현안이 산적해 있었다. 사절단에 주어진 훈령의 골자는 다음과 같았다. (1) 중국내 차와 견사생산지와 모직물소비지에 가까운 지역 한 두 곳을 영국에 할양하고 그곳에서 영국인의 거주권과 치외법권을 인정할 것, (2) 광주 외에 수개항을 개방할 것, (3) 북경에 영국공사가 상주하는 것을 인정할 것, (4) 광주에서 영국인에 대한 부당한 규제를 폐지할 것 등이었다. 이를 요약하면 영국과 대등하고 정상적인 외교관계를 맺고 영국과 그 식민지 산물에 대하여 중국시장을 개방하라는 것이었다. 이는 산업혁명이 본격적으로 진행되어 국력이 크게 성장한 영국의 자부심을 반영한 것이었다. 그러나 건륭황제 치하에서 사상 미증유의 번영을 누리고 있던 농경사회 중국이 이를 받아드린다는 것은 상상조차 할 수 없는 일이었다.

마카트니 일행이 천진(天津) 외항인 대고(大沽)에 도착한 것은 1793년 7월이었다. 이때 건륭황제는 피서차 열하(熱河) 이궁에 체재하고 있었기 때문에 마카트니는 그곳으로 가서 9월 14일 황제를 알현하였다. 청조는 관례에 따라 사절단을 '진공사(進貢使)'로 간주하였다. 때마침 건륭황제의 팔순 탄신이었기 때문에 이를 경축하는 것이 그 사명이라고 생각했다. 그 후 영국왕의 서한을 상세히 검토한 결과 아연 실색하여 그의 모든 요구를 거절하고 사절단을 조속히 귀국시키도록 하였다. 마카트니는 교섭을 시도했으나 청조는 이를 일축하고 10월 7일 북경을 떠나게 하였다.

이때 건륭황제가 영국왕 죠지 3세에게 보낸 칙서는 당시 청조 통치계급의 중화사상과 해외무역에 대한 태도를 여실히 보여주는 흥미 있는 문건이다. 영국의 요구를 모두 거절한 다음 중국은 물산이 풍족하여 '외방 오랑캐'의 물화가 필요치 않으나 중국의 차와 자기와 견사는 서방인들의 필수품이니 특별히 은혜를 베풀어 제공하는 것이라고 설명하였다. 또한 영국 사신이 정례에 없는 많은 것을 청했는데 이는 "천조(天朝)가 원인(遠人)에게 은혜를 더하고 사이(四夷)를 무육(撫育)하는 도에 크게 어긋나는 것이다"고 꾸짖은 다음 "천조는 만국을 일시동인(一視同仁)으로 다스리는 것이니 영국의 청만을 들어줄 수는 없다"고 잘라 말하였다. 이리하여 광동무역제도를 개혁하고 중국과 대등한 외교관세를 수립하기 위한 영국의 첫 시도는 완전히 실패하였다.

동인도회사의 광동무역에 필요한 은화조달 문제의 해결책으로 등장한 것이 아편무역이었다. 아편이 중국에서 처음 마약으로 사용되기 시작한 것은 17세기 초였다고 한다. 이때 화란인들에 의하여 대만, 복건성 등지에 유입되었다. 그러다가 청초에 해금이 해제되자 연해지방에 아편유입이 증가했으리라고 추측된다. 청조가 최초로 아편 금령을 내린 것은 1729년이었는데, 영국 동인도회사도 이 금령을 존중하여 회사원이 아편을 밀수하는 것을 누차 경고한 적이 있다. 그러나 1757년 동인도회사가 인도 벵골지방의 지배권을 장악하게 되자 사정이 크게 변하였다. 동방무역 독점권뿐만 아니라 벵골통치권까지 장악하게 되자 회사의 재정부담이 크게 증가하여 재원확보에 고심하게 되었다. 그리하여 1773년에 이 지방의 중요 산물인 아편의 전매제도를 실시하고 1797년에는 그 생산관리까지 하게 되어 아편의 해외시장 개척에 나서게 되었다. 즉 아편무역에 의하여 벵골농민들의 수입을 보장하고 회사의 벵골통치자금을 확보하며 중국상품 수입에 필요한 자금을 조달하는 문자 그대로 일석삼조의 효과를 노린 것이다. 처음에는 동인도회사가 소량을 직접 중국에 반입하는 것을 시도한 적이 있었다. 그러나 청조의 금령을 고려하여 인도-동남아시아-중국무역에 종사하는 이른바 지방무역 업자들에게 일임키로 하였다. 그러나 회사는 계속 벵골에서 아편전매권을 장악하고 있었을 뿐만 아니라 지방무역 업자가 중국에서 벌어들인 모든 은화는 이를 회사에 기탁하고 그에 해당하는 금액을 인도나 영국에서 영국화폐로 환불받도록 하여 은화 조달에 만전을 기하였다.

이와 함께 1년당 1,000 상자(1상자=100근=133파운드)를 넘나들던 중국에 대한 인도의 아편밀수출이 18세기 말에는 일약 4,000여 상자로 급증하였다. 그 후 1820년까지는 대략 이 수준에 머물다가 다시 상승하기 시작하였다. 그리하여 1826년에는 10,000 상자로 불어났고, 1830년대 초에는 20,000 상자를 초과했으며, 1835년에는 35,000 상자, 1838년에는 40,000 상자로 눈덩이처럼 늘어났다. 한편 아편 가격은 상자당 평균 600 내지 700불에서 약 3배 상승하여 2,000불을 넘게 되고 이를 위하여 지출하는 은화가 3배로 증가되었다. 청조의 금연령은 그대로 남아 있었으나 아편은 공공연하게 반입되었고 이에 따라 막대한 은화가 중국에서 유출되기 시작하였다. 그 결과 근세초기 서방무역이 시작된 후 200년에 걸쳐 지속되었던 중국의 수출초과가 19세기 초부터 줄기 시작하여 아편밀수가 급격히 증가한 1820년대 중반에는 완전히 수입초과로 역전되었다. 이에 따라 매년 은화의 해외 유출이 격증하고 중국경제는 크나큰 타격을 받게 되었다.

그리하여 아편무역은 영국의 해외무역과 인도통치를 위하여 중요한 수단이 되었다. 영국 식민지통치 초기의 인도에서는 양질의 토산 면직물이 생산되고 그 일부는 영국에 수출되어 호평을 받았다. 그러나 영국산업의 발전과 함께 면방직공업은 새로 개발된 기계방직 기술에 힘입어 눈부신 발달을 보게 되고 19세기 초두에는 과잉생산 문제까지 발생하였다. 이에 대한 대책으로 인도에 판로를 개척하여 값싼 면직물을 대량으로 수출하게 되었다. 이로 말미암아 전통적인 수방직 기술에 의존하고 있던 인도 면방직공업은 거의 전멸상태에 빠졌다. 이에 동인도회사는 인도농민들에 아편 재배를 권장하고 전생산량을 매입하였다. 그리고 이를 중국에 수출하여 그들이 영국산 면직물을 수입하는 대가를 치룰 수 있도록 하였다. 그리하여 아편무역은 인도 농민의 수입보장, 인도통치를 위한 재원확보, 중국산품 수입을 위한 은화조달뿐만 아니라, 영국 면방직공업의 시장확보를 위해서 불가결하게 되었다.

IV. 동서 불평등조약 체제 성립

1. 중영 아편무역 분쟁

청조는 아편무역의 증대로 인하여 막대한 경제적, 사회적 타격을 입게 되었다. 아편흡연자의 수는 날로 늘어가고 필연적으로 이에 수반하는 도덕기강의 퇴패, 풍속질서의 문란, 국민건강의 악화와 생산력의 감퇴 등 국가사회 전반에 걸친 해독이 급격히 만연한 것은 말할 나위도 없었다. 이에 청조가 당면한 초미의 문제는 악화되는 서민들의 생활고였다. 당시 중국에서 백성들은 일상생활에서는 동전을 사용했으나 국가에 바치는 세금은 반드시 은화로 납부해야 했다. 그런데 아편밀수로 인한 은의 해외유출이 증가됨에 따라 국내 은보유량이 급격히 감소되자 은화와 동전간의 환율이 함께 급등하여 은화 1냥 대 동전 1,000문이던 시장환율이 1,600문 이상으로 올랐다. 이로 인하여 서민생활은 극심한 타격을 받게 되었다.

이에 청조는 1796년에 아편흡연을 다시 엄금하고, 1800년에는 그 수입과 재배를 전면적으로 금지하였다. 그러나 주로 관원, 과거수험생, 군인들의 흡연을 금지한 것이었고 일반 백성들에 대하여는 별로 관심이 없었다. 따라서 금지령은 유명무실하게 되고 아편무역은 광주(廣州) 외항뿐만 아니라 중국 남부해역 일대에 걸쳐 성행하였고 영국 및 모든 서방국가 상인들이 이에 참가하였다. 이때 아편밀수 단속이 북경 당국의 노력에도 불구하고 효과를 거두지 못했던 배후에는 담당 관원과 군인들, 특히 광동의 해군장병들이 아편밀수 상인들과 결탁하여 이들을 단속하기는커녕 오히려 보호해 주었다는 사실을 간과할 수 없다.

이와 같은 사태는 1830년대로 들면서 절정에 달하자 청조 당국이 대처방안을 고심하였다. 1836년 5월에 태상시(太常寺) 소경 허내제(許乃濟) 등이 아편공인론을 제의하자 이를 둘러싸고 일대논쟁이 벌어졌다. 아편공인론의 요지는 아편무역은 엄연한 현실이니 차라리 아편과 중국산품과의 물물교환 형식으로 합법화하여 관원과 병졸을 제외한 일반 민간인의 흡연을 방임함으로써 은의 해외유출을 방지하고 관세 등 국가세입을 증가시키는 한편, 아편수입을 축소시키기 위하여 국내 아편재배를 허용하자는 것이었다. 공인론자들은 주로 아편무역에서 직간접으로 이익을 보고 있던 광동 지방의 향신 출신이었다. 한때 공인론이 유력하더니 이해 9월에 이를 반대하는 엄금론이 일어나자 대세는 반전하였다. 엄금론자들 가운데서 가장 강경론자는 홍로시경(鴻臚寺卿) 황작자(黃爵滋)였는데 그는 흡연자를 사형에 처하자고 주장하였다. 도광황제(道光皇帝)는 전국 총독과 순무들에게 황작자의 상주문에 대한 의견을 하문하였다. 이에 응하여 전부 27통의 회답 상주문이 북경에 도착하였다. 전부가 아편무역 금지론이었고 그중 호광총독(湖廣總督) 임칙서(林則徐)를 비롯한 8명은 흡연자사형론이었다. 이에 청조는 아편 밀수와 흡연을 근절하기 위한 강경책을 취하게 되었다. 먼저 허내제 등을 강등하고 보직을 박탈하는 동시에 임칙서를 북경으로 불렀다. 도광황제는 8차에 걸쳐 그를 불러 보고 아편문제에 대한 의견을 소상히 들었다. 그런 다음 1836년 12월 31일자로 그를 흠차대신에 임명하여 즉각 광동으로 가서 아편문제를 처리할 것을 명령하였다.

한편 영국에서는 18～19세기 교체기에 자유무역운동이 거세게 일어났다. 이 운동은 이론적으로는 18세기 후반에 아담 스미스(Adam Smith)가 『국부론』에서 제창한 자유방임론에 의거한 것으로 영국 산업혁명의 발전과 함께 형성된 국내 자본가계급이 주도하였고 의회에서는 휘그(Whig)당이 대변하였다. 이 운동의 일환으로 영국 동인도회사의 동방무역 독점권의 폐지와 이에 관련하여 중국시장의 개방요구가 일어났다. 이 요구를 관철시키기 위하여 앞장선 것이 동인도회사의 감독 하에 인도와 중국간의 지방무역에 종사하는 영국상인들이었다. 이들 중에는 중국-인도간 아편 밀무역에서 거대한 자본을 축적한 상인들이 많았다. 상술한 메카트니사절단 파견도 바로 이들의 요구에 응한 것이었다. 동인도회사는 물론 자신의 무역독점권을 고수하려고 노력했다. 이와 같은 복잡한 국내사정으로 말미암아 영국정부가 다시 중국에 사절단을 파견한 것은 1816년이었다. 앰허스트경(Sir William Amherst)을 단장으로 하는 제2차 사절단은 구성이나 목적에 있어서 메카트니사절단과 대동소이하였다. 청조는 메카트니사절단에 대한 것보다 더 고압적인 태도로 앰허스트경에 대해 신하가 황제에 대해 올리는 전통적인 '삼궤구고례(三跪九叩禮)'를 치를 것을 강요하였다. 앰허스트경이 이를 거절하자 그를 즉각 북경에서 축출하였다. 이와 같이 청조와의 외교통상개혁을 위한 영국정부의 직접적인 교섭시도는 완전히 실패했다.

그러나 영국내의 자유무역운동은 착착 성공을 거두고 있었다. 영국의회는 동인도회사의 무역 독점권을 1813년에 영본국-인도 간에서 폐지하고, 1823년에는 인도-동남아시아 간에서, 마지막으로 1833년에는 동남아시아-중국간에서 폐지하여 영국의 동방무역을 완전히 자유화하였다. 이와 함께 해외무역 확대에 적극적이었던 그레이(Charles Grey) 휘그당 내각은 중국무역을 직접 정부 감독하에 두고 현지에서 영국정부를 대표하고 상인들을 감독하기 위하여 무역감독관 제도를 신설하고 초대 감독관에 네이삐어(William Napier) 해군대령을 임명하였다. 네이삐어는 1834년 7월에 광주에 도착하여 영국 상관에 들어갔다. 그는 양광총독에게 면회를 요구하는 서한을 직접 전달하려고 했으나 중국측은 이를 받지 않았다. 그 이유는 네이삐어가 당시 광주를 방문하는 모든 서방인들과 같이 먼저 마카오에 들어가서 입항허가증인 '홍패(紅牌)'를 받지 않고 직접 광주로 왔으며, 서방상인들은 직접 중국관원에 서한을 보내지 못하고 반드시 양상(洋商)을 통하여 청원서인 '품(稟)'을 제출해야 한다는 규칙을 위반했다는 것이었다. 즉 청조당국은 네이삐어를 영국정부를 대표하는 외교관으로 인정하지 않고 그를 동인도회사 대표와 같이 간주했던 것이다. 이리하여 발생한 양측간의 대립이 해결을 보지 못하였다. 중국측은 네이삐어의 광주 퇴거를 요구했으나 응하지 않자 무역을 정지하고 무력으로 영국 상관을 봉쇄하며 식량공급을 중단하였다. 네이삐어는 결국 9월 하순에 마카오로 퇴거한 후 10월 11일 그곳에서 말라리아로 병사하였다.

네이삐어는 죽기 전에 마카오에서 보낸 보고서에서 중국에 대한 강력한 무력시위를 건의하였다. 그의 포함정책(砲艦政策) 건의는 물론 그 자신의 중국관에 근거한 것이었으나 동시에 중국시장을 개방하고야 말겠다는 현지 영국상인들의 기세를 반영한 것이었다. 그들은 이미 공공연히 광동무역제도에 도전하고 나섰으며 무장선을 동원하여 중국 중부해역에까지 아편 밀무역을 확대하는 불법행위를 자행하고 있었다. 그러나 당시 필(Robert Peel) 보수당 내각은 아편 밀무역 업자들의 이와 같은 태도와 행동에 동조하지 않았다.

네이삐어 사후에 데이비스(John F. Davis)와 로빈손(George Robinson)이 차례로 무역감독관에 임명되었다. 데이비스는 자신이 현지 영국 상인들간에 인기가 없다는 것을 알고 수 개월내에 사임하였다. 이에 로빈손이 그 뒤를 이었다. 두 사람은 모두 동인도회사 관화인(管貨人) 출신이었는데 청조당국을 자극하여 사태를 악화시키지 않기 위하여 '절대적인 침묵'정책으로 현상유지에 노력하였다. 그러나 이와 같은 협조정책은 현지 영국상인들의 불평을 샀다. 즉 그들은 양인이 모두 과거의 관습에서 벗어나지 못하여 과감한 행동을 취할 수 없다고 주장하였다. 따라서 그들은 영국정부가 광동무역의 경험이 없는 인물을 전권으로 임명하여 그로 하여금 군함을 이끌고 북상하여 직접 북경당국과 담판하여 광동무역제도를 폐지시키고 북방의 여러 항구를 개방시키라고 요구했다. 결국 로빈손도 파면되고 1836년 7월에 차석 감독관으로 있던 해군대령 앨리옷(Charles Elliot)이 감독관으로 임명되었다.

바로 이와 때를 같이하여 북경에서는 아편문제를 둘러싼 대논쟁이 벌어졌으며 광동 현지에서는 아편밀무역 단속이 강해졌다. 1837년 2월 앨리옷은 이와 같은 현지정세를 본국정부에 보고하고 영국군함을 자주 광동해역에 파견해줄 것을 건의했다. 앨리옷의 의도는 이와 같은 시위로 북경에서 대두하고 있는 아편엄금론을 억제하고 될 수 있으면 아편공인론을 부활시키자는 것이었음이 분명하다. 이에 따라 영국정부는 이해 9월에 영국국민을 보호한다는 명분 아래 군함을 중국해역에 파견키로 결정하였다. 다음해 1838년 7월에는 영국 동인도함대 사령관이 군함 3척을 이끌고 2개월 이상 광동해역에 머물다가 돌아갔는데 이때부터 영국군함이 중국해역에 빈번히 나타나기 시작하였다. 바로 이해 말에 광동흠차대신에 임명된 임칙서가 북경을 떠나 이듬해 1839년 3월 10일 광주에 부임하였다. 같은 날 앨리옷은 광주에 있는 영국상관을 떠나 마카오로 갔다.

1785년 복건성 후관(侯官) 태생인 임칙서는 1811년에 진사시에 합격한 수재로 내외 요직을 골고루 역임한 후 1837년에 호광총독(湖廣總督)으로 승진하였다. 그는 청렴결백하고 개명적인 사상의 소유자였으며 대표적인 유능한 경세학파 관료였다. 영국의 실력을 잘 알고 있었던 그는 영국에 압력은 가하되 무력대결은 피하면서 문제를 해결하자는 생각이었다.

임칙서가 도임했을 때 광동성 일대는 삼엄한 상태에 있었다. 전년 10월 말 아편엄금으로 조정 논의가 결정된 후 현지에서는 아편 밀무역과 흡연 단속이 갈수록 엄해져 12월 초에 이미 2,000명 이상이 투옥되어 매일 한 두 사람씩 처형되고 있었다. 그는 아편 밀매자와 흡연자를 모조리 투옥했는데 이를 부패한 현지 관원이나 서리들에 맡기지 않고 지방 향신을 동원하였다. 뒤이어 3월 17일에 임칙서는 광주에 있는 모든 외국상인들에 대하여 그들이 소장하고 있는 아편 전량을 3일내로 중국관헌에게 제출하도록 명령하였다. 만일 이를 어기면 아편을 전부 몰수함은 물론 소장자는 사형에 처할 것이라고 선언하였다. 동시에 모든 외국인에 대하여 앞으로 절대로 중국에 아편을 반입하지 않겠다는 서약서를 제출할 것을 명령하였다. 또 그는 중국에 있는 영국인에 대한 재판권은 마땅히 중국정부가 행사해야 한다고 선언하였다.

이와 같이 임칙서의 견해와 주장은 확고했으나 그의 태도는 신중하였다. 그러나 그의 견해와 판단에는 중대한 오류가 있었으며 그의 계산에는 큰 오산이 있었다. 첫째 그는 우유를 상식하는 서양인들이 변비를 방지하기 위하여 차를 마셔야 한다는 속설을 믿었다. 더 중요한 것은 아편무역이 당시 영국경제와 식민지경영에서 얼마나 중요한 자리를 차지하고 있었던가를 이해하지 못했다. 따라서 그는 영국과의 분쟁에 있어서 아편문제만을 분리하여 해결할 수 있다고 믿었으며 그렇게 되면 중영무역은 종전대로 계속될 수 있다고 판단했다. 또한 그는 영국 여왕이나 정부가 아편밀수업자와 같은 부도덕한 장사꾼들을 위하여 중국과 전쟁까지 할 것이라고는 생각할 수가 없었다. 끝으로 그는 당시 청조의 거의 모든 관료들과 같이 서방무역이 중국에 반드시 필요한 것이라고 생각하지 않았으며 경우에 따라서는 이를 전면 폐지해도 무방하다고 믿었다.

마카오로 철퇴하여 사태의 추이를 주시하고 있던 앨리옷은 3월 22

일에 모든 영국상선에 홍콩에 집결할 것을 명령하고 자신은 24일 마카오를 떠나 광주 영국상관으로 들어갔다. 같은 날 임칙서는 무역정지를 선포하여 영국상관으로부터 중국인 매판과 고용인을 철퇴시키고 무력으로 상관을 봉쇄하였다. 28일 앨리옷은 임칙서에게 아편을 인도하겠다고 통고하였다. 앨리옷은 후일 중국정부와의 보상문제 교섭에 대비하여 영국정부가 대가를 지불할 것을 약속하고 상인들로부터 공식으로 아편을 인수한 다음 4월 4일부터 5월 18일까지 총 20,238 상자의 아편을 중국측에 인도하였다. 즉 인도된 아편은 상인들의 개인재산이 아니라 법적으로 영국정부 재산이었던 것이며 가격은 총 240만 파운드로 계산되었다. 당시 청조의 엄중한 단속으로 말미암아 아편매매는 중단된 상태였다. 그런데 인도의 총 아편 연간 생산액의 반이나 되는 방대한 재고품이 광주에 있었으니 앨리옷은 이 재고품 전량을 시가로 팔아넘긴 셈이다. 임칙서는 몰수한 아편에 소금과 생석회를 섞어서 변질시킨 다음 바다에 버렸다.

아편 인도가 진행되는 동안 상관(商館)에 대한 봉쇄는 해제되고 앨리옷은 영국인 전원을 마카오로 철거시키고 자신도 5월 4일 그곳으로 갔다. 임칙서는 영국과의 무역 재개를 희망하여 그들이 광주로 돌아오도록 권유했으나 앨리옷은 응하지 않았다. 이와 같이 아편 인도 문제는 일단락이 지어졌으나 영국측은 앞으로 아편을 중국에 반입하지 않겠다는 서약서 제출은 끝내 거절하였다.

2. 중영 개전과 남경조약의 체결

영국인들이 광주를 떠나 마카오로 철퇴한 직후인 1839년 7월 7일 인근 구룡(九龍)에서 술에 취한 영국 선원들이 임유희(林維喜)라는 중국 농민을 살해한 사건이 일어났다. 임칙서는 가해자를 인도해 줄 것을 요구했으나 앨리옷은 거절하였다. 이에 임칙서는 홍콩에 집결해 있던 영국선박에 대한 식량공급을 중단하고 인근 해안지대의 우물에 독물을 투입하여 사용할 수 없게 만들었다. 한편 앨리옷은 임유희 살해범들을 재판하여 금고와 벌금형에 처했다. 이는 당시 중국의 형벌에 비하여 너무나 가벼운 것이었다. 이에 분노한 임칙서는 8월에 무력으로 마카오를 봉쇄하고 식량과 연료 공급을 중단하며 그곳에 있던 모든 중국인들을 철퇴시켰다. 마카오에 있던 영국인은 8월말에 대거 홍콩으로 피난했다.

이미 언급한 바와 같이 임칙서는 중국에 있는 외국인에 대한 사법권은 중국이 행사해야 한다는 입장을 견지하였다. 앨리옷 역시 근본적으로는 반대하지 않았다. 그래서 그는 영국국민을 위하여 연해지역에 중국 사법권이 미치지 못하는 곳을 설정하려고 한 것이다. 그러나 이와 같은 일방적인 계획이나 요구를 중국측이 쉽사리 받아드릴 리는 만무했고 이 문제는 결국 아편문제와 함께 중영간에 무력대결을 초래하고야 말았다.

이와 같이 양측 간에 험악한 대립이 계속되는 가운데 9월 4일 앨리옷이 식량을 구하기 위하여 구룡에 나타났다. 그러나 현지 관원들과의 교섭이 결렬되고 영국측에서 먼저 발포하여 해안 포대와 교전이 벌어졌다. 얼마 후 교역 계절이 시작되자 앨리옷은 영국상인들에게 참가를 자제하라는 명령을 내렸다. 그러나 11월 3일 이 명령을 무시하고 영국상선 한 척이 광주를 향하여 주강(珠江) 하구에 들어서자 이를 제지하기 위하여 영국 포함이 위협사격을 가하였다. 이때 부근에 있던 중국 함선들이 영국상선을 보호하기 위하여 대응 발포하여 양측간에 포격전이 벌어졌다. 영국군함은 순식간에 중국함선 3척을 격침하고 1척을 대파하였다. 임칙서는 다시 영국에 대하여 무역정지를 선포하였다.

이 전투가 일어나기 전에 이미 영국정부는 중국에 파병할 준비를 하고 있었다. 전투보고를 받고 다음해 1840년 4월 초에 중국에 원정군을 파견하기 위한 법안을 의회에 상정하였다. 정부안은 4월 7일 하원에서 9표 차로 간신히 통과되었다. 이때 야당인 보수당 의원이자 훗날 명재상이 된 글래드스톤(William E. Gladston)은 반대하였다. 그는 "그 원인에 있어서 이같이 부정하고 우리나라에 이토록 영원한 불명예를 가져올 전쟁을 본인은 여태껏 들어본 적도 없고 읽어본 적도 없다. 영국국기는 바야흐로 불명예스러운 밀무역 보호를 위하여 게양되었다"라는 내용의 명연설을 하였다. 정부안은 5월 12일 상원에서도 통과되었다. 그리하여 원정군이 이미 6월에 속속 현지에 도착하였다. 그 병력은 육군은 보병 3개연대, 인도 지원병 1개연대, 유럽인 포병 2개중대, 공병 2개중대였으며, 해군은 대포 약 400문을 탑재한 대소 군함 10척으로 구성되어 있었다. 이외에도 선박 10척이 참가하였다.

현지에 도착한 영국군은 먼저 광주항(廣州港)을 봉쇄한 다음 북상하여 7월 7일에 주산열도(舟山列島)의 정해(定海)를 점령하고, 이어 영파(寧波)와 양자강 하구를 봉쇄하였다. 그리고 다시 북상하여 8월 11일부터 천진에 가까운 백하(白河) 하구에 있는 대고(大沽)에서 북경정부가 파견한 직예총독 기선(琦善)과 담판을 벌였다. 이때 앨리옷은 영국외상 파머스톤(Henry J. Palmerston)이 북경정부에 보내는 공식서한을 전달하였다. 이 장문의 서한에서 파머스톤은 임칙서에 대한 비난공격을 늘어놓은 다음 중국정부에 대한 영국정부의 요구를 열거하였다. 그 요점은 다음과 같다. (1) 몰수된 아편의 대가를 보상할 것, (2) 앨리옷을 모욕한 자들을 처벌할 것, (3) 영국에 대하여 군비를 배상할 것, (4) 홍콩을 영국에 할양할 것, (5) 중국상인들의 영국상인들에 대한 부채를 변제할 것, (6) 양국 관헌간의 대등한 교제를 인정할 것 등이었다.

주로 임칙서 개인을 비난 대상으로 하는 이 서한은 중국의 강경책이 임칙서의 독자적인 결정과 행동에 기인한 것이라는 영국당국의 견해를 반영한 것이었다. 이와 같은 견해는 연쇄적으로 영국정부의 의도에 대한 청조당국의 그릇된 판단을 초래하였다. 즉 그들은 임칙서만을 처벌하면 영국인들을 무마할 수 있다고 판단했던 것이다. 이 같은 안이한 판단에 따라 기선은 앨리옷을 감언이설로 교묘하게 다루어 현지에서 교섭할 것을 약속하여 우선 그를 광주로 철퇴시키는데 성공하였다. 청조는 임칙서를 파면하고 기선을 광동흠차대신으로 임명하였다. 이때 영국함대에 대한 기선의 상세한 보고를 접한 다음 비로소 그 실력을 알게 된 북경 정계에서는 화평론이 대두했는데 주로 한족 출신 관료들이 이를 주장하였다. 이들도 청조가 임칙서를 처벌하고 무역을 재개하며 아편 대가를 배상만 하면 영국은 만족할 것이라고 생각했던 것 같다.

1840년 11월 말 광동 현지에서 기선과 앨리옷 간에 교섭이 재개되었다. 그러나 양군간에 다시 전투가 벌어지고 1841년 1월 말에 청조는 정식으로 영국에 대하여 선전포고를 하게 되었다. 이에 앞서 기선과 앨리옷은 양국간 화평을 위한 잠정협정에 합의를 보았다. 천비초약(川鼻草約)으로 불려지는 이 가협정에는 홍콩을 영국에 할양한다는 조항이 들어있었다. 이 조항에 따라 영국군은 1월 26일 홍콩을 점령하였다. 2월 26일 이 소식에 접한 북경당국은 즉각 기선을 파직하고 그를 문초하기 위하여 북경으로 압송할 것을 명하고 그의 재산을 몰수하였다. 이와 같이 청조의 태도가 강경론으로 변한 것은 영국함대가 천진에서 남방으로 물러가고 화평교섭이 재개되어 영국의 군사적 압력이 완화되자 북경 정계내에서 다시 주전론이 일어난 때문이었다. 이때 만주족 출신 고관들이 주전론을 주도하였다. 또 고조된 광동지방의 영국군 배척 분위기도 이를 부추겼다. 기선이 실각한 후 1841년 8월에 영국정부도 군사적으로 영국에 유리하게 된 정세를 적극적으로 이용하지 못하고 좋은 기회를 놓쳤다는 이유로 앨리옷을 해임하고 육군대령 포틴저(Sir Henry Pottinger)를 후임에 임명하였다.

천비초약이 백지화되자 즉각 전투상태에 들어갔다. 그러나 때마침 진행 중이던 무역을 끝내기 위하여 쌍방은 3월 20일부터 일시 정전한 다음 5월 21일에 다시 전투를 재개하였다. 그 후 일주일이 못되어 광주성(廣州城)이 함락 직전의 위기에 빠지게 되자 시당국이 600만불의 대가를 지불하고 점령을 면하였다. 8월 중순에 포틴저가 부임하자 영국군의 활동은 한층 더 활기를 띠었다. 그리하여 8월 26일에 하문(厦門)을 점령한 다음 10월에는 승승장구하여 정해, 진해(鎭海), 영파를 차례로 무찔렀다. 영국군은 겨울을 지낸 후 이듬해 1842년 봄에 다시 작전을 개시하여 5월에는 절강성(浙江省) 해역을 휩쓸고 다시 북상, 6월 하순에는 상해를 점령하였다. 여기서 양자강을 거슬러올라가 7월 21일에는 대운하와 양자강의 교차점인 진강(鎭江)을 탈취하였다. 이 교통과 전략의 요지를 수비하고 있던 팔기병 1,600명은 그들 가족과 함께 거의 전멸하였다. 이로 인하여 대운하가 봉쇄되고 강남에서 북경으로 가는 조운미를 비롯한 중요 물자수송을 위한 대동맥이 단절되었다. 여기서 영군은 남경공략의 준비를 시작하고 최후통첩을 발하였다. 그 기한이 끊어지는 8월 14일 남경성의 성두에 백기가 올라갔다. 그리하여 양국 대표 간에 강화교섭이 시작되어 8월 29일 영국함대 기함 콘월리스(Cornwallis)호 함상에서 근대 동서 국제관계사에서 획기적인 의의를 가진 남경조약이 조인되었다. 이때 포틴저가 영국을 대표하고 흠차대신 기영(耆英)이 청조를 대표하여 서명하였다.

남경조약은 전문 13조로 된 비교적 간단한 조약이다. 그 역사적 의의나 중요성을 이해하려면 후속조치로 중영 양국이 조인한 일련의 추가협정과 함께 종합적으로 고찰해야 한다. 본 조약에는 다음과 같은 규정이 포함되어 있다. (1) 광주, 하문, 복주(福州), 영파, 상해 5항을 개방한다. (2) 공행(公行)의 무역독점을 폐지한다. (3) 공평하고 정규적인 수출입관세를 설정 공포한다. (4) 개방되는 5항에 영국영사를 상주시킨다. (5) 중영 양국 관헌은 대등한 입장에서 문서를 교환한다. (6) 홍콩을 영구히 할양한다. 추가협정에는 다음과 같은 보충규정이 있다. (1) 관세율은 쌍방의 협정에 의하여 결정하되 종가 5%를 원칙으로 한다. (2) 개방되는 5항에 있는 영국인에 대하여는 영국영사관이 재판권을 행사한다. (3) 중국은 영국에 대하여 최혜국대우를 부여한다. (4) 영국은 개방되는 5항에 군함 1척을 상시로 정박시킬 수 있다.

남경조약은 승전국인 영국이 패배한 중국에 일방적으로 강요한 것이며 이때부터 서방열강이 동아시아 제국에 강요한 불평등조약의 효시이다. 여기에는 협정관세, 영사재판권, 최혜국대우 등 그 후 1세기 동안 중국을 비롯한 동아시아 국가의 주권을 침범하고 경제적으로 약탈하는데 사용된 모든 규정이 포함되어 있었다. 이 규정의 준수를 강요하는 수단으로 포함외교가 보장되어 있었다. 여기서 한 가지 놀라운 것은 아편밀무역이 직접적인 원인이 된 전쟁을 종결시키는 조약에 이에 관하여 일언반구의 언급도 없었다는 사실이다. 청조로서는 물론 도의적으로나 법적으로나 아편 밀수를 허용할 수 없었던 것은 자명하다. 영국 역시 마찬가지다. 이와 같은 '부정하고 불명예스러운' 일을 타국에 강요할지언정 이를 공공연하게 조약으로 합법화하고 정당화할 수는 없었던 것이다. 따라서 양국은 이를 '불금지금(不禁之禁)'으로 남겨두었다. 사실 홍콩을 중국 주권에서 분리하여 이를 무역근거지로 장악하게 된 영국에게 아편무역의 합법화 여부는 현실적인 문제가 되지 않았다.

아편전쟁은 결코 아편문제만으로 일어난 것은 아니었다. 첫째 19세기 중국인들은 중국은 세계만방의 종주국이고 여타 모든 국가나 민족은 중국의 속방이나 번속이며 이 같은 종속체제 하에서 종주국인 중국의 우위는 절대적이라고 믿고 망자존대(妄自尊大)하였다. 한편 영국인들은 모든 국가와 민족은 대소강약을 막론하고 동등한 주권을 보유하고 있으며 그들 상호간의 관계는 대등하다고 믿었다. 아편전쟁은 중국인들이 주도하는 동아시아 세계질서와 영국인들이 대표한 서구식 국제질서간의 충돌로 일어난 전쟁이었다. 둘째 중국인들은 중국은 '지대물박(地大物博)'하여 외국과의 무역은 반드시 필요한 것은 아니나 '자소이덕(字小以德)'과 '유원(柔遠)'의 정신으로 종주국이 속방이나 '사이(四夷)'에 베풀어 주는 은전이며 경우에 따라서는 이를 중지할 수 있다고 생각했다. 영국인들은 해외무역은 국가 경제발전에 반드시 필요한 것이며 정부는 국민들이 자유롭게 이에 종사할 수 있도록 보장해야 한다고 믿었다. 아편전쟁은 중국지도자들의 전통적인 무역은전론과 영국지도자들의 근대적인 자유무역론간의 차이에 기인한 충돌이었다. 또한 아편전쟁은 농경사회 중국의 전통적인 상업경시 풍조와 상인천시 사상과 산업사회로 전환한 영국의 중상주의 간의 충돌이었다. 그러나 어떠한 문화차이론이나 자유무역론도 아편밀무역을 정당화할 수는 없으며, 무력으로 이를 강요한 영국의 부도덕성을 변명할 수는 없다. 아편전쟁이야말로 약육강식을 정당화하는 사회진화론을 신봉한 서구 제국주의열강이 동아시아 세계에서 자행한 침략과 약탈의 효시이며 출발점이었다.

3. 애로우(Arrow)전쟁과 천진·북경조약

아편전쟁 승리 후 영국이 중국과 남경조약을 체결하자 다른 서방 교역국도 뒤이어 청조와 유사한 내용의 통상조약을 맺었다. 그 최초가 1844년에 체결된 중미 망하조약(望厦條約)이었다. 이 조약은 전문 34조로 되어 있었는데 남경조약과 부속협정들을 단일 조약으로 종합 정리한 것이었다. 그 특징은 영사재판권 등 이미 남경조약에서 결정된 사항에 관하여 세부적인 추가조항을 설정한 것과 중국서적 수출과 중국인 어학교사 고용 등 이전의 관행을 명문화한 것이었다. 또 조인 후 12년이 지나면 '중요하지 않은 사항'에 관하여 수정 또는 변경할 수 있다는 신조항을 설정한 것이었다.

뒤이어 10월 24일 프랑스가 청조와 중불 황포조약(黃埔條約)을 체결하였다. 내용에 있어서 이 조약은 중미 망하조약과 크게 다른 점이 없었다. 그러나 조약이 조인된 후에 프랑스 대표는 계속 현지 당국과 교섭하여 천주교에 대한 청조의 금령을 완화시키는데 성공하였다. 이것은 양국간의 성문화된 합의는 아니고 프랑스측의 요청에 의하여 광동흠차대신 기영(耆英)이 중국인에 대한 천주교 금령을 풀어줄 것을 건의한 상주문을 황제가 허가한 것이었다. 이 천주교 완화 금령은 일반에 공포되지 않고 기영이 각 성 총독순무에 전달하였다. 그러나 이에 만족하지 않은 프랑스측의 요구에 의하여 1846년 2월에 황제의 칙령으로 공포되었다. 다만 선교사가 중국 내지에 들어가서 포교활동을 하는 것은 계속 금지되었다. 훗날 조선에서 천주교 탄압이 일어났을 때 중국주재 프랑스 대리공사가 이 칙령을 항의의 법적 근거로 삼았던 것이다.

청조는 미국, 프랑스에 이어 1847년 3월에 스웨덴과 노르웨이와도 통상조약을 체결했는데 그 내용은 중미 망하조약과 완전히 동일한 것이었다. 이에 앞서 청조는 1845년 7월에 벨기에에 대해 조약은 맺지 않고 최혜국대우만을 부여하였다. 그 후 러시아가 1848년, 1850년, 1853년 세 차례에 걸쳐 해로를 통한 개항장무역에 참가할 것을 요구하였다. 그러나 청조는 러시아에는 이미 내륙 육로무역을 허용했다는 이유로 번번이 거절하였다.

이와 같이 청조와 서방교역국 간에 남경조약을 비롯한 일련의 조약이 체결되는 동시에 1843～1844년 양년 간에 광동, 상해, 영파, 복주, 하문이 차례로 개방되었다. 이로써 중국의 서방무역에서 전통적인 광동무역체제가 소멸되고 새로운 1가 성립되었다. 이는 실로 중국의 대외교섭사상 미증유의 대변환이었다. 서방체약국들의 견해에 의하면 첫째 조약제도는 과거 청조로부터 받았던 조공국 대우를 청산하고 중국과 대등하고 정상적인 외교관계를 확보한 것이었다. 둘째 종전에는 무역과 이에 수반한 권리가 청조가 베푸는 '은전'이었으나 조약체제 하에서는 평등한 국가간의 조약에 의한 '권리'로 보장된 것이었다. 또 이 권리를 보호하기 위하여 협정관세제도와 영사재판제도가 마련되었으며 이를 어느 특정국가에만 적용하지 않고 국제법상 보편적인 것으로 만들기 위하여 최혜국대우 조항이 설정된 것이다. 그러나 청조는 조약제도를 당면의 위기를 회피하기 위하여 받아들인 일시적 방편으로 간주하고 근본적으로는 광동무역제도의 연장 또는 확대로 생각하고 전통적인 조공관계 테두리 안에서 운영할 수 있다는 견해였다.

이와 같은 견해와 태도의 차이는 양자간의 대립과 알력을 불가피하게 만들었다. 즉 청조는 항상 구체제인 이른바 '천조(天朝)의 정제(定制)'를 유지하려고 하는 반면, 서방체약국은 조약의 준행을 위하여 무력행사도 서슴지 않았다. 이는 모든 개항장에서 일어난 공통된 형상이었으며 특히 광동지방에서 심했다. 그리고 그것이 가장 첨예화된 것이 '광동입성문제(廣東入城問題)'였다. 원래 광동지방은 유럽인들에 대한 배외풍조가 강한 곳이었다. 그 밑바닥에는 가깝게는 아편전쟁 시기에 고조되었던 영국에 대한 적개심이 남아 있었으며 멀리는 중국인의 전통적인 화이사상과 근세초기 포르투갈인들의 만행에 대한 반감이 깔려있었다. 남경조약 제2조에는 영국인이 가족을 동반하고 개항장에 거주할 수 있다고 규정되어 있었다. 그런데 거주지역에 대해 영문에는 '시정(市町, cities and towns)'으로 표기되어 있었고 중문에는 '항구'로 표기되어 있었다. 이에 따라 중국측은 영국인이 선착장 주위의 항구에만 거주할 수 있다고 주장했던 반면 영국측은 '성벽'으로 둘러싸인 광주성내에도 거주할 수 있다는 주장이었다. 이에 관하여 1846년 파머스톤경이 다시 영국외상에 취임한 후 영국정부의 태도는 더욱 강경하게 되었다. 이후 광동흠차대신 기영이 두 차례에 걸쳐 입성허가를 약속했다. 그러나 영국인 살해를 포함한 지방주민의 격렬한 반발로 번번이 좌절되었으며 영국군에 의한 광주상관(廣州商館) 점령까지 일어났으나 해결을 보지 못하였다. 결국 1850년에 파머스톤외상은 이 문제에 관하여 직접 북경당국에 강경한 항의문을 전달하게 되었다.

이에 대하여 북경당국은 파머스톤외상에게 직접 회답하지 않고 양강총독(兩江總督)에 자문을 보내어 회답내용을 전하도록 하였다. 그 내용은 이 문제는 광동흠차대신이 담당하고 있으니 그와 교섭하라는 것이었다. 이에 불만족한 향항총독 겸 영국공사 보남(Sir George

Bonham)은 대고에 군함을 파견하여 영국외상에 대한 정식회답을 요구했으나 목적을 달성하지 못하였다. 청조의 이와 같은 강경한 태도의 배경에는 도광제가 서거하고 함풍제가 등극함에 따라 일어난 정변으로 온건파가 몰락하고 아편전쟁 당시의 주전파 대신들이 북경정계의 주도권을 장악하게 된 사실이 있었다.

이와 같이 남경조약 체결 후 8년이 지났음에도 북경당국은 영국대표와 직접적인 접촉을 거부하고 과거와 다름없이 모든 교섭을 지방관인 광동흠차대신과 양강총독의 관할 하에 두었다. 따라서 영국정부로서는 북경당국과 직접적이고 대등한 접촉방법을 확립하는 것이 절실한 문제였다. 또 하나는 개방된 5항은 모두 양자강 이남에 있어 중국내 상업중심지와 직결되어 있지 않다는 문제가 있었다. 끝으로 중국세관의 부정부패와 비능률적인 운영이 영국에 대하여 일방적인 부담을 주고 있었던 사실이다. 이런 문제들을 해결하기 위하여 파머스톤은 청조에 대하여 다시 무력행사를 결심하였다. 이때 중국사상 미증유의 대반란인 태평천국난이 발발하여 청조는 존망의 위기에 빠졌고 이는 영국을 위하여 무력을 행사할 좋은 기회가 되었다. 그러나 파머스톤은 1851년 12월에 프랑스에 대한 외교상의 실책으로 외상직에서 파면되어 하야하였다. 그 후 1855년 1월에 수상으로 정부에 복귀한 그는 중국에 대하여 다시 전쟁을 시작할 구실을 찾았다. 그러던 중에 1856년 가을 애로우호사건이 발생하였다.

1856년 10월 8일 광주항에 정박하고 있던 홍콩선적 중국인 소유 화물선 애로우호에 중국관헌이 등선하여 선원 12명을 해적혐의로 체포하였다. 사건이 돌발하자 향항총독 겸 영국공사 보링(Sir John Bowring)과 광주영사 파크스(Harry Parkes)는 양광총독 섭명침(葉名琛)에 엄중 항의하였다. 영국측은 중국관헌이 영국선박에 무단 등선하여 영국기를 끌어내리고 선원을 체포한 것은 영국국기에 대한 모독이며 불법행위이니 이에 대하여 사과하고 체포된 선원의 인도를 요구하였다. 중국측은 당시 애로우호는 영국기를 게양하고 있지 않았으며 그 소유자가 분명히 중국인이니 선적등록 자체가 불법이었다고 주장하여 영국측의 항의를 일축하였다. 이에 교섭은 결렬되고 10월 22일 영국군이 광주시를 공격하여 다음날 일시 양광총독아문까지 점거하였다. 영국정부가 의도적으로 사소한 문제를 사건화하여 강인한 수법으로 전쟁으로까지 끌고갔던 것이 분명하다.

현지 보고를 받자 파머스톤내각은 즉각 대중국 개전을 결심하고 다음해 1857년 2월 하순에 원정군파견안을 의회에 제출하였다. 상원토의에서 더비경(Lord Derby)은 중국에서 건조되고 중국인이 소유하고 중국인이 운항한 선박을 영국정부가 보호하여 전쟁까지 해야 할 법적 · 도의적 이유가 있느냐고 정부를 강경히 공격했다. 또 애로우호의 홍콩선적등록은 사건이 발생했을 때 이미 기한이 끊어졌던 것을 보링과 파크스가 은폐하고 있었던 사실이 알려지자 곱덴(Richard Cobden)은 하원에서 이를 '극악무도한 행위'라고 규탄하였다. 그리하여 정부안이 상하 양원에서 모두 부결되었다. 이에 파머스톤내각은 즉각 하원을 해산하여 총선거를 실시한 결과 85표 차로 승리하여 전쟁계획을 그대로 추진하였다.

전권에 임명되어 대기하고 있던 엘긴경(Lord Elgin)은 이해 5월 9일에 5,000명의 병력을 이끌고 영국을 떠났다. 이에 앞서 영국정부가 프랑스정부에 공동 출병을 제안하자 프랑스정부가 수락하였다. 프랑스정부는 1856년 2월 말에 광서성에서 불법선교활동을 하고 있던 프랑스인 신부 한 명이 살해된 사건을 출병구실로 삼았다. 당시 프랑스는 중국과의 이해관계가 그다지 크지 않았다. 그러나 나폴레옹 3세는 국내 정치상의 계산에서 천주교의 해외선교활동 보호자로 자처하고 중국에 출병하였다. 이는 베트남침략이 그 목적이었다. 전권에 임명된 구로(Gros)백작은 소규모의 기동부대를 이끌고 원정에 참가했다.

영국원정군은 세포이(Sepoy)반란을 진압하기 위하여 인도에 들렀다가 7월에 홍콩에 도착하였다. 영불연합군 전원이 현지에서 합세한 것은 11월이었다. 이 기회에 청조와 조약을 개정할 목적으로 미국과 러시아 대표들도 홍콩에 모였다. 12월 12일 영불대표는 양광총독 섭명침에 최후통첩을 보내고 이를 거절당하자 5,700명에 가까운 병력을 상륙시켜 28일 광주성 공격을 개시하여 다음날 29일에 점령하고 섭총독을 포로로 잡았다. 섭은 인도에 압송되었다가 그곳에서 객사하였다. 후임총독으로 임명된 황종한(黃宗漢)은 광주시에 부임하지 못하고 혜주(惠州)에 머물렀다. 영불군은 광주시에 군정(軍政)을 선포했는데 이 군정은 1861년까지 계속되었다.

여기서 영국, 프랑스, 미국, 러시아 대표는 동일내용의 서한을 북경에 보내고 상해에서 조약개정을 위한 교섭의 시작을 요구했다. 이에 대하여 청조당국은 직접회답을 피하고 양강 총독에 자문을 보내어 영·불·미 3국 대표들에는 광주로 가서 양광총독과 교섭하고 러시아대표에는 흑룡강 유역으로 가서 현지 관헌과 교섭할 것을 전달하라고 지시하였다. 영불대표는 병력을 이끌고 북상하여 4월말 대고에서 담판을 시작했으나 결렬되고 5월 20일 영불군은 대고포대를 점령하고 천진으로 진입하였다. 6월에 천진서 담판이 재개되었는데 청조는 이때 비로소 본격적인 교섭에 나섰다. 내각대학사 계량(桂良)과 이부상서 화사납(花沙納)을 흠차대신으로 임명하여 교섭을 담당케 하였다. 영불대표는 무력을 배경으로 강경한 담판을 진행하였으며 미국과 러시아대표는 이에 편승하였다. 이리하여 중영, 중불, 중미, 중러 간에 4건의 천진조약이 체결되었다. 영불원정군은 이 조약들이 황제가 정식으로 재가한 것을 문서로 확인한 다음에야 천진에서 철퇴하였다.

상술한 4개 천진조약은 서로 약간의 차이가 있었으나 모두 최혜국대우 조항이 포함되어 있었기 때문에 모든 체약국에 대하여 동일한 권리와 혜택이 보장되어 있었던 것과 다름없었다. 그 중요한 내용은 체약국 외교사절은 가족을 동반하고 북경에 상주 또는 수시로 왕래하며 청조의 내각대학사 또는 그와 동등의 대관과 대등하게 접촉하고, 이미 개방된 5항 이외에 우장(牛莊), 등주(登州), 한구(漢口), 구강(九江), 진강(鎭江) 등 11개 항을 추가로 개방하며, 체약국 국민은 각기 자국 영사가 발급하고 중국관헌이 부서(副署)한 여권을 소지하고 중국내지를 여행할 수 있다는 것이었다. 또 관세율은 쌍방이 협의 결정하되 종가(從價) 5%를 원칙으로 하고, 체약국 국민에 대한 영사재판권을 강화 정비하며, 중국인의 신앙의 자유와 외국 선교사의 포교권을 보장하고, 중국인의 해외 도항을 공식으로 인정하였다. 중국측은 모든 공문서에서 외국인에 대하여 '이(夷)'라는 명칭을 사용하지 않을 것도 약속하였다. 이외에 외국인 세무사 제도를 모든 개항장에 확대한다는 조항이 있었다. 외국인 세무사 제도는 1854년 태평천국난 중 상해가 한때 비밀결사 소도회(小刀會) 난당들에게 점령되어 중국해관이 관세를 징수하지 못하게 되자 영국영사가 시험적으로 관세 징수를 위해 외국인 세무사를 채용한 데서 시작된 제도이다. 그런데 그 성과가 매우 좋아 나중에 청조의 모든 행정기구 중 모범이 되었다.

천진조약에서 청조는 영국에 400만냥, 프랑스에 200만냥의 배상금을 지불할 것을 약속하였으나 1860년 북경협정에서 영불 양국에 각각 400만냥씩 지불케 되었다. 배상금 지불에는 조약항의 관세수입의 40%를 충당키로 하고 지불이 완료될 때까지 영불 양국이 천진, 등주, 대고, 광주를 보장점령키로 규정하였다.

천진조약에는 조인 후 1년내에 비순서를 북경에서 교환하기로 규정되어 있었다. 그러나 영불군이 물러가자 북경정부 내에서는 천진조약 자체의 폐기론이 일어났다. 당시 북경정부 내에서는 외압이 있을 때마다 주전론이 판을 쳤다. 압력이 더 높아지면 화평론이 대두하고, 그것이 극도에 달하면 고위층에서 주전론이 일시 화평론으로 전환하였다. 강화가 성립되고 외국의 군사적 압력이 완화되면 화평론은 다시 주전론으로 돌아섰다. 바로 이때가 그러했다. 이해 11월 상해에서 중영 통상협정 교섭이 열렸다. 청조는 다시 계량과 화사납을 파견하고 이들에게 천진조약의 폐기를 요구하고 그 대가로 중영무역에서 관세의 전면면제를 제안하라고 훈령하였다. 양인은 이를 반대하여 제안조차 하지 않았다. 이에 청조는 북경 대신 상해에서 비준서를 교환하자고 제안했으나 영국측은 거절하였다. 그러나 외교사절을 북경에 상주시키는 권리는 당분간 행사하지 않겠다는 언질을 주었다.

1859년 6월 영불 양국 공사는 군함을 이끌고 대고에 나타났다. 청조당국도 이들을 북경으로 맞이할 준비를 하고 있었다. 그러나 이들이 대고에 상륙하는 것을 원치 않았고 그곳에서 약 16 km 북쪽에 있는 북당(北塘)에 상륙하도록 통고하였다. 6월 25일 이 통고를 받기 전에 영불군함이 백하(白河) 하구에 설치된 장애물을 제거하기 시작하였다. 이에 대고포대에서 발포하자 이들은 엄청난 손상을 입고 양국공사는 허겁지겁 현장에서 탈출하였다. 한편 미국공사는 7월 말에 북당에서 조약비준서를 교환하였으며, 이에 앞서 북경을 방문중인 러시아공사는 그곳에서 비준서교환을 마쳤다.

대고사건 후 북경정부는 영불대표에 연락하여 미국대표와 같은 방식으로 북경에 입경시켜 조약비준서를 교환할 것을 권하였다. 그러나 그들은 응하지 않았다. 이에 청조는 1859년 8월 1일자 황제 상유(上諭)로 영불과의 천진조약의 파기를 선언하고 동시에 흠차대신 겸 양강총독 하계청(何桂淸)에 새로 영불 양국과 조약을 체결하고 상해에서 비준서를 교환할 것을 명하였다. 아울러 양국으로부터 배상금까지 받는다는 방침을 선포하였다. 물론 이는 영불측에 의하여 일축되었다.

대고사건에 대한 보복을 결심한 영불 양국 정부는 다시 엘긴경과 구로백작을 각자의 전권대표로 임명하고 양국 합하여 총 2만명의 대군을 중국으로 파견하였다. 양국은 영국이 주었던 사절상주권을 행사하지 않겠다는 언질을 파기함은 물론 천진조약의 전면적 이행과 대고사건에 대한 사죄와 배상금의 추가까지 요구하고 나섰다. 1860년 8월 1일 영불연합군은 북당에 상륙하여 쉽게 대고포대를 함락시키고 천진을 점령한 다음 북경을 향하여 진군을 개시하였다. 청조는 도중 천진과 통주에서 두 차례 담판을 시도했으나 결렬되었다. 9월 22일 함풍제(咸豊帝)는 친왕(親王)과 군기대신, 그리고 후궁들을 거느리고 열하 이궁으로 피난길을 떠났다. 그 전일인 21일 젊은 황제 공친왕(恭親

王)을 흠차대신에 임명하여 북경에 남아서 영불대표와 교섭을 담당케 하고 대학사 계량(桂良)과 군기대신 문상(文祥)으로 하여금 그를 보좌케 하였다.

10월 6일 연합군은 북경 교외에 있는 별궁 원명원(圓明園)에 침입하여 악명 높은 대약탈을 감행하였다. 10월 8일 북경성이 연합군에 개방되고 40여명의 연합군 포로가 석방되었는데 이중 여럿이 학살된 시체였다. 이에 대한 보복으로 영국군은 원명원을 불질렀다. 10월 20일 공친왕이 영불군의 최후통첩을 수락하고 24일에 중영 북경협정이, 25일에는 중불 북경협정이 조인되었다. 양 협정은 1858년에 조인된 천진조약의 내용을 재확인하고 그 이행을 다짐한 것이었다. 새로 추가된 것은 상술한 바와 같이 프랑스에 대한 배상금이 2배로 증가된 것과 앞서 영국에 영구 조차되었던 구룡이 정식으로 영국에 할양된 것이었다. 영불 대표들은 11월 9일 북경을 떠나 천진으로 가서 한동안 그곳에 머물면서 청조의 동향을 지켜보고 있었다.

영불 대표가 북경을 떠나는 것을 기다린 것처럼 그곳에 머물고 있던 러시아 공사 이그나찌에프(Nikolai Ignatiev)는 공친왕과 교섭을 시작하여 11월 14일에 중러 천진추가조약(天津追加條約)을 체결하였다. 이 조약으로 청조는 1858년 5월에 조인된 중러 아이훈조약을 확인하여 흑룡강 이북의 지역을 러시아 영토로 인정하고 그 지류인 송화강 동안(東岸)에서 해안에 이르는 광대한 땅을 러시아에 할양하였다. 이로써 한국의 동북변이 직접 러시아와 접경하게 되었다.

천진조약의 체결과 북경협정의 조인으로 아편전쟁 후 남경조약에 의하여 성립된 조약제도가 20년에 가까운 세월에 걸쳐 많은 우여곡절을 겪으면서 완성되었다. 이로써 장구한 역사를 가진 중서(中西) 관계에서 전근대적인 광동제도(廣東制度)가 영원히 사라지고 근대적인 조약제도가 비로소 확립되었다. 전자는 중국의 전통적인 조공체제에 의거한 것이었고 후자는 근대 유럽의 국제법에 의거한 것이었다. 이 조약제도의 가장 중요한 법적 근거는 바로 1858년에 조인된 중영 천진조약이었다. 그런데 이 천진조약이야말로 서방열강이 동아시아 제국에 힘으로 강요한 대표적인 불평등조약이며 침략과 착취의 대헌장이었다.

4. 일본의 개항과 미국

이미 지적한 바와 같이 일본은 1630년대 말에 대외무역을 극도로 감축하여 이를 나가사끼항(長崎港)에 제한하고 화란(和蘭)과 중국상선만의 도래를 허용하였다. 동시에 일본인의 해외 도항을 엄금하였다. 도쿠가와막부가 이와 같은 쇄국정책을 취한 배후에는 두 가지 목적이 있었다. 하나는 일본 국내에서 천주교를 근절하는 것이었고, 또 하나는 해외무역의 이윤을 독점하는 것이었다. 16세기 중엽 아시카가정권(足利政權)이 유명무실하게 되고 분렬과 내전이 절정에 달하자 기존 질서와 권위가 극도로 약화되었다. 이때 일본에 들어온 천주교는 그 교세가 빠른 속도로 전파되어 17세기 초에는 신도가 수십 만이나 되었다고 한다. 그러나 나라를 재통일하고 강력한 중앙정권을 수립한 도쿠가와막부는 일본의 전통종교인 신도와 불교에 도전하고 이에 의거한 정치체제와 사회질서를 부인하는 천주교를 축출하기로 결심하였다. 동시에 일본의 무인통치자들은 자기들의 통치권이 군사력에 의거한 것이며 군사력은 경제력의 뒷받침 없이는 유지할 수 없다는 것을 잘 알고 있었다. 그리고 유럽과 동남아시아 무역이 일본에 경제적 이익을 가져다준다는 것도 알고 있었다. 따라서 도쿠가와막부는 백해무익한 서양의 종교를 엄금하고 군사력 강화에 도움이 되는 서양무역을 독점키로 하였다.

막부가 이와 같은 정책을 단행할 수 있었던 것은 대내적으로 모든 국내세력을 완전히 장악하고 있었으며 대외적으로 통상과 포교의 자유를 요구하는 유럽인들의 군사적 도전을 물리칠 수 있는 힘을 보유하고 있었기 때문이었다. 그후 200년 동안 이 상태가 근본적으로 변함이 없었고 쇄국체제가 유지되었다. 그러나 19세기 중엽으로 접어들면서 사정은 크게 달라졌다. 첫째 일본 국내정세의 변화이다. 한때 막강했던 막부의 군사력은 약화되고 원래 반덕천적(反德川的) 성격이 강했던 영주들이 이끄는 이른바 '웅번(雄藩)'들의 군사력은 상대적으로 강해졌다. 둘째 과거 중국과 일본의 일항(一港)무역제도에 복종했던 서방 여러 나라가 정상적이고 대등한 외교와 자유로운 통상을 위한 문호개방을 요구하고 나섰다. 특히 영국은 아편전쟁에서 청조를 굴복시키고 남경조약을 체결하여 5항을 개방시켰다. 이에 따라 일본도 쇄국정책을 유지하기가 어렵게 되었다.

이에 앞서 18세기 말부터 서양선박들이 일본 근해에 나타나기 시작하여 통상을 요구하였다. 이때 막부는 이국선이 접근해 오면 물러가도록 권유하고 응하지 않으면 격퇴하여 해방(海防)을 강화할 것을 전국에 명령하였다. 19세기 초 이국선의 출몰이 더욱 잦아지자 막부는 이들을 무조건 격퇴하라는 소위 '무이념타불령(無二念打拂令)'을 내렸다. 그러나 이같은 정책의 무모함을 지적하고 쇄국령을 풀고 서방 제국과의 통상을 허용해야 한다는 개방론이 일부 개명적인 인사들간에 일어났다. 이들은 주로 난학자(蘭學者)들이었나. 당시 일본에는 한학(漢學), 국학(國學), 난학(蘭學) 등 세 종류의 학문이 있었다. 한학은 관학(官學)으로 주로 정주학(程朱學)과 양명학(陽明學)이었다. 국학은 일본 고유 전적을 통하여 고대 일본의 문물제도를 연구하는 국수적인 학문으로 막부의 권학정책에 힘입어 주로 18세기에 들어서 발달하였다. 난학은 곧 '화란의 학문'이다. 막부는 천주교를 근절하기 위하여 화란무역을 제외하고는 서양과의 모든 관계를 단절하면서도 서양의 과학과 기술서적, 특히 의학서의 수입만은 허용하였다. 그리하여 난학이 발달하였는데 이는 중국이나 조선에서는 볼 수 없었던 일이다. 난학을 통하여 서양의 과학기술과 근대적 군사력을 비교적 잘 알게 된 난학자들이 서방과의 문화교류와 통상을 주장한 것은 지

극히 당연한 일이다.

위에서 본 바와 같이 청조의 광동무역제도를 무너뜨리고 중국을 서방에 개방하는데 주도적 역할을 한 것은 영국이었다. 그러나 일본을 개방한 주역은 미국이었다. 당시 영국은 일본을 보잘 것 없는 섬나라로 간주하고 주로 중국시장 개척에 주력하였다. 미국은 사정이 달랐다. 18세기 후반에 영국에서 독립하여 대서양 연안국가로 출발한 미국이 19세기 중엽에는 이미 북미대륙 동서 해안에 걸쳐 광대한 영토를 가진 대륙국가로 발전하였으며 태평양과 대서양을 낀 해양대국으로 성장하였다. 이른바 '명백한 운명(the Manifest Destiny)'을 확신하고 서쪽으로 나아간 미국인들의 전진은 여기서 멈추지 않고 태평양의 광막한 바다로 뻗어나갔다. 19세기 중엽에 미국 포경선들은 이미 일본과 한국 해역에까지 진출하였다. 이보다 더 중요한 것은 중국무역을 위한 태평양항로의 개척이었다.

미국은 건국 초기부터 광동무역에 참가하여 여기서 얻은 이윤을 국내 산업발전에 투자하였다. 초기에는 미국 동해안을 떠난 상선들이 대서양을 건너 아프리카 남단을 돌아 인도양을 거쳐 중국으로 갔다. 그러나 19세기 중엽, 특히 1848년 멕시코로부터 캘리포니아를 탈취한 미국은 그곳에서 태평양을 건너 중국으로 직행하는 항로를 개척하였다. 이에 따라 미국에는 서태평양 해역에서 자국 선박의 기항지를 확보하고 해난 시 피난과 구조를 위하여 일본의 개방이 필요하였다. 미국이 일본의 개방을 서둘러야 했던 또 하나의 이유는 일본에 대한 제정러시아의 야심이었다. 이미 알래스카에 진출한 러시아는 남쪽으로 한반도와 일본 열도에 침투하는 기회를 노리고 있었다. 미국과 영국은 다같이 러시아의 남하를 저지하는 전략을 추구하고 있었다. 이와 같이 미국은 태평양을 오가는 자국 선박의 안전을 도모하여 중국 무역을 더욱 증진시키는 동시에 동아시아에 대한 러시아세력의 침투를 억제하기 위하여 일본을 개방하는데 앞장섰던 것이다. 이때 미국이나 영국은 일본 자체를 중요한 통상 대상국으로 보지 않았다.

아편전쟁 후 광동, 상해 등 5항이 개방되기 시작하자 미국은 1844년에 청조와 망하조약을 체결하여 중국무역에 박차를 가했다. 1846년 6월 미국 해군제독 비들(James Biddle)이 통상교섭을 위하여 일본에 파견되었다. 그는 충분한 계획이나 준비도 없이 군함 2척을 이끌고 동경만에 나타났으나 막부당국과 정식으로 교섭조차 하지 못하고 돌아갔다. 1852년 1월에 해군제독 페리(Mathew C. Perry)가 파견되었다. 그는 일본 원정을 위하여 치밀한 계획과 만반의 준비를 갖추었다. 그의 원정은 실로 시의에 적절한 결정이었다. 만일 수년을 더 기다렸다면 미국은 남북전쟁 전야기에 들어가게 되어 대규모의 해외원정을 추진할 수 없었을 것이다. 이때 국외에서는 영국과 프랑스가 터어키문제를 둘러싸고 유럽과 중동에서 러시아와 첨예하게 대립하고 있었기 때문에 일본 개방문제에 직접 관여할 겨를이 없었다.

페리제독이 미국 동인도함대를 이끌고 일본에 도착한 것은 1853년 7월이었다. 후일 강화도에 파견된 일본의 구로다함대(黑田艦隊)의 모델이 되었던 그의 함대는 전함 4척으로 구성되어 있었다. 따라서 일본 침공작전에는 물론 부족했으나 무력시위에는 충분하였다. 그는 동경만 안에 있는 포하항(浦賀港) 앞바다에 정박한 다음 현지 관헌에게 미국대통령이 '일본황제'에 보내는 친서를 전달하였다. 그 요시는 근래 많은 미국 선박이 태평양을 건너 중국으로 왕래하며 일본 근해에서 조업하는 미국포경선이 많으니 이들을 위하여 식량과 연료를 공급하고 해난 시 피난처를 제공하고 구조를 베풀어 줄 것을 요청한다는 것이었다. '일본황제'가 일본의 국왕을 말한 것인지 장군을 말한 것인지는 분명치 않았다. 서한을 전달한 후 페리는 답서를 받기 위해 다음해 1월에 다시 올 것을 약속하고 일단 일본을 떠나 중국으로 갔다.

페리가 이렇게 한 것은 물론 막부당국으로 하여금 국론을 통일하여 개항으로 이끌어갈 수 있는 시간을 준 것이었다. 그러나 막부는 당황하여 어찌할 바를 몰랐으며 일본 전국이 발칵 뒤집어져서 미국선 4척 때문에 온 국민이 잠을 이루지 못하는 지경이었다. 국론은 양이

(攘夷)와 개국(개방)으로 양분되었으나 대다수는 미국의 요구를 물리치고 '조종의 유법'인 쇄국을 견지해야 한다는 주장이었다. 미국의 요구와 국내 여론 사이에서 진퇴유곡의 궁지에 빠진 막부는 도쿠가와 일족의 문장(門長)인 양이론자 도쿠가와 나리아끼(德川齊昭)에 자문을 구하였다. 그는 화란에서 무기와 함선을 구입하고 조선기술자를 초빙하며 연해방비를 강화할 것을 건의하였다. 그러나 그는 당장 미국과의 군사적 대결에서 일본에 승산이 없는 것도 잘 알고 있었다. 그래서 그는 때마침 장군이 사망했음을 핑계 삼아 페리에 대해 국내 사정이 어려우니 미국의 요구에 대한 회답을 연기할 수 있게 하여 달라고 요청하자고 제안했다. 막부는 나가사끼의 화란 상관을 통하여 이를 페리에 전달하려고 시도했으나 그와 연락을 취하지 못하였다. 이리하여 막부가 뚜렷한 대책을 세우기도 전에 페리는 약속대로 1854년 2월에 8척의 군함을 이끌고 일본으로 돌아왔다.

막부지도자들은 미국의 요구에 대한 확고한 대책은 없었으나 그들은 중국이나 한국 문인관료들과 달리 현실주의적인 무사들이었다. 그들은 서양의 군사력을 알고 있었으며 서양 과학기술의 실용적 가치를 인식하고 있었다. 그들은 아편전쟁에서 청조가 당한 패배와 굴욕을 잘 알고 있었다. 따라서 미국의 요구를 계속 거절하는 것이 일본에 이롭지 못하다고 판단하였다. 다만 막부의 권위를 유지하기 위하여 되도록이면 개항을 지연시키자는 계산이었다. 한편 페리는 외교와 시위를 교묘하게 번갈아 사용하였다. 결국 양측은 1854년 3월 31일 미일 화친조약(和親條約)에 서명하였다. 일본이 외국과 최초로 체결한 이 조약은 도쿠가와정권이 200년 동안 견지해온 쇄국정책에 결정적인 종지부를 찍었다.

통칭 가나가와조약(神奈川條約)이라고 불려지는 이 조약은 전문 12조로 되어 있는데 그 내용은 간단하다. 즉 동경만 입구에 있는 시모다항(下田港)을 즉시 개방하고 1년 후에는 북해도 남단에 있는 하꼬디대항(函館港)을 개방하여 미국 선박의 기항을 허용하고 식량과 연료를 제공한다는 것이었다. 처음 일본측은 개항은 나가사끼항에 한정하려고 시도했다. 그러나 이는 쇄국체제하의 바람직하지 못한 관습의 연장에 지나지 않는다는 미국측의 강경한 반대로 좌절되었다. 원래 페리는 1844년에 미국이 청조와 체결한 망하조약과 같은 폭넓은 통상조약을 희망했으나 일본 국내사정을 고려하여 이를 단념하고 양국간의 통상에 관하여는 장래에 다시 교섭하기로 했다. 그러나 그는 미국을 위하여 최혜국대우 조항을 획득하는데 성공하였다. 조약의 비준기한은 조인 후 18개월 내로 정하였다.

한편 영국정부도 일본과 조약을 맺고자 했으나 러시아와의 관계악화로 말미암아 실행치 못하고 있었다. 그런 가운데 미일 화친조약 체결 4일전인 3월 27일 마침내 프랑스, 터어키와 연합하여 러시아에 대하여 선전을 포고하였다. 그해 9월에 영국 동인도함대 사령관 스터링제독이 군함 4척을 이끌고 나가사끼항에 입항하여 현지 관헌에게 러시아에 대한 선전포고를 제시하고 영불함선이 작전목적으로 나가사끼항에 출입하는 것을 허용할 것과 러시아함선에 피난처를 제공하지 말 것을 요구하였나. 그러나 관헌들이 그의 요구를 정확히 이해하지 못하고 궁여지책으로 미일조약과 같은 내용의 조약체결을 제의하자 그는 이를 수락하였다. 그리하여 10월 14일 조인된 것이 영일 화친약정이다. 이 약정에서 일본은 영국에 대하여 조인 즉시 나가사끼항을, 50일 후에는 하꼬다대항을 개방하여 선박수리 시설과 보급품 제공을 약속하였다. 영일약정을 '조약'이라 하지 않았던 이유는 스터링제독이 본국 정부의 허가도 없이 자신의 독단으로 조인하였기 때문이었으나 후일에 조약으로 인정되었다.

이에 앞서 러시아 동아시아함대 사령관 뿌쨔찐제독은 본국정부의 명령을 받고 일본과 조약을 체결하기 위하여 일찍부터 나가사끼항을 드나들었다. 러시아가 영불 양국과 교전상태에 들어간 후인 1854년 4월 20일 뿌쨔찐함대는 다시 나가사끼에 입항하여 현지 관헌에 조약체결을 요구하는 각서를 전달했으나 영국함대와의 마주침을 피하기 위하여 회답도 받기 전에 황황히 그곳을 떠났다. 그후 뿌짜찐은 영불함대와 숨바꼭질을 하면서 일본 해역을 돌아다니다가 그해 12월 4일 시모다항에 입항하였다. 여기서 중단되었던 조약체결 교섭을 재개하였다. 그러나 23일 돌연 이 지방을 강타한 지진과 해일로 러시아함대의 기함이 대파되고 그후 이곳을 엄습한 태풍에 결국 침몰하고 말았다. 이와 같은 재난으로 중단되었던 러일교섭은 겨우 재개되어 다음해 1855년 1월초에 양국간 통호(通好)조약이 체결되었다. 이 조약에 의하여 일본은 하꼬다대와 시모다 두 개의 항구와 나가사끼항에서 러시아선박에 물품의 공급과 해난 시 구조를 약속하였다. 또 일본 북해도와 러시아령 쿠릴열도 사이의 국경선을 획정하고 사할린섬은 종내대로 러일 양국의 속령으로 하였다.

러일조약이 조인된 지 약 1년 후인 1856년 1월 30일 화란과 일본간에 화친조약이 체결되었다. 주지하는 바와 같이 화란은 도쿠가와시대에 일본이 통상관계를 유지한 유일한 유럽국가였는데 새 조약으로 나가사끼항 출입이 완전히 자유롭게 되었다. 이 외에 다른 항구는 개방하지 않았으나 최혜국대우 조항이 포함되어 있었기 때문에 시모다와 하꼬다대 항에서 화란은 다른 조약국들과 동일한 권리를 향유하게 되었다.

이상 조약들은 단순한 화친조약으로 일본이 그 문호를 완전히 개방하고 이들과 정상적인 외교를 맺고 자유로운 통상을 한다는 것은 아니었다. 그러나 이들은 분명히 쇄국정책을 포기하게 되는 일대 전환점이 되었다. 물론 막부는 뚜렷한 소신을 갖고 이 조약들을 체결한 것은 아니며 서양함대와 대전하여 승리할 자신이 없어서 하는 수없이 취한 선택이었다. 그러나 이를 사실대로 인정하기가 거북했다. 그래서 막부당국자들은 이 조약들이 '조종(祖宗)의 유법(遺法)'을 포기하거나 변경한 것이 아니라는 새로운 개국론(개방론)을 들고 나왔다. 즉 막부창건 초기에는 유럽 각국과 교역을 하였는데 후에 가서 화란을 제외하고 이를 금한 것은 오로지 천주교를 금지하자는 뜻이었으니 천주교만 엄금하면 교역은 허용해도 조종의 유법에 위배될 것이 없다는 주장이었다. 이는 단순히 서양인들이 일본에 내도하여 교역을 하는 것만을 허용하자는 소극론이었다. 이와 달리 일본인도 해외에 진출하여 교역에 종사할 뿐만 아니라 서양문물도 적극 도입해야 한다는 적극론도 대두하였다.

당시 일본에서 가장 식견이 높고 진보적인 개방론을 편 사람은 사꾸마 쇼잔(佐久間象山)이었다. 사꾸마는 서양 문명에 대하여 높은 지식을 가진 당대 일본의 제일가는 난학자요 시대의 선구자였다. 그는 청조가 아편전쟁에서 영국에 굴욕적인 패배를 당한 것은 중국의 학문이 공리공론을 일삼는 한편 서양의 학문은 실사(實事)를 연구하고 실리(實利)를 추구하여 온 결과라고 논파하고 일본은 모름지기 서양의 탁월한 과학문명을 도입하여 국가를 강성하게 만들어야 한다고 역설하였다. 그는 훗날 '화혼양재(和魂洋才)'라고 표현된 근대 일본의 자세를 상징적으로 대표한 인물이었다. 그를 사사한 젊은 국수주의 유학자 요시다 쇼인(吉田松陰)은 스승의 가르침을 실천하려고 페리함대와 함께 서양으로 밀항하려다가 뜻을 이루지 못하고 투옥 처형되었다. 이들과 같은 개방론자나 진보적인 개명학자는 소수에 지나지 않고 당시 일본 지배계급의 압도적인 다수는 서방국가와 모든 관계를 단절하고 쇄국체제를 고수해야 한다는 양이론을 주장하였다.

이와 같은 대립 가운데서도 개국론자와 양이론자는 해방(海防)의 강화가 일본이 당면한 초미의 급무라는 점에서 의견이 일치하였다. 페리함대의 근대식 함선의 위력에 크게 놀란 이들은 서양으로부터 함선을 구입하고 그 조선기술을 습득하여 근대식 해군을 건설해야 한다는 것을 통감하였다. 이에 따라 막부는 1855년 나가사끼에 해군전습소(海軍傳習所)를 창설하여 화란으로부터 함선을 도입하고 해군 교관을 초빙하여 막부와 각 번에서 선발된 사관생도에 조선기술과 함선조련 훈련을 시작하였다. 또 서양의 군사 과학기술을 도입하는데 필요한 어학교육을 위하여 1857년에 에도(江戶)에 번서제소(蕃書調所)라는 어학관을 개설하여 막부뿐만 아니라 각 번 영주의 신하의 자제들을 입학시켰다.

한편 미영 양국은 자국 국민이 일본에 거주하며 무역에 종사할 수 있도록 정상적인 통상조약 체결을 추구하고 있었는데 1856년 여름부터 그 움직임이 활발해졌다. 이해 8월 초에 나가사끼에 온 화란 대표가 일본도 세계 대세에 따라 자유무역을 허용하여 일본국민의 신앙의 자유를 인정하고 개항장에 외국인들이 가족동반 거주하는 것을 허용할 것을 권유하였다. 뒤이어 21일에 미국영사 해리스(Townsend Harris)가 시모다에 도착하자 신조약 체결을 위한 교섭은 자연 그가 주도하게 되었다. 해리스는 막부대표와 끈질긴 교섭으로 미국영사 자격으로 시모다에 상주하는 권리를 획득하여 9월 초에 시모다시내 한 절에 일본에서 최초의 미국영사관을 개관하였다. 그후 꾸준한 교섭 끝에 1857년 6월에 미일 시모다조약(下田條約)이 체결되었다. 이 조약에는 (1) 시모다와 하꼬다대 항에 미국 상인의 거주와 부영사의 주차를 허용하고, (2) 미일 양국간에 통화교환 방법을 확정하며, (3) 개항장에 있어서 미국인에 대한 영사재판권을 인정하는 등의 조항이 포함되어 있었다. 시모다조약은 화친조약의 불비점을 보완하는데 그쳤다.

시모다조약 조인에 뒤이어 화란과 러시아도 각각 이와 비슷한 추가조약을 체결하였다. 그러나 해리스는 시모다조약을 과도적인 조치로 간주하고 본격적인 일본의 개방을 위하여 더 광범위하고 포괄적인 통상권을 획득하려고 했다. 이를 위하여 그는 막부 고위당국자와 직접 담판하기 위하여 에도 방문 허가를 강경히 요구하여 동의를 얻었다. 해리스는 1857년 11월 23일 시모다를 떠나 육로로 30일 에도에 도착하였다. 12월 7일 에도성에서 장군 이에사다(家定)를 알현하고 미국 피어스(Pierce)대통령의 친서를 전달한 다음 12일에는 막부 최고 행정수반인 노중(老中) 홋따 마사요시(堀田正睦)와 회견하여 세계 대세를 설명하고 본격적인 통상조약 체결을 요청하였다. 그리하여 1월 25일에 시작된 미일 회담은 2월 25일까지 계속되어 통상조약과 부속

무역장정 및 세칙초안 작성을 완료하였다. 그러나 막부는 새 조약에 조인하기 전에 교또(京都)에 있는 왕실의 이른바 '칙허(勅許)'를 받기로 결정하였다.

이미 지적한 바와 같이 도꾸가와막번체제 하에서 천황(왕)은 명목상의 국가원수일 뿐 실질적 권력은 없었고 장군이 국내통치권과 대외외교권을 독재적으로 행사하였다. 따라서 외국과 조약을 체결함에 있어서 막부가 왕실의 허가를 받은 적도 없었고 받을 필요도 없었다. 그러나 그 권력의 기반인 군사력의 약화로 말미암아 외적으로부터 국토를 방위하는 능력과 국내세력을 통제하는 능력을 상실한 막부가 조약체결에 대한 '칙허'를 받기로 한 것은 궁여지책으로 그 권위를 더욱 떨어뜨리는 결과를 초래하게 되었다. 이해 3월 초에 조약체결을 위한 칙허를 받기 위하여 노중 홋따가 직접 교또에 갔다. 그러나 양이파의 조종하에 있던 왕실이 막부의 청을 거절하는 예측하지 못한 사태가 일어났다. 홋따는 2개월이나 교또에 머물다가 결국 망신만 당하고 돌아가고 막부의 권위는 땅에 떨어졌다.

교또에서 돌아와서 다시 해리스를 만난 홋따는 그의 독촉을 견디지 못하여 7월 27일에 조약에 조인할 것을 약속했다. 그후 홋따는 노중자리에서 물러나고 히꼬내번(彦根藩) 영주 이이 나오스케(井伊直弼)가 비상시에만 두는 막부의 최고직인 대노(大老)에 취임하여 난국을 담당하게 되었다. 때마침 중국에서는 영불 연합원정군이 북상하여 1858년 5월에 대고를 점령하고 6월에는 천진에 진군하자 청조는 이에 굴복하여 영불 양국과 천진조약을 체결하였다. 막부에 이 소식을 전한 해리스는 일본이 이와 같은 운명을 피하려면 재빨리 조약에 조인하는 것이 현명할 것이라고 경고하였다. 이에 이이(井伊)는 조약조인이 불가피하다고 판단하고 1858년 7월 29일에 칙허 없이 미일수호통상조약에 조인하였다.

이 조약에 의하여 미일 양국은 (1) 상호 외교관을 교환하여 상대방의 수도에 주차시키고, (2) 시모다, 하꼬다대항 이외에 가나가와(神奈

川), 나가사끼, 거이가다(新瀉), 효고(兵庫) 4항을 추가로 개방하며, (3) 에도(江戶)와 오사까(大阪)에 외국인이 상용(商用)으로 일시적으로 거주하는 것을 허용하기로 하였다. 이중 시모다는 가나가와 개항 6개월 후에 폐쇄하기로 하였다. 이들 개항장은 단순한 보급과 피난구조뿐만 아니라 자유무역을 위하여 미국인들에 개방되었다. 8월에는 중국에서 청조와 천진조약을 체결한 영국대표 엘긴(Elgin)경, 프랑스 대표 구로(Gros)백작, 러시아 대표 뿌짜찐제독이 각각 함대를 이끌고 통상조약을 맺기 위하여 에도에 도착하였다. 이외에 화란대표는 이미 7월에 에도에 와있었다. 이들이 막부와 체결한 통상조약은 모두 미일통상조약과 그 내용이 대동소이한 것이었다.

이상 5개 조약에서 일본은 상대국에 대하여 영사재판권을 허용하고, 수출입품에 대한 일방적인 협정관세 원칙을 수용하였으며, 최혜국대우를 부여하였다. 다시 말하면 이들은 일본에 일방적으로 의무를 부가한 전형적인 편무적 불평등조약이었다. 이 조약들은 서방국들이 아편전쟁 이후 무력이나 압력으로 동아시아제국에 강요한 불평등조약체제의 일환이었다.

V. 맺음말

중국을 중심으로 발달한 동아시아 문명과 지중해를 중심으로 발달한 유럽문명 사이에는 여러 가지 상이점이 있다. 그중 가장 근본적인 것의 하나가 경제적인 것이었다. 근세 초기는 물론 19세기 중엽까지도 동아시아는 농경사회였다. 이에 비하여 유럽, 특히 동방진출에 앞장섰던 지중해 연안국가들은 상업사회였다. 물론 중국에서도 양자강 하류 지역이나 영파, 하문, 광동 등 남부해안 지역이나 일본의 하까다(博多), 오사까(大阪), 사까이(堺) 등지는 상업이 발달한 곳이었으나 상업이 농업을 제치고 경제에서 주도적인 지위를 차지하지는 못하였다. 그러나 농경지가 부족하여 식량의 자급자족이 어려웠던 지중해 연안지역에서는 일찍부터 용이한 해상교통을 이용하여 상업이 발달하여 경제를 주도하였다. 특히 이태리반도의 베니스, 제노아, 프로렌스 등 해안 도시국가들은 이미 13, 14세기에 상업혁명을 달성하여 유럽경제를 주도하였다. 이들 도시국가의 상업혁명과 이에 따른 경제적 발전과 번영의 원동력이 된 것이 동방무역이었다. 그런데 초두에서 지적한 바와 같이 오스만 터키의 흥기와 동로마제국의 멸망으로 동방무역로가 차단되었다. 근세 초기에 시작된 유럽국가들의 동방진출은 새로운 무역로를 개척하여 중단될 위기에 처해있던 동방무역을 계속하기 위한 것이었다.

동방 인도와 중국에로 직결되는 새 무역로 개척은 해상루트 발견만이 유일한 현실적인 선택이었는데 이를 위해서는 동방으로 가는 '대항해(Great Voyages)'를 조직하는 것이 필요했다. 이와 같은 인류사상 미증유의 대사업을 위하여 천문학 지식과 항해기술을 과학혁명이 제공하였고, 새로 일어난 민족국가의 왕실이 재정지원을 담당했으며, 종교개혁이 불러일으킨 천주교의 포교운동이 그 정신적 원동력이 되었다. 이 모든 대변혁의 정신적 · 물질적 원천이 된 것은 이에 앞서 이태리를 중심으로 일어났던 중세후기의 상업혁명과 문예부흥이었다. 그리하여 포르투갈과 스페인의 탐험가, 상인, 선교사들은 동방세계를 향하여 각각 동으로 서로 떠났다. 그들은 가는 곳마다 원주민들을 정복하고 무역기지와 식민지를 건설하면서 마지막 목적지인 동아시아에 도달하였다.

거기서 그들은 별천지를 발견하였다. 그곳에는 장구한 역사와 찬란한 문화 그리고 광대한 영토와 풍부하고 다양한 자원, 즉 '지대물박(地大物博)'을 자랑하는 중화제국이 있었으며 이 중국을 중심으로 고유의 계서적인 세계질서를 형성하고 있는 일련의 문명국가와 문화민족들이 있었다. 이 동아시아세계는 이미 상업혁명을 겪어온 유럽세계와 달리 폐쇄된 자급자족의 농경사회였다. 모든 농경사회와 같이 중국을 비롯한 이 지역사회는 그 근본성격이 보수적이었고, 정치는 극소수에 의한 전제정치였으며, 상인을 천시하는 향신(鄕紳) 주도의 사회였다. 이들에게 대외무역은 반드시 필요한 것은 아니었다. 중국의 광동무역제도나 일본의 나가사끼무역제도는 모두 이러한 동아시아의 전통과 문화를 반영한 것이었다. 이때 유럽국가들은 전통적 조공체제의 테두리안에 조직된 동아시아 외교통상제도를 무너뜨릴 힘이 없었다. 따라서 이 체제와의 타협을 거부한 선교사들은 축출당하고 이에 순응한 상인들은 '유원(柔遠)의 혜택(惠澤)'을 받게 되었던 것이다.

이와 같은 형태의 동서무역은 이에 참가한 유럽국가들이 추구한 중상주의와 상반됨에도 불구하고 300여년에 걸쳐 큰 문제없이 계속되었다. 그러나 18세기 후반부터 사태가 변하기 시작하였는데 그 가장 중요한 원인은 영국의 산업혁명과 이에 수반하여 일어난 자유무역운동이었다. 이미 언급한 바와 같이 영국의 산업혁명이 시작된 것은 18세기 후반이었다. 말할 나위도 없이 산업국가는 그 공업생산을 위한 원료확보와 생산품판매를 위한 시장확보가 절대적으로 요구된다. 19세기 초반에 들어서면서 영국경제는 산업경제로 전환하였으며 이와 같은 획기적인 대전환을 주도한 것은 신흥자본가들이었다. 그들은 중상주의적 통상정책을 반대하고 동인도회사의 동방무역 독점권 폐지를 요구하여 자유무역운동을 전개하였다. 이에 성공한 그들은 중국시장을 완전개방하기 위하여 광동무역제도의 폐지를 요구하고 나섰으며 이 목적을 달성하기 위하여 급기야 아편전쟁을 일으켰다. 아편전쟁의 사후처리와 그 결과에 만족하지 못한 그들은 결국 애로우전쟁을 도발하여 기어코 목적을 달성하고야 말았다. 영국이 중국을 개방하는 동안 19세기 중엽에 산업경제로 전환한 미국이 일본의 개방을 선도하였다.

중국과 일본의 개방을 계기로 동아시아에서는 장구한 역사를 가진 중국중심의 전통적 세계질서가 무너지고 서구주도의 새로운 국제질서가 형성되었다. 구질서 하에서 동방 농경사회의 보수적 전제주의 통치자들은 '유원(柔遠)의 정신'과 '일시동인(一視同仁)'을 운운하면서 서양과의 대등한 외교를 허용치 않고 교역을 극도로 제한하고 통제하였다. 이를 위한 기본적 틀이 광동과 나가사끼의 일항무역(一港貿易)제도였다. 신국제질서 아래서 서방 산업사회의 진보적인 자본주의 통치자들은 '만국의 평등과 자유를' 표방하면서 동아시아에서 영토적 침략과 경제적 착취를 추구하였는데 이를 위한 기본적 틀이 불평등조약이었다. 전자는 16세기 초부터 300여년간 지속되었고 후자는 19세기 중엽부터 100여년간 계속되었다. 양자는 다같이 힘에 의하여 유지되었다.

두말할 나위 없이 국제관계에서 이와 같은 획기적인 전환이 하루아침에 이루어지는 것은 아니다. 1860년을 전후하여 중국과 일본이 조약체제에 결정적으로 편입되었던 것은 사실이나 이와 동시에 중일 양국이 서방 외교와 통상에 완전히 개방된 것은 아니었다. 또 이때 모든 동아시아국가가 서방국가와 관계를 맺었던 것도 아니다. 그 대표적인 예가 '동방의 은자'로 알려진 조선왕국이다. 그리고 또 한 가지 주의해야 할 것은 조약체제와는 관계없이 동아시아국가 상호간의 관계는 종래의 제도와 관행이 그대로 준수되었다. 그러나 1860년대에 들어서면서 동아시아제국의 국제관계에서는 서방제국과의 관계가 1차적인 중요성을 갖게 되고 이 지역내 국가 상호간의 관계는 2차적인 자리로 전락하였다. 뒤이어 이들 관계도 근대 국제법에 의한 조약관계로 개편되어 전통적 동아시아 세계질서는 드디어 종언을 고하였다.

강화도조약의 역사적 배경과 국제적 환경

Ⅰ. 머리말

'가깝고도 먼 나라', 이것은 한국인이나 일본인들이 흔히 서로 상대방의 나라를 두고 하는 말이다. 그러나 지리적으로 일본은 문자 그대로 일의대수(一衣帶水)를 사이에 둔 우리의 이웃나라이며, 문화적으로 한일 양국은 다 같이 동아시아 한자문화권에 속하는 이른바 동문지국(同文之國)이다. 또 정치적 · 경제적 · 군사적으로 일본은 중국 다음으로 우리가 가장 일찍부터 지속적이고 밀접한 관계와 접촉을 가져온 이웃이다. 그러나 양국간의 관계는 결코 평화적이고 우호적인 것만은 아니었다. 한일관계를 생각할 때 우리는 멀리는 왜구나 임진왜란을 상기하게 되고, 가까이는 굴욕과 고난에 찬 일제 36년의 식민지통치를 결코 잊을 수 없다. 이와 같이 일본은 우리가 이웃나라로서의 친밀감이나 동문지국으로서의 일체감을 갖기 어려운 나라이다.

주지하는 바와 같이 근래 수년간 전세계에 걸쳐 정치적 · 경제적 · 군사적으로 엄청난 격동과 변혁이 일어나고 있는데, 이에 대해 일본은 대내외적으로 적극적인 호응을 보이고 있다. 근자에 페르시아만 전쟁이 발발하자 일본정부는 재빠르게 미국이 주도하는 다국적군에 재정적 지원을 제공하는 동시에 일본자위대의 중동파견까지 제안하고 나섰다. 이에 대한 국내외의 반대에도 불구하고 비록 전쟁이 종결된 후라고는 하나, 해상자위대 소해정의 페르시아만 파견이 실현되었다. 이어서 일본의 정부와 여당은 자위대의 UN중동평화유지군(PKO)에의 참가를 적극적으로 추진하였다.

이른바 평화헌법하에서 국제분쟁의 해결수단으로서의 전쟁을 영원히 포기한다고 선언했던 일본이 '전수방위(專守防衛)'의 기능만이 부여된 자위대를 해외에 파견한 것은 우리에게는 중대한 관심사가 아닐 수 없다. 이와 같은 일본의 새로운 군사적 움직임은 과거 일본에 의한 침략과 강점의 희생이 되었던 한국과 중국, 그리고 동남아시아 제국의 일본군국주의 재생에 대한 위구심을 촉발시키지 않을 수 없다. 한편 한국정부의 활발한 북방외교를 의식하고 있는 일본정부는 북한 당국과 정식 외교관계 수립을 위한 교섭을 진행하고 있다.

이와 같은 사실은 강대한 경제력과 이에 뒷받침된 첨단기술과 최신식 무기를 갖춘 군대를 보유하고 있는 일본이 동아시아는 물론 전세계에 걸쳐 보다 크고 적극적인 경제적·정치적 역할뿐만 아니라 이에 응분한 군사적 역할까지 추구하고 있음을 말하는 것이다. 이때 동아시아에 있어서의 근대 일본의 대외정책과 활동을 재검토하여 보는 것은 현재 우리가 처해 있는 국제적 위치와 환경을 이해하는데 도움이 된다고 생각된다. 이러한 관점에서 근대 한일관계의 출발점이 된 강화도조약의 역사적 의미를 되새겨 보는 것은 시의에 적절한 일이라고 믿어진다.

본 논문에서 필자는 먼저 한일 양국간에 근대적인 관계가 성립됨에 있어 그 역사적 배경이 된 근대 이전 양국간의 전통적 형태와 성격을 고찰하고 그 직접적 배경이 된 19세기 중엽의 동아시아 국제정세를 개관한 다음, 1870년대 전반에 있었던 양국간의 국교조정을 위한 교섭, 그리고 운양호사건 전후 양국의 움직임을 검토하고, 끝으로 강화도조약의 내용과 성격을 분석하고자 한다.[3)]

---

3) 1860~70년대 강화도조약 체결에 이르는 기간의 한일관계에 관한 연구는 많은데, 그 중 田保橋潔, 『近代日鮮關係の研究』 上·下, 朝鮮總督府 中樞院, 1940; 申國柱, 『近代朝鮮外交史研究』, 探求堂, 1965; 彭澤周, 『明治初期日韓淸關係の研究』, 塙書房, 1969; Key-Hiuk Kim, *The Last Phase of the East Asian World Order: Korea, Japan and the Chinese Empire, 1860~1882* (University of California Press, 1980) 등이 있고, 이와 관련된 논문은 여러 편 있다.

II. 동아시아 화이질서하의 한국과 일본

1. 화이질서의 완성기

19세기 초기까지 동아시아는 소규모의 관허(官許)무역을 제외하고는 외부, 특히 서방세계와 거의 접촉이나 교섭이 없는 폐쇄된 자급자족의 천지였다. 이 동아시아에는 중국을 중심으로 하여 발달한 독특한 세계질서가 존재했는데 이를 통칭 화이질서라고 한다. 이 화이질서는 온세계를 단일제국으로 간주한 고대 중국인의 이른바 천하사상, 중국인(한민족)을 화(華), 이민족을 사이(四夷, 東夷·西戎·南蠻·北狄)라 하여 양자를 문화적으로 구별하는 화이사상과 인간사회에는 상하, 우열을 구분하는 서열관계가 존재한다는 유교사상으로 짜여져 있다. 이 화이질서는 중국을 종주국으로 하고 모든 이민족이나 국가를 번속(蕃屬) 또는 속방(屬邦)으로 하는 종속체제에 구현되어 있었다. 이 종속체제는 중국의 전통적인 대외관계 관리제도인 조공관계(朝貢關係)에 의하여 유지되었다.

조공제도 하에서 중국과 이민족간의 관계는 조공(朝貢)과 책봉(冊封)의 두 가지 형태가 있었다. 전자는 이민족의 군장이 중국황제(천자)에 알현하여 토산물을 헌상하고 회사품을 하사받아 상징적인 군신관계를 인정하는 것을 말하고, 후자는 그들 중에서 황제의 책봉을 받아 정식으로 실질적인 군신관계를 맺는 것을 말한다. 중국과 공식적으로나 비공식적으로나 정상적인 관계를 갖고자 하는 모든 국가들은 반드시 이 두 가지 절차 중 하나를 밟아야 했다. 책봉관계가 성립되면 속방은 중국의 책력을 하사받고 황제의 연호를 사용하며 정기적으로 입공(入貢)하는 의무를 지게 되었으나, 단순히 의례적인 조공관계만을 갖는 경우에는 이와 같은 의무는 부하되지 않았다. 조공과 책봉

을 막론하고 중국이 종주국이라 하여 속방의 내정에 간섭하는 일은 거의 없었다.[4)]

중국의 조공제도는 한왕조시대에 이미 발달하였으나 그것이 동아시아 전역에 걸쳐 보편적으로 성립된 것은 7세기 초기에 당왕조가 수립된 때부터였다. 그때 고구려 · 백제 · 신라가 모두 당에 입공하여 각각 책봉관계를 맺었다. 뒤를 이어 일본(당시는 왜)도 당에 입공하여 그 조공체제에 편입되었으나, 당의 책봉을 받는 정식 종속관계는 맺지 않았다. 당시 중국대륙에서 강대한 통일제국인 수와 당이 차례로 흥기하자, 한반도 삼국은 직접적인 외교적 · 군사적 압력과 위협에 직면하게 되어 그들과 서둘러 책봉관계를 맺고 각자의 외교상 · 전략상 입장을 확정하고 안전을 도모하여야 했다. 그러나 삼국에 비하여 섬나라 일본은 외교적 · 전략적으로 자유와 선택의 폭이 훨씬 넓은 위치를 차지하고 있었다. 즉 일본은 바야흐로 한반도에서 전개되고 있는 대변동을 자국에 유리하게 이용하기 위하여 수 · 당과 차례로 외교관계 수립을 서둘렀으나, 그들과 구속적이고 종속적인 책봉관계까지 맺을 필요는 없었다. 따라서 일본은 중국 중심의 화이질서를 용인하고 이에 참가했으나 중국의 종속체제에는 편입되지 않았다. 이와 같은 일본의 자유롭고 예외적인 위치는 그로 하여금 중국과의 관계에서 다른 동아시아 제국, 특히 백제나 신라보다 우위를 차지한 것 같은 자부심을 갖게 하였다. 물론 이것은 일본의 일방적인 주관적 견해에 지나지 않았다.[5)]

중국 종속관계가 가장 완전한 형태로 정비되고 이를 중심으로 화이질서가 동아시아 전역에 걸쳐 명실상부하게 확립된 것은 명왕조의 초기인 15세기 초두였다. 14세기 후반에 중국에서 명왕조가 흥기하여

---

4) 중국의 조공제도에 관한 연구는 John K. Fairbank, ed., *The Chinese World Order: Traditional China's Foreign Relations* (Harvard University Press, 1968)가 대표적이다.

5) 田中健夫, 『中世對外關係史』, 東京大學出版會, 1975, 16～17쪽.

원을 변방으로 축출하자, 이에 호응하여 한반도에서도 신흥사대부세력이 친원숭불적인 고려왕조를 무너뜨리고 친명적인 유교국가 조선을 창건하였다. 1401년에는 조선 태종이 명에 의하여 정식으로 조선왕국의 군주로 책봉됨으로써 전형적인 중한종속관계가 성립되었다. 이와 때를 같이하여 명에 입공한 일본의 무로마치정권의 아시카가 요시미쓰(足利義滿)가 1402년에 일본국왕으로 책봉됨에 따라 사상 처음으로 일본도 중국의 종속체제에 편입되었다. 몽고족의 왕조인 원과 한민족의 왕조인 명의 교체는 비단 중국내에서의 단순한 역성혁명만이 아니고, 왕조의 정통성의 회복이요, 중화와 이적의 재확립이었으며 동아시아 세계에서 패도적 질서가 무너지고 왕도적 질서가 재건되었음을 의미하였다. 명과 조선간의 전통적 종속관계 회복과 명과 일본간의 정식적인 종속관계 성립은 이 질서의 전동아시아 세계에 걸친 보편적 완성을 상징적으로 보여준 것이었다.[6)]

상술한 바와 같이 태종과 아시카가가 명에 의하여 각각 조선국왕·일본국왕으로 책봉된 사실은 한일 양국간의 정상적인 외교관계 수립에 도움이 되었다. 즉 1404년(태종 4)에 아시카가가 조선에 사절을 파견하자, 태종은 그를 일본국왕으로 대우하여 양국간의 대등한 관계가 성립되었다.

그러나 동아시아 세계에서는 각자의 위치나 위상에 관한 견해나 입장에 있어서 양국간에 뚜렷한 차이가 있었다. 당시 조선은 명을 중심으로 한 동아시아 세계의 일원이라는 것을 분명히 자각하고 있었으며, 일본을 재건된 화이질서의 일익을 분담할 이웃나라로 인식하고 있었다. 이와 같은 인식은 사대교린(事大交隣)이라는 대명·대일 외교원칙에 단적으로 표현되어 있었다. 그러나 일본측에서는 이와 같은 인식이 결여되어 있었다. 예를 들면 조선측은 모든 무로마치장군(足利將軍)을 일본국왕으로 호칭하고 응분의 예우를 하였으며, 외교문서

6) Kim, 앞의 책, pp. 4~5, 15.

에는 언제나 명의 연호를 사용하였다. 그러나 일본측에서는 일본국왕의 호칭사용을 피하고, 연호는 일본 독자적인 연호를 사용하였다. 이와 같은 사실은 조선이 중국과 이를 중심으로 한 화이질서에 대하여 정치적으로나 문화적으로 거의 완전한 일체감을 갖고 있었음에 비해, 일본은 동아시아 세계내에서 예외적인 존재라는 자화상을 계속 유지하고 있었음을 보여준다.[7)]

이와 함께 우리가 근대 이전의 한일관계를 생각할 때 반드시 고려해야 할 또 하나의 사실은 중세시대 일본국가의 다원적 구조이다. 일본에서는 12세기 말엽에 막부라고 하는 무가정권(武家政權)이 등장하여 국내 정치·군사권을 장악하였으나, 세습군주인 천황과 그를 중심으로 한 공가정권(公家政權, 朝廷)은 외교권만을 계속 행사하였다. 그 후 13세기 후반에 원과 고려의 연합군이 대거 일본을 침공하였을 때 이에 대처하는 과정에서 막부가 외교권까지 장악하게 되고 조정은 유명무실하게 되었다. 그러나 이론상으로 천황은 여전히 국가원수로 남아있었고, 사실상의 세습적인 통치자로서 막부의 수장인 장군은 형식상 천황의 신하였다. 즉 당시의 일본은 대내적으로는 천황이, 대외적으로는 장군이 각각 원수로 행세한 이원적 원수제국가였다. 따라서 장군과 대등한 조선국왕은 일본천황과 동격일 수 없다는 것이 많은 일본인들, 특히 왕정귀족들과 천황을 현인신(現人神)으로 숭배하는 신도(神道) 사제들의 견해였다.[8)]

2. 조선왕조와 도쿠가와정권

명과 일본 무로마치정권간의 책봉관계는 일본측의 국내사정에 따

---

7) 田中健夫, 앞의 책, 104~107쪽.

8) 일본의 이원적 원수제와 대외관계와의 관련에 관한 연구로는 入江啓四郎, 「二元的元首制と明治維新」, 『國際政治』 3, 1957년 가을호, 22~39쪽이 있다.

라 단속적으로 유지되다가 16세기 후반에 가서 무로마치막부가 붕괴되자 자연 소멸되었다. 한편 조선과의 통교는 무로마치장군이 일본국왕 자격으로 수행한 공식 외교 이외에 서남지역 호족들과 대사원 등이 조선정부가 부여한 특권에 따라 행한 교역활동이 있었다. 이와 같이 한일간의 외교와 통상은 중앙집권 국가인 조선에서는 정부가 이를 일원적으로 관장·통제하였으나, 권력이 분산되어 있던 일본에서는 다원적으로 운영되고 있었다. 그후 1443년(세종 8) 양국간에 계해약조(癸亥約條)가 성립된 후 상술한 호족 중에서 대마도주 종씨(宗氏)가 점차로 조선과의 외교 및 통상권을 한 손에 장악하게 되었다.[9)]

16세기 말에 임진왜란으로 중단된 한일간의 공식관계는 그후 일본에서 신정권인 도쿠가와막부(德川幕府)가 등장하자 대마도주의 거중조정과 공작에 의하여 1609년(광해군 2)에 기유약조(己酉約條)가 성립됨으로써 부활하였다. 이 기유약조는 1876년에 강화도조약이 체결될 때까지 양국간 모든 관계의 기본적인 법적 근거로 남아 있었다.

도쿠가와막부는 무로마치막부에 비하여 훨씬 강력하고 중앙집권적인 성격이 강한 정권이었다. 그 장군은 전제군주나 다름없는 존재였으나 일본의 이원적 원수체제는 존속되었다. 도쿠가와막부는 무로마치장군들이 명의 책봉을 받은 데 대한 일본국내의 비판을 고려하여 중국과 공식적 관계를 맺지 않기로 결정하였다. 따라서 일본은 청조의 종속체제에 참가하지 않은 유일한 동아시아 국가였으며, 그 장군들은 중국의 책봉을 받은 적이 없다. 그러나 청조의 책봉을 받은 조선국왕은 그를 일본국왕으로 인정하고 대등한 외교관계를 유지하였다.

도쿠가와막부의 외교체제를 일본학자들은 대군외교체제(大君外交體制)라고 한다. 이것은 장군의 외교상 호칭을 일본국왕이라 하는 것을 피하고 일본국 대군(大君)이라 한 데서 유래한 것이다. 이 대군외교체제의 가장 중요한 특징은 장군의 독재적인 외교권이 확립되고,

---

9) 田中健夫, 앞의 책, 199~203쪽.

외교와 통상이 막부에 의하여 일원적으로 관리 또는 통제되었다는 점이다. 조선과의 관계에 있어서 외교는 장군이 유일한 주체자가 되고, 대마도 영주는 오로지 그의 대행자로 실무를 전담했으며, 통상은 후자의 세습적 특권으로서 그의 독점이 인정되었다.

한일관계 조직운영에 있어서 일본측의 이와 같은 외교와 통상의 분리는 중세시대의 대조선관계의 다원적 전통과 이른바 도쿠가와막부체제의 분권적인 구조를 반영한 것이었다. 그러나 보다 더 중요한 것은 외교와 통상의 분리가 조선측의 주장과 요구에 따라 결정되었던 사실이다. 양국간의 국교회복을 위한 교섭과정에서 조선측은 조선에 직접 사절을 파견하겠다는 막부의 요망을 거절하고, 모든 접촉과 교섭을 대마도주로 하여금 대행케 할 것을 고집하였다. 그러면서도 조선은 자국의 사절이 일본에 가서 직접 막부당국과 접촉하는 권리를 일방적으로 확보하였다. 또한 조선측은 대마도주와 그의 중신들을 수도서왜(受圖書倭) 또는 수직왜(受職倭)로 지명하여 세사품(歲賜品)을 하사하고 사신 파견과 무역의 특전을 부여하여 배신(陪臣)으로 대우하였다. 이들이 매년 정기적 또는 부정기적으로 파견하는 인원과 선박들을 부산에 있는 왜관(倭館)에 머물게 하고 타처 출입이나 왕경 방문을 일체 허용하지 않았다.[10)]

기유약조의 성립은 당시 양국의 이익과 요구를 적절하게 조정·충족시켰다. 조선을 위하여는 국가안보에 대한 불안과 위협을 감소시켜 주었으며, 도쿠가와막부에게는 신정권의 대내·외적 권위와 위신을 높여 주었고, 대마도에게는 단절되었던 경제적 생명선을 다시 이어 주었다. 그리하여 그후 250년 동안 양국간의 평화와 선린관계는 보장되었다. 이 기간에 전후 11차례에 걸쳐 일본을 방문한 조선의 통신사

10) 조선왕조와 도쿠가와시대 일본간의 외교통상에 관한 연구에는 金義煥, 『朝鮮對日交涉史硏究』, 通文館, 1966; 孫承喆, 『近世韓日關係史』, 강원대학교 출판부, 1987; 田代和生, 『近世日朝通交貿易關係史の硏究』, 創文社, 1981; 三宅英利, 『近世日朝關係史硏究』, 硏文出版, 1986; 中村榮孝, 『日鮮關係史の硏究』 上·中·下, 吉川弘文館, 1965~1969 등이 있다.

는 비단 양국간의 우호증진에 이바지하였을 뿐만 아니라 선진 조선의 학문과 문화, 특히 퇴계학의 일본전파에 크게 공헌하였다.

그러나 이러한 가운데도 일본내에는 한일관계에 어려운 문제를 야기할 수 있는 요소가 항상 잠재하고 있었다. 그것은 이미 언급한 바 있는 일본왕실의 존재와 이와 관련된 이원적 원수제의 존속이었다. 당시 도쿠가와막부는 그전의 어느 일본정권보다 강력한 정권이었으며, 도쿠가와장군은 세계 다른 국가의 전제군주나 다름없는 강력한 통치자였으나, 논리상·정치상으로 완전히 무력화된 천황의 신하였다. 그후 막부의 힘이 강대해지고 장군이 국내정치와 대외관계에서 절대적인 권력을 행사하였기 때문에 큰 문제는 없었다. 그러나 일찍이 성호(星湖) 이익(李瀷)이 지적한 바와 같이 일본에서 천황이 나라를 통일하고 친정을 하게 되면 장군과 대등한 위치에 있는 조선국왕은 외교적으로 난경에 처하게 될 것이었다. 사실 18세기에 이미 일본에서는 이것이 현실화될 조짐이 보이기 시작했으니 근왕사상의 대두가 바로 그것이었다.[11)]

도쿠가와시대 일본 학문의 주류는 한국에서 건너간 정주학(程朱學)이었다. 그런데 막부의 권학정책에 힘입어 18세기 중엽부터 국학(國學)이라고 불려진 일본학이 일어나기 시작했다. 일본학의 목적은 고대 일본 고유의 문화와 전통을 되찾자는 것이었다. 그 연구대상은 주로 『고사기(古事記)』나 『일본서기(日本書紀)』와 같은 일본이 천황을 중심으로 한 대화정권(大和政權) 하에 있었던 8세기에 편찬된 전적과 기록이었다. 이와 같은 일본학의 대두는 필연적으로 신도의 천황숭배사상을 부활시키고, 일본은 현인신인 천황이 통치하는 신국(神國)이라는 사상을 고취하였다. 이와 함께 『일본서기』의 왜곡된 기록에 의거하여 삼한은 일본의 속국이었으며, 한삼국(韓三國)은 모두 일본에 입공하였다는 주장까지 유포되어 믿어지게 되었다.

---

11) 李瀷, 『星湖僿說』 권1, 慶熙出版社, 1967, 602쪽.

일본학의 발달은 일본인의 한국관에 큰 변화를 가져왔다. 원래 도쿠가와 초기의 유학자들은 조선의 학문을 존경하고 조선에 대한 경의와 우호의 정을 갖고 있었다고 한다. 그러나 천황숭배의 부활, 일본신국 사상의 대두, 그리고 삼국의 일본입공설 등으로 말미암아 한국을 경시하고 속국시하는 풍조가 일본인의 한국관의 주류를 이루게 되었다. 여기서 한걸음 더 나아가 중국에 대한 우월감까지도 나타나고, 이것이 중세시대부터 일본 지배계층의 의식 속에 잠재하고 있었던 화이질서 내에서의 일본별격론(日本別格論)과 합쳐졌다. 그리하여 중국의 화이사상을 전도시킴으로써 일본을 '중(中)'으로 하고 중국을 '외(外)'라고 주장하는 이른바 일본중조론(日本中朝論)까지 등장하였다.

18세기 일본에서는 또 일본학과 함께 서양의 과학과 지리 등을 연구하는 소위 난학(蘭學)이 일어났다. 그리하여 18세기 말부터 이국선(異國船)이 일본 근해에 나타나 통상을 요구하여 도쿠가와막부의 쇄국체제에 도전하자, 서양사정에 비교적 밝았던 난학자들이 가장 민감하게 서양의 위협을 느끼게 되었다. 그들은 서양의 과학기술을 도입하여 일본 군사력의 근대화를 촉구하는 동시에, 서양 세력의 동아시아 침입에 선제적으로 대응하기 위하여 일본의 대륙진출과 팽창을 제창하고 나섰다. 이와 같은 난학자들의 대륙팽창론과 일본학 학사들의 일본신국론이 합쳐지면서 먼저 한국・중국・인도를 정복하고 장래에는 전세계를 통치하는 것이 신국 일본의 사명이라는 주장까지 나타났다. 이리하여 19세기 중엽에 가서는 구체적인 대륙출병론이 나와 명치 초기에 일어난 정한론의 한 유형을 보여주었다.[12)]

12) 도쿠가와시대 일본인의 한국관의 변천에 관해서는 旗田巍,『日本人の韓國觀』, 勁草書房, 1969; 矢澤康祐,「江戸時代における日本人の朝鮮觀についこ」,『朝鮮史研究會論文集』6, 1969, 14~39쪽; 朴英宰,「近代日本의 韓國認識」, 歷史學會 編,『日本의 侵略政策史研究』, 1984, 81~112쪽 등을 참조.

III. 동아시아 신국제질서의 형성

17세기 중엽부터 20세기 초까지 중국을 통치한 청조도 그전의 여러 통일왕조와 마찬가지로 중국과 그 주변지역을 지배하는 중화제국일 뿐만 아니라 세계만방의 종주국으로 자처하였다. 그에 따라 청조의 군주는 중국의 황제일 뿐만 아니라 전인류에 군림하는 천자라고 자부하였다. 사실 청조의 조공제도에는 일본을 제외한 모든 동아시아 제국과 그 주변 국가들이 편입되어 있었다. 일본의 경우에도 비록 청조와 공식적인 관계는 없었으나 중국을 중심으로 한 동아시아 세계의 일원으로서 화이질서에 실질적으로 편입되어 있었음이 사실이다. 또 영국을 비롯한 서방 제국도 청조와 조공이나 종속관계는 물론 없었으나 광동무역(廣東貿易)에는 참가하고 있었다. 이 광동무역은 조공무역의 원칙·형태·방식에 따라 조직되고, 청조당국의 일방적이고 절대적인 통제와 감독하에 운영되었다. 따라서 청조와의 통상면에 있어서 서방 제국도 동아시아 세계질서에 편입되어 있었다.[13)]

또 일본의 경우 도쿠가와정권이 화란동인도회사(和蘭東印度會社)와 소수의 중국상인들에게 허용한 나가사끼무역(長崎貿易)도 그 형태나 방식이 광동무역제도와 유사한 점이 많았다. 따라서 나가사끼무역제도도 역시 중국을 중심으로 한 동아시아적 교역제도의 일환을 이루고 있었던 것이다.

이와 같은 동아시아 세계질서는 1839년부터 1842년에 걸쳐 청조와 영국간에 일어난 아편전쟁(阿片戰爭)의 결과로 무너지기 시작하였다. 아편전쟁은 직접적으로는 불법적인 아편무역을 둘러싸고 벌어진 청조와 영국간의 싸움이었다. 그러나 근본적으로는 화이사상에 기초한

13) 중국의 광동무역제도에 관한 연구에는 梁嘉彬, 『廣東十三行考』, 上海, 1937; 彭澤一, 「淸代廣東洋行制度的起源」, 『歷史硏究』 1, 1957, 1~24쪽 등이 있다.

중국중심의 계서적 세계질서와 서구주도의 만국평등사상에 입각한 국제질서간의 대결이었으며, 의례외교(儀禮外交)를 주로 하는 청조의 조공제도와 통상을 주로 하는 서구식 외교제도 간의 충돌이었다. 아편전쟁은 또 대외무역을 중국황제가 전인류의 통치자로서 이민족에 대해 일시동인(一視同仁)의 정신으로 베푸는 은전으로 생각한 청조와 무역은 국제사회의 호혜와 각자 국가의 부강 발전을 도모하는 수단이며 국제법에 의거하여 보장되어야 하는 모든 문명국가들의 권리라고 주장하는 영국간의 충돌이었다. 나아가 중국 관인들의 전통적인 관존민비사상과 상업천시풍습과 영국 중류계급의 자유주의와 자본주의사상 간의 대결이었다. 즉 그것은 중국과 영국간의 외교적 · 경제적 · 군사적 대결이었을 뿐만 아니라 실로 동아시아 세계와 유럽 세계 간의 문화적 · 사상적 대결이었던 것이다.[14)]

이와 같은 동 · 서양 세계간의 역사적 대결에서 동방의 노제국 청조는 서방의 신흥제국 영국에 완패하였다. 그 결과 1842년에 체결된 남경조약(南京條約)을 비롯한 일련의 중서간의 조약에 의하여 중국과 서방 4국(영 · 불 · 미 · 로)간에 내등외교가 싱립되고 광동무역제도는 폐지되었으며, 서방제국을 위하여 광주(廣州) · 상해(上海) · 영파(寧波) · 복주(福州) · 하문(廈門)이 개방되었다. 그러나 당시 청조당국이나 중국관인들은 누구를 막론하고 서방제국을 중국과 대등한 국가로 생각하지 않았으며 항상 '천조(天朝)의 체제'를 유지하려고 노력하였다. 한편 영국은 중국시장의 계속적인 개방과 확장을 요구하여 급기야 양국간에는 새로운 무력대결이 일어났다. 그것이 바로 1856년부터 두 차례에 걸친 영불연합군의 원정이었는데, 청조는 또 다시 참패하고 북경까지 점령을 당하였다. 그 결과 1858년에 천진조약(天津條約),

---

14) 아편전쟁에 관해서는 많은 연구가 있으나, Frederic Wakeman, Jr, "The Canton Trade and the Opium War" in Denis Twitchett and John K. Fairbank, eds., *The Cambridge History of China* Vol.10, Part Ⅰ, Cambridge University Press, 1978, pp. 163~212 참조.

1860년에 북경협정(北京協定)이 체결되면서 아편전쟁 후에 도입되었던 조약체제가 비로소 확립되었다. 중국과 서방제국 간에는 서구식 국제관계의 이념과 원칙에 입각한 근대적 외교통상 관계가 성립되고, 북경에 서방외교 사절이 상주하게 되었으며, 중국 전역에 걸쳐 '조약항'이 신설되어 서방제국에 개방되었다.

남경조약, 천진조약 등 일련의 중서조약은 영국을 선두로 한 서방제국이 그들의 압도적인 군사적 우세와 당시 서방제국의 외교통상상의 관행에 대한 청조 당국의 무지를 이용하여 중국에 강요한 이른바 불평등조약이었다. 따라서 평등, 호혜와 같은 근대 국제법의 기본이념과 원칙에 어긋나는 점이 많았다. 예를 들면 협정관세제도를 청조에만 편무적으로 강요하여 중국의 관세자주권을 박탈하였으며, 중국에 와서 거주하는 자국민들에 대한 영사재판권을 고집하여 중국의 사법권을 침해하였고, 최혜국대우를 확보하여 각자가 개별로 획득한 특전을 전부가 균점할 수 있도록 함으로써 중국의 권익을 손상시켰다. 또 조약준수를 보장한다는 구실로 조약항에 군함을 임의로 파견 정박시키는 권리를 주장하여 이른바 포함외교의 터전을 마련하였다.[15]

중국을 개방하는데 영국이 선도적 역할을 하였다면, 일본을 개방하는 데는 미국이 앞장섰다. 건국 이후 급속한 발전과 팽창을 거듭한 미국은 이미 19세기 중엽에 북미대륙 중부의 동서양 해안에 걸쳐 광대한 국토를 점유한 대륙국가로 성장하였다. 특히 1848년 멕시코(Mexico)와의 전쟁에 승리하여 캘리포니아(California)를 그 영토로 편입함으로써 명실공히 태평양 연해국가로 등장하였다. 당시 중국무역에서 서방제국 중 영국 다음으로 제2위를 차지하고 있던 미국은 태평양 항로를 개설하여 이를 더욱 활발히 추진하고 있었다. 또 미국의 포경선단들은 이미 일본 근해까지 진출하고 있었다. 이들 미국상선들과 포경선을 위한 식료 및 연료보급과 해난 시의 구조를 확보하기 위

15) 영불연합군의 양차의 중국원정과 천진조약 및 북경협정에 관하여는 John K. Fairbank, "The Creation of the Treaty System," 위의 책, 213~263쪽 참조.

하여 미국은 일본의 개방을 서두르게 된 것이다.

미해군 제독 페리(Mathew C. Perry)가 일본개방의 사명을 띠고 함대를 이끌고 에도만(江戶灣)에 나타난 것은 1853년 6월이었다. 그러나 막부가 즉각 대응하지 못하였으므로 일단 일본을 떠났다가, 다음 해 1854년 초에 다시 돌아와 강력한 무력을 배경으로 하여 막부당국과 교섭을 시작하였다. 이리하여 1854년 3월 말에 미일화친조약[가나가와조약(神奈川條約)]이 조인되어 일본은 시모다(下田)와 하꼬디대(函館) 2개항을 개방하고 미국선박에 식료와 연료를 공급하며 난파선원을 구조할 것을 약속하였다. 뒤이어 영국·러시아·화란도 같은 내용의 조약을 맺었다.16)

도쿠가와막부가 200여 년의 역사를 가진 조종의 유법인 쇄국정책에 종지부를 찍고 나라의 문호를 개방키로 결정하자 일본 국내에서 이를 반대하는 소위 양이론이 거세게 일어났다. 한편 미국은 초대 주일총영사 해리스(Townsend Harris)를 부임시키고 양국간에 통상관계를 수립하기 위한 신조약의 체결을 요구하고 나섰는데, 바로 이때 중국에서 영불연합군이 전진을 섬멸했나는 소식이 들어왔다. 이에 충격을 받은 막부는 미국의 요구에 응하기로 하고 국내 양이론자를 무마, 억제할 목적으로 200년래의 전통을 깨뜨리고 신조약 체결에 대한 왕실의 사전승인을 얻으려고 하였다. 그러나 전례 없는 왕실의 거절을 당하고 위신만 크게 잃고 말았다. 막부는 결국 미국의 압력 앞에 굴복하여 1858년 6월에 미일통상조약에 조인하였다. 이에 따라 미일간에 정식적인 통상관계가 성립되고, 일본은 이를 위하여 이미 개방된 2항 이외에 가나가와(神奈川, 現 橫濱)·나가사끼(長崎)·니이가다(新潟)·효고(兵庫, 現 神戶) 등 4항을 추가로 개방하기로 하였다. 미국은 자국민을 위하여 일본에서 일방적으로 영사재판권을 획득하였으며 신앙의 자유를 보장받았다. 이외에도 미국은 이미 1854년의 화친조약에

16) 페리의 일본원정에 관하여는 曾村保信, 『ぺり-はなぜ日本に來たか』, 新潮社, 1978을 참조.

의하여 일본으로부터 최혜국대우를 획득한 바가 있었다. 미일조약 조인에 뒤이어 화란·영국·러시아도 각각 일본과 그 내용이 대동소이한 불평등조약을 맺었다. 이리하여 도쿠가와막부의 쇄국체제는 드디어 무너지고 말았다.17)

위에서 약술한 바와 같이 서세동점의 거센 물결 앞에 청조와 도쿠가와 일본은 때를 같이 하여 서방 자본주의 열강이 무력으로 동아시아에 강요한 불평등조약 체제에 편입되었다. 이와 같은 사상 미증유의 대변국은 동아시아 제국의 대외관계에 있어 이원적인 신질서를 조성하였다. 즉 서구식 조약제도가 전통적인 조공제도를 압도하게 되었으나, 완전히 이를 대체하지는 못하고 상당 기간 양자가 병존하였다. 서구식 외교원칙과 방식은 서방제국과 동아시아 국가간의 관계에만 적용되고, 동아시아제국 상호간의 관계는 여전히 전통적인 원칙과 방식에 의하여 운영되었다. 후자의 가장 뚜렷한 예가 바로 조선의 중국 및 일본과의 관계였다.

IV. 일본의 명치유신과 복고외교

1. 일본의 왕정복고와 한일관계

위에서 언급한 바와 같이 서방열강의 압력과 요구에 대한 도쿠가와막부의 무정견한 대응과 소신 없는 개방정책은 일본 국내의 양이론을 격화시켰다. 왕실의 권위를 빌어 이를 무마·억제하려던 막부의 궁여지책은 스스로의 무능과 무력을 노출시켜 무기력한 왕실과 왕정

17) 1858년 일본과 서방 4국의 통상조약 체결에 관하여는 W. G. Beasley, *Select Documents on Japanese Foreign Policy, 1853~1868* (Oxford University Press, 1955), pp. 3~47 참조.

귀족까지 막부에 반발하고 나서게 만들었다. 한편 왕실의 의사를 무시한 신조약의 체결은 그때까지 소수의 과격론에 불과했던 존왕론을 크게 확산시켰다. 이 모든 결과 단순히 막부의 개방정책에 반대하여 시작된 양이운동이 천황의 친정을 주장하는 존왕양이운동으로 확대 발전되고 말았다. 이를 탄압하려고 막부와 그를 지지하는 이른바 좌막(佐幕)세력이 반격에 나섰다. 이에 전국은 폭력·암살·체포·투옥 등으로 혼란과 불안의 도가니에 빠지게 되었고, 이 와중에서 외국인에 대한 폭행과 습격이 빈발하고 외국과의 무력 충돌까지 발생하였다. 왕실·막부의 화합에 의하여 이 난국을 수습하려는 온건개혁론자들이 이른바 공무합체운동(公武合體運動)을 추진하였다. 그러나 결국에는 막부당국의 무능과 오산으로 말미암아 이들 온건파의 지지와 신뢰마저 상실하게 되고, 영국과 같은 강력한 외국세력이 반막부 진영을 지원하게 되었다. 그 결과 1867년 말에 270년 동안 일본을 통치한 도쿠가와막부는 드디어 붕괴되고 대권은 근 700년간 명목상의 원수로 허위를 지켜온 천황의 수중으로 돌아갔다.[18)]

이른바 왕정복고로 1868년 벽두에 등장한 일본 명치유신정권의 지도자들 거의 전부가 양이론자로 출발했다. 그러나 막부를 반대하는 투쟁과정에서 양이론의 비현실성과 허망성을 깨닫게 되었다. 다만 막부를 반대 공격해야 하는 당면의 정치적 이유로 명목상 양이론을 계속 주장하였을 뿐이었다. 따라서 정권을 잡게 되자 그들은 개방정책을 채택하는데 서슴지 않았다.

왕정복고에 의한 정권교체에 따라 일본의 대외관계는 일정한 개혁과 조정이 필요했다. 여기서 서방 체약국과의 조약은 비록 일본에 불리한 불평등조약이었으나, 모든 독립국가는 강약대소를 막론하고 동등한 주권을 행사하고 서열상 우열의 구분이 없다는 원칙에 입각하여 체결되었기 때문에 별로 문제가 없었다. 그러나 조선과의 관계 조정

18) 일본의 왕정복고에 관한 대표적 연구의 하나는 W. C. Beasley, *The Meiji Restoration* (Stanford University Press, 1972)이 있다.

에는 몇 가지 어려운 문제가 예측되었다.

첫째, 조선과 일본은 모두 동아시아의 중국 중심의 화이질서하에서 계서적 원칙에 의하여 조직 운영된 외교전통을 가진 나라였다. 따라서 필연적으로 양국 원수의 서열상 우열이 문제가 되었다. 구체적으로 조선국왕은 과거 천황의 신하인 장군과 동격이었으니 천황에 대해 열위에 서야 한다는 것이 일본 명치유신정권의 주장이었다. 물론 이것은 조선정부가 절대로 수용할 수 없는 것이었다.

둘째, 조선은 청조의 속방이니 만일 천황 친정하의 일본이 조선과 대등한 관계를 맺게 되면 일본천황은 서열상 청국황제의 하위에 서게 되므로 이것은 일본측이 수용하지 못하는 것이었다.

셋째, 양국간에 개재하는 대마도주 종씨는 도쿠가와장군의 봉신인 동시에 조선국왕의 배신적 위치에서 세습적으로 장군을 대행하여 대조선 외교의 실무를 전관하여 왔는 바, 조선측과 대마도는 모두 그가 이와 같은 역할을 계속하는 것을 원하였다. 그러나 중앙집권을 표방하는 일본의 신정권으로서는 이와 같은 전근대적인 외교관행을 허용할 수 없는 것이었다.

그러나 현실적으로 발족 당시의 명치정부는 조선외교사무를 당장 대마도주로부터 접수할 준비도 능력도 없었다. 그래서 대마도주의 청원을 받아들여 당분간 그가 대조선 관계사무를 종래대로 담당하도록 하고, 우선 조선정부에 일본의 왕정복고를 통고하라고 명령하였다. 동시에 조선에 보내는 외교문서에 일본의 왕실과 국체의 존엄을 손상하는 어사나 자구의 사용을 일체 금할 것이며, 조선국왕에 대한 일본천황의 서열상의 우위를 분명히하라고 훈령하였다.[19]

이 훈령에 따라 작성된 동래부사와 예조참판에 보내는 대마도주 종중정(宗重正)의 서한이 부산에 도착한 것은 일본의 왕정복고 후 1년 이상이 지난 1869년 1월 말이었다. 종중정의 서한에는 조선과 도

19) 田保橋潔, 『近代日鮮關係の硏究』 上, 133~148쪽; Kim, 앞의 책 pp. 111~117.

쿠가와막부간에 교환되는 서계의 양식과 용어에 위배되는 점이 많았다. 첫째, 종중정은 조선국왕이 그에게 하사한 도서(인장)를 사용하지 않았으며 청조의 연호 대신 일본 연호를 사용하였다. 그러나 더 큰 문제는 그가 일본천황에 대하여 '황상'이니 '황조(皇祚)'와 같은 호칭이나 용어를 사용한 것이었다. 이와 같은 호칭이나 용어는 동아시아의 전통적인 조공외교체제 하에서는 중국황제, 즉 천자에게만 사용할 수 있는 것이었다. 따라서 청조의 번방이요, 철저한 유교국가로서 유교문화를 일본에 전파하는데 항상 스승의 역할을 하여 온 조선이 일본의 이와 같은 무례를 용납할 수는 없었다. 더구나 이것을 받아들이면 조선국왕에 대한 일본천황의 서열상의 우위를 스스로 인정하는 결과가 되는 것이므로 그때 집권하고 있던 흥선대원군(興宣大院君)과 같은 강직하고 긍지있고 자부심이 강한 보수주의자가 이를 용납할 리가 만무하였다. 부산 왜학훈도 안동준(安東晙)은 대마도의 무례를 질책하며 그 서한을 접수할 것을 준엄히 거절하고, 그것을 가져온 대마도 대차사(大差使)의 즉각 철퇴를 요구하였다. 안동준은 비록 미관말직에 있었으나 대원군의 심복이었으며, 그의 상사였던 동래부사 정현덕(鄭顯德)과 경상도관찰사 김세호(金世鎬)도 대원군의 측근 인물이었다. 이들은 모두 새로 등장한 일본 신정권의 동향을 불신과 모멸로 주시하여 온 대원군이 자신의 비타협적인 대일정책의 실천을 위하여 특별히 고른 사람들이었다고 한다.[20)]

조선에 대한 일본의 우위 확립을 목적으로 한 명치유신정부의 복고외교는 이미 언급한 도쿠가와 후기의 일본지식층에 유포되기 시작한 삼국의 일본입공설(日本入貢說)에 기초한 것이었다. 즉 일본에서 천황친정의 옛 제도가 부활되었으니, 조선국왕도 마땅히 고례에 따라 일본조정에 입공해야 한다는 맹랑한 논리가 그 배후에 있었다. 보다 현실적으로는 한반도에서 청조세력을 몰아내고 이를 일본 세력하에

---

20) 田保橋潔, 위의 책, 149～166쪽; Kim, 앞의 책, pp. 117～166.

두어 서양세력, 특히 러시아의 남하에 선제적으로 대응해야 한다는 도쿠가와 말기 난학자들의 전략적 사고도 그 밑바닥에 잠재해 있었다고 생각된다.

그후 부산에서 양국간의 국교조정을 위한 교섭은 단속적으로 진행되었으나 합의를 보지 못하였다. 즉 조선측이 한일 양국의 평등을 주장한 것은 좋았으나, 일본의 신정권을 인정하지 않고, 종래와 같이 대마도를 중개로 하는 간접적 국교방식을 고집한 것은 비현실적이고 시대착오적인 것이었다. 이에 대하여 일본측은 표면상으로 서구식 원칙과 방식을 도입하여 한일간 국교의 개혁을 운운하면서도 실지로는 왕정복고를 구실로 조선에 대한 일본의 서열상 우위를 확보하려는 야심을 추구하였다. 이 양자간에 개재한 대마도의 의도는 가장 모순이 많고 자가당착적인 것이었다. 즉 대마도는 신일본정권에 대하여 종래의 조선과 무가정권(武家政權)간의 국교는 '사교(私交)'에 불과했다고 규정하고, 그 중에서 대마도가 수행한 역할이 굴욕적이었음을 강조하였다. 그리하여 천황의 조정이 모든 것을 시정하여 줄 것을 호소하면서도, 실지로는 이 제도의 유지를 획책하였다. 동시에 조선으로부터 받는 외교상의 특권과 경제적 혜택은 준조공적 의무의 수행을 전제로 하는 것임에도 불구하고, 일본의 왕정복고를 빙자하여 후자를 일방적으로 포기하고 전자만은을 계속 보유하겠다는 것이었다. 대마도는 항상 양국간의 순조로운 관계를 유지하기 위하여 자체의 역할이 불가결하다고 주장했으나, 양국간의 관계조정과 근대화에 장애가 되고 있었다는 것이 사실에 가깝다.

그러다가 1870년 6월에 가서 대마도주가 타협안을 제출하였다. 그 골자는 일본의 왕정복고를 통고하는 대마도주의 공한에서 '천황'이니 '황상'이니 하는 자구를 제거하고 '조정'이라는 자구로 대치하며, 종래대로 조선으로부터 받은 직인(도서)를 사용할 것이며, 장래 양국간에 교환될 공문서는 양국 원수가 아니라 정부 명의로 할 것, 그리고 앞으로 대마도주가 계속 조선직인을 사용할 것인가 안할 것인가는 양국간에 국교조정이 성립된 후에 다시 상의하자는 것이었다. 이에 대하여 조선측도 원칙적으로 동의했으나, 바로 이 의외의 사건이 돌발하여 교섭은 다시 좌절되고 말았다.[21)]

즉 이때 일본 서남지방을 순방하고 있던 주일독일 대리공사 브란트(Maximilian von Brandt)가 군함에 탑승하고 갑자기 부산에 나타났다. 이 극히 사소한 사건은 병인양요 이후 빈번히 한국 연해에 출몰하는 서양선박에 대하여 신경이 예민해져 있었던 조선 관헌들을 당황케 하였다. 그러나 더 충격적이었던 것은 브란트가 몇 명의 일본인을 대동하고 있었으며, 그 중 한 사람이 부산에서도 잘 알려져 있던 대마도 출신 통사(通事)였다는 사실이다. 이 사건이 서울에 보고되자, 대원군은 이를 왜와 양이가 공모하여 한국을 침범하려는 증거로 간주하고, 즉각 상술한 타협안을 거절하고, 대마도에 엄중한 경고문을 보낼 것을 지시하였다. 조선당국이 이 우발사를 얼마나 중대시했던가는 이를 지체 없이 청조에 보고했다는 사실에서 충분히 짐작할 수 있다.[22)] 브란트가 현지 관헌들의 요구에 응하여 순순히 물러갔기 때문에 별 문제가 없었으나, 이 사건은 당시 대원군을 비롯한 조선지도자들의 일본에 대한 뿌리 깊은 불신감과 서양에 대한 증대하는 위구심을 더 한층 자극하였다.

2. 청일수교와 한일관계

1870년 6월 초에 일어난 브란트사건을 계기로 한일간의 국교조정에 있어서 대마도주가 수행할 수 있는 역할은 실질적으로 끝났다고 할 수 있다. 따라서 이른바 조선문제를 해결하기 위한 새로운 방법을 놓고 일본정부 내에서 강경·온건 양론이 일어났다. 강경론자들은 조

21) Kim, 위의 책, pp. 121~123.

22) 『日省錄』, 1870년 5월 12일조.

선에 대하여 무력행사를 주장하는 이른바 정한론자들이었다. 이들은 조선의 군신이 '상국(上國)'인 일본에 항거하고 있으니 군대와 군함을 파견하여 무력으로 위압·굴복시키는 것이 최선의 방법이라고 주장하였다. 온건론자들은 외교적 해결을 주장했는데, 일본군대가 조선에 들어가면 '완미'한 조선의 조야가 반드시 저항할 것이며, 그 종주국인 청조도 수수방관하지는 않을 것이라고 반박하였다.

이 양론간의 절충안이 일부 외무성 관료들에 의하여 제출되었는데, 그것이 곧 청조와의 수교론이었다. 그 골자는 일본과 청조가 상호평등 원칙에 입각한 조약을 체결하여 양국 원수가 서열상 동등하다는 것이 법적으로 확정되면 조선국왕은 자동적으로 일본천황보다 하위에 서게 된다는 것이었다. 일본의 사절이 북경에서 이와 같은 조약을 체결한 다음 서울에 직행하여 담판을 요구하면 조선정부가 거절할 도리가 없을 것이며, 만일 거절한다면 일본이 무력으로 응징하여도 명분이 서는 것이니 청조도 함부로 간섭하거나 개입할 수 없다는 논리였다.[23)]

이때 조선문제를 제외하고는 일본이 청국과 정식 국교수립을 서둘어야 할 아무런 이유도 없다는 것이 일본 외무성 당국자들의 일치된 견해였다. 또 일본정부 내에서도 조슈파(長州派)의 기도 다카요시(木戸孝允)와 외무성의 많은 관리들은 정한론 또는 대한 직접담판론을 주장하였다. 그러나 공경출신인 이와쿠라 도모미(岩倉具視)와 사쓰마파(薩摩派)의 오쿠보 도시미치(大久保利通) 등 현실주의자들은 온건론인 대청수교론을 지지하였다. 결국 일본정부는 먼저 중국과 정식국교를 수립하기로 결정했는데, 그 가장 중요한 목적은 조선에 대한 일본의 서열상 우위를 확립하는 것이었다.[24)]

청일 양국간에 조약체결을 위한 예비교섭의 사명을 띠고 외무성 고관 야나기와라 사끼마스(柳原前光)가 천진에 도착한 것은 1870년 8

---

23) 『日本外交文書』 제6권, 144~145쪽.

24) 위의 책, p. 195.

월 말이었다. 그는 서삼구통상대신(署三口通商大臣) 성림(成林)을 찾아가 자신의 중국방문 목적을 설명하고 북경에 가서 총리각국사무아문(통칭 총리아문) 당국과 교섭할 수 있도록 주선해 줄 것을 요청하였다.[25]

당시 청조는 이미 여러 서방제국과 근대적인 조약관계를 맺고 있었으나, 동아시아 제국과 그 인접국가들에 대하여는 여전히 전통적인 조공 또는 종속관계를 유지하고 있었다. 따라서 비록 공식적 관계는 없었으나 속방이나 다름없는 동아시아 국가 일본과 평등원칙에 입각한 서구식 조약을 맺는다는 것은 생각할 수 없는 일이었다. 총리아문은 성림을 통하여 일본은 중국과 오랫동안 깊은 관계를 가져온 동문지국(同文之國)이니 대신불약(大信不約)이라는 말과 같이 중국과 일본 간에는 조약 같은 것은 필요없다고 하면서 야나기와라의 요청을 완곡히 거절하였다. 이에 당황한 야나기와라는 그때 마침 천진에 머물고 있던 신구 직예총독 증국번(曾國藩)과 이홍장(李鴻章)에게 지원을 호소하였다. 이에 응하여 양 총독은 일본과의 입약이 조만간 불가피할 것이라는 견해를 표명하고 총리아문의 재고를 종용하였다. 여기서 총리아문은 일본정부가 다음해(1871) 봄에 전권대표를 파견하면 그와 교섭할 용의가 있음을 야나기와라에게 전달하였다.

총리아문의 이 결정에 대해 대다수 청조의 정신(廷臣)들과 강리(疆吏)들이 반대의견을 표명하였다. 안휘순무(安徽巡憮) 영한(英翰)은 상소문에서 일본이 명조에 입공한 사실과 그 해구 행위를 상기시킨 다음, 그해(1870) 여름에 일어난 천진교안(天津教案)으로 인해 청조와 프랑스 간에 분쟁이 일어난 틈을 타서 입약을 요구하여 온 일본의 '음흉한' 심사를 비난하고, 만일 이를 허용하면 조선 · 월남 등 속방

25) 『籌辦夷務始末』, 同治朝, 권77, 24~25쪽 및 『日本外交文書』, 제6권, 220 ~223쪽을 참조. 야나기와라를 중국에 파견키로 한 결정에 관하여는 彭澤周, 『日韓淸關係』, 24~33쪽 참조. 1871년의 청일수호조규 전체에 관한 연구로는 王璽, 『李鴻章與中日訂約(1871)』, 臺北 中央研究院 近代史研究所, 1981이 있다.

들이 같은 요구를 할 것이라고 경고하였다. 이에 대하여 총리아문이 다시 그들의 의견을 물었다. 그러자 증국번과 이홍장은 일본이 비록 동아시아 국가이나 청조의 속방은 아니니, 이와 입약하여도 천조의 체제에 크게 어긋남이 없다는 견해를 표명하였다. 특히 이홍장은 만일 일본의 요구를 거절하면 일본이 서방 각국과 결탁하여 다시 입약을 강요할 것이며, 그렇게 되면 이에 응하지 않을 수 없게 될 것이라고 지적하였다. 이에 그는 일본은 서방 각국으로부터 무기를 사들이고 기술을 배워 자강에 힘쓰고 있으니, 이를 잘 이용하면 중국에 유용할 것이나 이를 거절하면 중국에 해를 끼치게 될 것이라고 부언하여 일본과의 입약의 불가피성과 필요성을 강조하였다.26)

직예총독 이홍장과 대장경 다테 무네나리(伊達宗城)를 각각 수반으로 한 청일 양국의 전권대표단이 천진에서 정식회담을 개시한 것은 1871년 8월 초였다. 1개월 여에 걸친 교섭과정에서 일본은 청국황제와 일본천황을 서문에 열기하여 양 원수가 서열상 동격이라는 것을 명시하자고 집요하게 요구하였다. 그러나 중국측은 끝내 거절하고 '대청국(大淸國) 대일본국(大日本國) 소돈우의(素敦友誼)'라고만 하였다. 또 일본측은 중국이 서방 제국에 허용한 것과 같은 최혜국대우를 요구했으나 이 조항의 폐단을 잘 알고 있던 이홍장은 강하게 반대하였다. 그러나 기타 문제에 관하여 중국측은 양국간의 평등과 호혜의 원칙을 전적으로 수락하였다. 이리하여 9월 중순에 가서 중일관계의 역사에서 처음으로 전문 18조로 된 청일수호조규가 조인되었다.

이 조약에서 가장 주목해야 할 점은 제1조에 있는 양국간에 '소속방토의 상호 불가침' 조항과, 제2조에 있는 양국 중 어느 일방이 제3국으로부터 부당한 대우를 받을 경우 '피차상조' 또는 '종중선위조처(從中善爲調處)' 한다는 조항이다. 이 두 조항은 모두 이홍장의 주장에 의하여 삽입된 것이다. 전자는 일본의 침략적 야심으로부터 조선

26) 『籌辦夷務始末』, 同治朝, 권79, 46~48쪽; Kim, 앞의 책, pp. 139~144.

을 보호하기 위한 것인데, '방토(邦土)'의 '방'은 속방을 의미한 것이었다. 후자는 일본이 서방국가와 결탁하여 반중국적인 동맹관계를 맺는 것을 방지하기 위한 것이었다.[27)]

청일수호조규는 제도적 측면에서 보면 동아시아 화이질서 아래서 역사적으로 종주국이었던 중국과 그의 속방으로 간주되어 왔던 한 동아시아 국가간에 서구식 국제관계의 이념과 원칙에 입각하여 대등한 조건으로 맺어진 최초의 조약이었다. 즉 그것은 동아시아 세계에서 이 지역 국가와 서방국가간의 관계뿐만 아니라, 동아시아 국가 상호간의 관계까지도 조공체제를 벗어나 서구식 조약체제에 편입되기 시작했음을 의미하였다. 그러나 이 조약을 체결하게 된 배경이나 그 과정에서 보여준 청조와 일본 지도자들의 태도나 견해는 그들이 국가간의 관계에 대하여 아직 동아시아의 전통적 이념에서 탈피하지 못하고 있었음을 말해준다.

또 외교전략적 측면에서 보면 이홍장을 비롯한 청조의 지도자들은 이 조약을 한반도에 대한 일본의 침략적 야망과 중국에 대한 서방국가들의 침략을 방지하기 위한 도구로 이용하려 하였다. 이에 대한 일본의 지도자들은 조선을 자기 세력하에 끌어들이고, 한 걸음 더 나아가 중국에서 서방제국이 향유하고 있는 것과 같은 지위와 특권을 획득하기 위하여 이용하려고 하였다. 그러나 이러한 의도는 실패하였다.

---

27) 조약체결을 위한 담판과 조약의 내용에 관하여는 Kim, 위의 책, pp. 144~150 참조.

Ⅴ. 일본의 탈아외교(脫亞外交)와 팽창주의

1. 탈아외교로의 전환

천진에서 청일 양국 대표들이 조약체결을 위해 회담을 진행하고 있을 때 일본 국내에서는 폐번치현(廢藩置縣)이라는 획기적인 정치개혁이 단행되었다. 이것은 2년 전 1869년 여름에 모든 영주(領主, 藩主)들이 각자의 영토와 인민을 조정에 환납하는 이른바 판적봉환(版籍奉還)의 후속조치로서, 도쿠가와 막번제도의 유물인 번(藩)을 완전히 폐지하고 새로 전국을 망라한 중앙집권적 행정제도인 군현제도를 실시한 것이다. 이와 함께 명치정부는 대외관계에 있어서도 이에 비할 만한 중요한 개혁을 단행했으니, 명치유신 초기부터 추진하여 온 복고외교를 지양하고 이른바 탈아외교에로 전환한 것이 그것이었다.

복고외교는 왕정복고 정신에 입각하여 동아시아 세계의 화이질서 내에서 일본의 외교적 지위를 중국과 동격으로 격상시키자는 것이 그 목표였다. 여기에는 일본이 동아시아 세계에서 별격 또는 예외적 존재라는 생각이 반영되어 있었다. 이에 비하여 탈아외교는 동아시아 화이질서에서 이탈하여 국제사회에서 일본을 선진 서방제국과 동등한 지위에 서게 하는 것이 그 목표였다. 구체적으로는 과거 도쿠가와 막부가 서방제국과 맺었던 모든 불평등조약을 평등조약으로 개정하여 일본의 완전한 주권을 회복하는 동시에, 동아시아 제국에 대해 서방제국이 이 나라들에 강요한 것과 같은 불평등조약을 맺고 일본이 서방제국과 같이 여러 가지 외교상 통상상 특권을 행사할 수 있도록 하자는 것이었다. 탈아외교는 곧 일본이 동아시아 세계 및 그 전통과 결별하고, 명실공히 서방 국제사회의 일원이 되겠다는 선언이었다. 이 배후에는 일본은 이미 조선이나 청국과 같은 후진국이 아니라, 같

은 선진국이 되었다는 자부심이 있었다.[28)]

탈아외교 체제하에서 일본이 서양제국에 대하여 취한 최초의 중요한 외교적 조치는 이와쿠라사절단(岩倉使節團)을 구미 제국에 파견한 것이었다. 이와쿠라 도모미(岩倉具視)를 수반으로 하고 기도 다카요시(木戶孝允)·오쿠보 도시미치(大久保利通) 등 일본 정부내 최고 실력자를 포함한 80여명으로 구성된 이 강력한 사절단의 사명은 서방제국과의 불평등조약의 개정 가능 여부를 타진하고, 구미 선진국가들의 문물제도를 시찰하는 것이었다. 동아시아 세계에서 일본의 탈아외교는 조인된 후 아직 비준도 되지 않은 청일 신조약을 수정하려는 시도에서 구체적으로 나타났다.

상술한 바와 같이 청일수호조규는 중국과 일본간에 평등과 호혜의 원칙에 입각한 최초의 근대적 조약이었다. 이로써 일본은 당초 추구하였던 목적을 충분히 달성하였다. 이것은 동아시아 외교사에 획기적인 의의를 가졌던 명치초기 일본의 큰 외교적 승리였다. 그럼에도 불구하고 이 조약은 처음부터 일본 조야의 환영을 받지 못하였다. 당시 청일수교의 사명을 성공적으로 완수하고 귀국한 일본대표들은 관례적인 포상은 고사하고 견책까지 받을 뻔하였다. 그 이유는 상술한 바와 같이 그간 일본외교의 성격과 목표가 복고에서 탈아(脫亞)로 선환하였기 때문이다. 따라서 일본정부는 신조약의 비준을 보류하고 장차 이와쿠라사절단이 서방제국과 조약 개정에 성공하는 것을 기다려 일본도 중국에서 서방 체약국과 같은 외교적·통상적 특권을 행사할 수 있도록 이를 수정하기로 결정하였다.[29)]

---

28) 脫亞外交의 정신과 목적에 관하여는 구미 각국에 외교사절단을 파견하는 것에 대하여 1871년 10월 산죠 사비토미가 이와쿠라 도모미에게 보낸 서한이 있는데, 이는 多田好問 編, 『岩倉公實紀』 3, 原書房, 1968, 926~938쪽에 실려 있다.

29) 청일수호조약에 대한 일본정부의 반응은 藤村道生, 「明治初年におけるアジア政策修正についこ」, 『名古屋大學 文學部硏究論集』 53, 1968, 22~23쪽 참조. 이를 수정하려는 일본정부의 결정은 Kim, 앞의 책, pp. 166~167 참조.

그러나 그 후 이와쿠라사절단이 서방제국과의 조약개정교섭에 성공할 가능성이 보이지 않게 되자 일본은 우선 청조와 신조약 수정교섭을 벌이기로 하였다. 이 사명을 띠고 야나기와라 사끼마스가 다시 1872년 4월에 천진에 파견되었다. 야나기와라를 접견한 이홍장은 양국 대표가 충분한 토의를 거쳐 체결한 조약을 비준도 하기 전에 수정하려는 일본의 요구를 배신적 행위라고 질책하면서, 제2조에 있는 유사시 양국간의 상호원조에 관한 조항의 삭제와 최혜국대우 조항의 추가를 포함한 일본의 요구를 일축하였다.[30] 이리하여 청일신조약을 수정하려는 일본의 탈아외교의 첫 시도는 실패하였고 이 조약은 다음해 1873년 4월에 비준되었다.

2. 팽창주의: 정한론과 대만출병

일본정부가 한일국교 조정의 실마리를 찾는 방도로 청조와 정식으로 수교하기로 결정하자, 한일간의 직접교섭은 정돈상태에 들어갔다. 그 후 청일수호조규가 체결되고 이 조약을 수정하려는 시도가 실패하자 일본정부는 다시 부산에서의 한일간 현지교섭에 주의를 돌렸다. 그러나 그 동안 양측의 입장이나 견해에는 이렇다 할 변화가 없었다. 특히 일본과 조선의 종주국인 청조 사이에 평등원칙에 입각한 조약관계가 성립되었음에도 불구하고 조선측의 태도나 주장에는 아무런 영향이 없었다. 여기서 일본정부는 대한외교에 있어 대마도의 세습적인 역할을 완전히 폐지하고, 1872년 10월 부산에 있는 왜관을 일방적으로 접수하여 외무성이 직할하는 일본공관으로 개칭하였다. 원래 왜관은 대마도 사신과 상인들을 위하여 조선정부가 설치·유지하여 온 것이었다. 일본정부의 이와 같은 조치는 불법이었으며, 물론 조선측

30) Kim, 위의 책, pp. 167~169.

은 이를 일체 인정하지 않았다. 이와 함께 양국간의 공식접촉은 완전히 단절되고 말았다.[31)]

1873년에 들어서자 일본정부 내외에서 조선문제를 둘러싸고 정한론이 크게 일어났다. 일본에서 정한론이 일어난 것은 공전도 아니요, 절후도 아니었다. 도쿠가와말기와 명치유신 초기에도 여러 사람들이 여러 가지 이유로 정한을 주장하였다. 그런데 모든 정한론에 공통된 가장 뚜렷한 특징은 그 표면상의 구실이 무엇이었든 간에 그 실질적 이유나 동기는 예외 없이 일본 내에 있었다는 사실이다. 즉 그것은 일본에 대한 한국의 정책이나 행동에서 기인한 것이 아니고 일본 자체의 국내외 사정이나 문제에 대처하는 수단이나 방도로 한국 또는 한국문제를 이용하려는 일본의 상습적인 행동이었다고 해도 과언이 아니다.

1873년 여름에 절정에 달한 정한론도 물론 예외는 아니었다. 이때 그 배후에는 여러 가지 복잡한 요인이 있었으나, 당시 동래부사 정현덕(鄭顯德)이 일본인을 모욕했다는 주장은 날조된 구실에 불과한 것이었다. 그것은 대외적으로 상술한 일본의 탈아외교의 실패에서 온 실망과 좌절감, 대내적으로 당시 일본정국에 충만되고 있던 유신과 개혁에 대한 불평불만, 특히 몰락하는 무사계급의 고뇌와 원성이 한 덩어리가 되어 정한론을 배출구로 하여 터져나왔던 것이다.

명치유신의 두등공신(頭等功臣)이며 전국무사들 간에 압도적으로 신망이 높았던 사이고 다카모리(西鄕隆盛)가 영도하는 정한론자들은 조선에 대한 정부의 연약외교를 비난·공격하고, 일본 왕실의 존엄을 '모독'하며 일본인의 명예를 '모욕'한 조선을 응징할 것을 고창하였다. 그들의 의도는 정한의 구호 아래 전국 무사들을 규합하여 강력한 군대를 조직하고 한반도를 석권하여 국민들의 압도적인 지지를 얻은 다음, 이를 이용하여 국내에서 정권을 잡고 자기들의 정치 목적을 달

31) 초량왜관의 접수에 관하여는 田保橋潔, 앞의 책, 206~224쪽 참조.

성하려는 것이었다. 그러나 9월에 이와쿠라사절단 전원이 귀국한 후 이와쿠라와 오쿠보 도시미치 등이 이를 강경히 반대하고 나서자, 명치유신 후 일본 최대의 정치분쟁이 일어났다. 그 결과 10월 하순에 가서 정한론이 패배하고 사이고 일파가 정부에서 총퇴진하였다.

여기서 특기해야 할 것은 이른바 정한을 둘러싸고 찬반 양파가 각기 자기들의 정치적 생명을 걸고 대결한 논쟁에서 반대파도 정한 자체를 원칙적으로 반대한 것은 아니라는 사실이다. 양파간의 논쟁은 정한의 시비논쟁은 아니었고, 다만 그 실천시기를 둘러싼 싸움이었다. 이와쿠라와 오쿠보가 정한을 반대한 것은 아직 그 시기가 아니라고 믿었기 때문이었고, 사이고 일파가 득세할 경우 자기들이 추진하고 있는 개혁사업이 반동파에 의하여 좌절될 것을 염려하였기 때문이다.[32)]

사이고 일파의 퇴진은 명치정권의 기반을 뒤흔들어 놓았으며, 정부에 대한 불만은 전국에 충만하였다. 이와 같은 정세하에서 정부가 국민의 감정을 무마하고 그들의 주의와 관심을 해외에 돌리기 위하여 취한 조치가 바로 대만출병이었다.

대만 문제는 원래 청일 양속인 유구(琉球)의 선원 50여 명이 1871년 말에 대만 남부 토인들에 의하여 살해됨으로써 발생한 것이다. 유구를 자국영토라고 주장하는 일본정부는 청조에 대하여 토인들의 처벌과 피살선원들에 대한 보상을 요구하였다. 그러나 청조당국은 유구와 대만은 각각 중국의 속방이고 영토이니, 이 문제는 일본이 간섭할 바가 아니라고 하여 거절하였다. 이와 관련하여 정한론자 사이고도 대만원정을 제의한 적이 있었으며, 1873년 여름에 일본 외무경 소에지마 다네오미(副島種臣)가 청일수호조규 비준서를 교환하기 위하여 북경을 방문했을 때 이 문제에 관하여 청조 당국에 의향을 타진한 바

---

32) 1873년의 정한논쟁에 대하여는 Kim, 앞의 책, pp. 177~187 참조. 이에 관한 근래에 나온 연구로는 毛利敏彦, 『明治六年政變』, 中央公論社, 1949; 姜範錫, 『征韓論政變: 明治六年の權力闘爭』, サイマル出版社, 1990 등이 있다.

가 있었다. 이때 총리아문은 대만은 중국의 영토이나 그 원주민은 대부분이 '화외지민(化外之民)'으로 남아있다고 하여 그들에 대하여 청조의 행정력이 미치지 못하고 있음을 자인하였다.

따라서 일본정부는 당시 국내외에서 많은 어려운 문제를 안고 있는 청조가 대만을 돌볼 여유가 없는 것으로 판단하였다. 그래서 대만에 대한 무력행사는 조선에 대한 군사행동에 비하여 훨씬 위험성이 적고 성공률이 높을 뿐만 아니라 성공할 때는 대만 전토 또는 일부를 일본 영토에 편입시킬 수 있을 것이며, 따라서 유구에 대한 일본의 단독 주권주장도 강화된다는 일석이조의 묘책이었다. 이와 같은 계산에서 일본정부는 정한론자들을 비현실적인 모험주의자로 몰아 정부에서 축출한 직후인 1874년 초에 대만출병을 결정하였다. 이 결정을 배후에서 적극적으로 권유하고 지원한 사람은 당시 주일미국공사 드롱(Charles E. Delong)과 전 주하문(駐廈門) 미국영사 러젠드르(Charles W. Legendre)였다.

그 해 4월 말에서 5월 초에 걸쳐 정한파의 거두 사이고 다카모리의 친동생인 사이고 쓰구미치(西鄕從道)를 총사령관으로 한 일본원정군 3,600명이 대만으로 떠났다. 이 직전 일본의 의도와 목적이 단순히 토인들의 응징만이 아니라고 비판한 주일영국대사 파크스(Harry Parkes)와 신임 주일미국공사 빙감(John A. Bingham)이 일본의 결정에 대해 비타협적인 태도를 천명하였다. 이에 당황한 오쿠보 도시미치가 원정군의 출발을 중지시키려 하였으나, 사이고는 이 명령을 거역하고 대만으로 떠나고 말았다.

이와 같이 시작된 일본의 대만출병은 군사적 · 재정적으로 엄청나게 값비싼 모험으로 끝났다. 원정의 명목상 목적이었던 토인의 응징은 전사자 10여 명만을 내고 2주일 내에 끝났다. 그러나 그후 전병력의 반수 이상이 말라리아와 기타 악질에 걸려 전군의 기능이 마비되고 560여 명의 병사자가 났으나, 전과라고는 토인부락 10여촌을 토벌한 것뿐이었다. 당초 50만 엔으로 예산하였던 작전비는 7배 이상 불어나 360만 엔이나 되었으며, 원정군을 수송하기 위한 선박구입에 400만 엔을 추가로 지출하였다. 이로 인하여 일본정부는 엄청난 예산 적자를 안게 되었다.

당초 일본정부는 서방제국의 지지나 호의적 반응을 기대하였으나 오히려 비난을 받게 되었다. 사태가 진퇴양난의 궁지에 빠지자 오쿠보는 모든 책임을 지고 북경으로 가서 청조 당국과 직접교섭을 시작하였다. 담판은 몇 번이나 결렬될 뻔하였으나, 북경주재 영국 및 프랑스공사의 우호적인 거중조정(居中調停)으로 간신히 합의를 보았다. 이리하여 그 해 12월에 일본은 청조로부터 배상금이 아닌 보상금 50만냥을 받기로 하고 대만에서 철병하였다.

이와 같이 오쿠보의 대담하고 기민한 외교와 청조측의 졸렬한 대응으로 일본의 대만출병은 군사적 궤멸과 재정적 파탄에서 구출되었다. 그러나 정치적·외교적 성과는 적지 않았다. 진상을 모르는 일본국민은 이를 일본의 국위를 크게 떨친 일대 승리로 알고 환호를 올렸다. 따라서 정한논쟁으로 인하여 크게 약화되었던 정부의 정치적 기반은 강화되었고, 서방제국은 일본의 군사적 능력을 긍정적으로 평가하였다. 그러나 가장 큰 성과는 유구에 대한 일본의 단독적 주권주장이 강화되어 이를 병탄하기 위한 터전이 마련된 사실이었다.

대만출병은 19세기 서방 열강의 약탈적 수법을 모방한 근대 일본의 최초의 해외군사모험이었다. 그것은 결코 정한론자와 불평분자를 무마하기 위한 단순한 일시적인 방편만은 아니었다. 즉 그것은 정한의 대체가 아니라 정한(征韓)과 정대(征臺)를 다같이 추구하는 과정에서 우선 양자 중 현실적 택일이었다. 대만출병은 도쿠가와 말기부터 대두하기 시작한 일본의 대륙팽창주의 내지 대륙진출론의 분출이었으며, 근대 일본군국주의의 남상이었다. 또 그것은 명치일본의 전면적 서구화정책의 일환인 탈아외교의 군사적 표현이었다. 그것은 동아시아 세계에서 중국의 전통적 지위와 위신을 크게 손상시켰으며, 유구에 대한 일본의 일방적인 주권주장은 청조가 유지하려고 노력하고 있던 조공체제에 대한 큰 타격이 되었다. 대만출병은 또한 조선에 대한 경종의 의미를 가졌던 것이다.[33)]

VI. 한일관계와 양국 국내정치

1. 대원군의 실각과 대일타협정책

일본에서 정한론자들이 패배하여 하야한 직후인 1873년 말에 조선에서도 대원군의 실각이란 큰 정변이 일어났다. 대원군은 집권 10년 동안에 철저한 배외적 대외정책을 견지하여 서방열강에 대하여는 문호개방을 거절하고, 일본에 대하여는 일체 타협이나 양보를 하지 않았다. 이와 같이 한일 양국에서 때를 같이하여 비타협적이고 강경한 보수주의자들이 정권에서 물러나게 되면서 양국간 국교재개에 유리한 정세가 조성되었다.

앞서 본 바와 같이 일본은 1871년 9월에 청일수호조규를 체결하여 사상 처음으로 중국과 대등한 관계를 맺는데 성공했다. 그러나 일본의 기대와 달리 그들의 새로운 국제적 지위도 대원군 집권하의 조선정부의 태도나 입장을 변화시키지는 못했다. 1886년의 병인양요(丙寅洋擾)와 1871년의 신미양요(辛未洋擾)에서 우수한 서양의 군사력을 몸소 접했음에도 불구하고 대원군은 조선 조야가 단결하여 자기 영도만 따른다면 이른바 양이를 능히 물리칠 수 있다고 확신하였다. 그는 전국 각지에 척화비를 세워 놓고 의기양양하였고, 그를 지지하는 유림은 왜양을 다같이 견양시하면서 위정척사를 부르짖었다. 그리고 숭명반청사상에서 벗어나지 못한 사대부들은 양이에게 중국을 개방한

33) 대만출병에 관해서는 Kim, 앞의 책, pp. 190~202 참조.

만청(滿淸)왕조를 크게 못마땅하게 여겼다.[34]

한편 서구식 국제관계 이념과 원칙을 전적으로 수용하고 탈아외교 체제를 확립한 일본도 조선에 대해서는 여전히 전통적 관념에 사로잡혀 자국의 서열상 우위를 확보하려는 노력을 계속하였다. 따라서 청일조약이 체결된 후 한일 양국간에 수차에 걸친 접촉이 있었으나 국교는 중단된 채로 남아있었다.

대원군의 실각은 주로 그의 정권독점 및 국내 개혁에 대한 국왕·척족·유림의 반대에 기인한 것이었으나, 고종의 친정이 시작되자 대일관계는 재검토되지 않을 수 없었다. 일본에 대한 불신감에 있어서는 고종이나 영의정 이유원(李裕元), 우의정 박규수(朴珪壽)와 같은 묘당의 새 영도자들도 대원군과 근본적인 차이가 없었다. 즉 이들도 대원군과 마찬가지로 명치일본의 서구화정책을 전통적 동아시아 유교문화와 질서에 대한 배반행위로 간주하여 못마땅하게 생각하였다.

그러나 대원군에 비하여 이들은 한국의 전통적 문화와 사회질서에 대한 서양이나 일본의 위협을 과소평가하였다. 한편 이들은 대원군에 비하여 한국의 독립과 안전에 대한 서양이나 일본의 군사적 위협과 그에 대응하는 조선 자체의 군사적 능력을 훨씬 현실적으로 인식하고 있었다. 따라서 이들은 대원군의 대일정책은 필요 이상으로 비타협적이고 적대적인 위험한 것이라고 보았다. 그러나 이들 역시 대일관계를 일본의 신정권이 요구하는 것과 같이 근본적으로 개혁할 의사나 의견은 없었고, 다만 선의나 의례로 일본을 대하면 양국간에 전과 같은 평화로운 교린관계가 회복될 수 있다고 생각하였다.[35]

고종과 묘당의 새 영도자들은 대원군의 대일정책을 청산하기 위해 그의 집권 하에서 한일관계가 정돈상태에 빠지게 된 사정을 조사하기로 하였다. 즉 1874년 초에 승지 박정양(朴定陽)을 동래부 안핵사로

34) 병인양요와 신미양요에 관하여는 崔奭祐, 「丙寅洋擾小考」, 『歷史學報』 30, 108~124쪽; 田保橋潔, 앞의 책, 52~103쪽 등을 참조.

35) Kim, 앞의 책, pp. 210~211.

임명하는 한편 동래부사 정현덕을 파면하고, 안동부사 박제관(朴齊寬)을 새로 동래부사로 차하하였다. 이들은 현지에서 왜학훈도 안동준(安東晙) 이하 관계된 이속들을 심문하는 한편, 일본공관(구 왜관)에서 양국관계 자료를 입수 조사하였다. 그리하여 이들은 안동준이 훈도로 재직하는 동안 양국간 국교를 저해했으며 경상도 관찰사 김세호(金世鎬)와 정현덕도 그의 상사로서 감독을 소홀히 하였다는 결론을 내리고 이를 서울에 보고하였다.36)

보고를 받은 묘당은 사건처리 방법을 결정하기 전인 그 해 8월 초에 북경으로부터 한일관계에 관한 청조 예부의 중대한 비밀자문을 받았다. 이는 대만사태와 관련하여 이 지역방위를 담당하고 있던 복주선정대신(福州船政大臣) 차보정(沈葆楨)이 총리아문에 보낸 비밀보고를 전달해 온 것이었다. 그 내용은 일본군 5천명이 큐슈(九州) 나가사끼항(長崎港)에 집결하여 대만원정의 종결을 기다려 조선을 침공할 준비를 갖추고 있으며, 신미양요 이래 조선에 대하여 원한을 품고 있는 프랑스와 미국이 합류하여 공동 출병할 것이라는 풍설이 떠돌고 있다는 것이었다.37)

이 놀라운 소식에 접하여 크게 경악한 조선의 묘당은 대원군의 대일정책의 청산을 더욱 서눌렀다. 즉 영의정 이유원은 고종에 올리는 세문에서 대원군이 안동준의 말을 맹신하여 일본과의 국교를 파탄에 몰아넣었다고 통렬히 공격한 다음, 관계자를 엄벌할 것과 역관을 대마도나 필요하면 일본에까지 파견하여 사태의 진상을 철저히 조사할 것을 진언하였다. 고종이 이를 윤허하여 김세호는 견책 파직되고, 정현덕은 함경남도 문천(文川)으로 유배되었으며, 안동준은 추가 문초를 위하여 서울로 압송되었다. 안동준은 의금부에서 엄중한 문초를 당하면서도 죄상을 부인했으나, 일단 동래부에 유배되었다. 그러나 그를 대원군의

---

36) 田保橋潔, 앞의 책, 331~333쪽.

37) 田保橋潔, 위의 책, 333쪽; 『籌辦夷務始末』, 同治朝, 권94, 37쪽; 『日省錄』, 1874년 6월 25일조.

수족으로 보고 극도로 미워한 이유원과 좌의정 이최응(李最應)이 거듭 그의 죄를 논하고 처벌을 요구하자, 고종은 이듬해 4월 그를 효수에 처하였다. 이들은 모두 대원군에 대한 정치적 보복의 희생이 된 것이나, 특히 안동준은 그 출신이 미천했던 탓으로 극형을 받았던 것이다.[38)]

이와 같이하여 대원군의 대일정책을 철폐한 묘당의 영도자들은 이 사실을 일본측에 알리고 양국간 관계개선의 실마리를 찾고자 하였다. 그러나 당시 양국간에는 공식관계가 단절되었기 때문에 비공식적인 방식을 택하였다. 즉 1874년 9월에 척신으로서 금위대장에 도통사를 겸하여 병권을 잡고 있던 조영하(趙寧夏)가 고종의 내의(內意)를 받고 부산에 있는 일본공관장 모리야마 시게루(森山茂)에게 사신(私信)을 보냈다. 조영하는 300년의 역사를 가진 양국 간의 돈독한 우의가 근래 들어 단절되었는데, 그 원인을 조사한 결과 부산훈도와 통사배들이 중간에서 사실을 은폐·왜곡한 것이 밝혀져 심히 유감이라는 뜻을 표하고, 일본국내의 제도혁신에 따라 양국간 새 형식에 의한 관계를 수립하여 선린관계를 회복코자 하니, 이 뜻을 일본조정에 전달하여 달라고 요망하였다.[39)]

앞서 본 바와 같이 1874년은 일본 정부가 연초부터 큐슈 사가(佐賀)지방에서 일어난 소위 정한당(征韓黨) 난의 진압과 대만출병 등에 급급하여 조선문제에 대하여 자연 소극적이었던 시기였다. 이때 외무성 관리 모리야마가 이 문제해결을 위해 타협안을 건의하였다. 즉 당분간 양국간 국교조정에 가장 큰 장애가 되고 있는 서열 문제를 회피하기 위하여 조선측에 보내는 모든 공한에서 양국 원수에 대한 언급을 피하고, 전 대마도주 종중정(宗重正)을 외무성 관리 자격으로 부산에 파견하여 과거 조선과 대마도간의 교섭관례에 따라 공식접촉을 재개하자는 것이었다. 이 현실적이고 합리적인 건의가 채택되어 모리야

38) 『日省錄』, 1874년 6월 29일조.

39) 田保橋潔, 앞의 책, 346~347쪽.

마 자신이 이를 위한 예비접촉의 사명을 띠고 그해 6월 중순 부산에 도착하였다. 그는 우선 현지 조선관리들의 우호적인 태도와 한일관계 개선에 대한 그들의 전례 없는 열의에 놀라지 않을 수 없었다. 모리야마는 찾아온 여러 사람들과 만난 다음 9월 초에 신임 왜학훈도 현석운(玄昔運)의 방문을 받았다. 이것은 2년전에 일본정부가 일방적으로 왜관을 폐지하고 공관을 개설한 후 양국간 최초의 공식접촉이었다. 두 사람은 양국 원수가 직접 국서를 교환하지 않고 국교를 재개하기 위해 일본 외무경이 조선 예조판서에 보내는 서한을 동래부사를 통해 전달하거나, 또는 조선정부가 일본에 사절을 파견하여 다른 방법을 상의하는데 합의하였다. 바로 이후인 6월 하순에 모리야마가 상술한 조영하의 서한을 받았던 것이다.[40]

모리야마는 조영하의 서한이나 부산 현지관원들의 태도변화는 대원군 실각 후 계속되고 있는 조선국내 정정의 혼란과 불안에서 유래한 것이라고 보았다. 이때 정현덕·안동준을 비롯한 전직관리들에 대한 조사가 진행되고 있는 부산의 분위기는 매우 불안했던 것이 사실이다. 모리야마는 조선정부가 약화된 상태에 있는 틈을 타면 일본은 하등의 양보나 타협이 없이 소기의 목적을 달성할 수 있다고 판단하고, 이를 위한 가장 효과적인 방법은 조선정부에 약간의 힘과 압력을 가하여 위협하는 것이라고 확신하였다. 그는 이와 같은 의견을 개진하면서 전에 자신이 건의하여 채택된 대조선타협책을 철폐하고 새로 강경책을 채택할 것을 요청하는 보고서를 외무성에 보냈다.[41] 그리고 급변하고 있는 사태에 대응하여 직접 이를 추진하기 위하여 10월 초에 부산을 떠나 도쿄로 갔다. 출발에 앞서 그는 현석운으로부터 조선정부가 양국간의 공식교섭을 재개하기 위하여 앞서 합의를 본 방식 중, 예조판서에 보내는 일본 외무경의 서한을 동래부사가 수납 전달하는 것을 택했다는 통고를 받았다. 이때 현석운은 이 서한에서 조선

40) 田保橋潔, 위의 책, 336~346쪽.

41) 『日本外交文書』, 제10권, 369~371, 396~400쪽.

정부가 수용할 수 없는 일본군주에 대한 호칭이나 용어를 피해줄 것을 다시 당부하였다. 모리야마는 일본정부가 이와 같은 서한을 전달하고 교섭을 개시하기 위하여 5개월내에 대표를 부산에 파견할 것을 약속하였다.[42)]

2. 일본의 반응: 포함외교(砲艦外交)로의 전환

모리야마 시게루는 10월 하순에 동경에 도착하여 조선사정에 관한 상세한 보고를 하였다. 그는 일본정부가 기회를 놓치지 말고 강경책을 써서 조선문제를 해결해야 한다고 주장하였다. 외무성은 그 건의를 채택하여 이미 결정되었던 전 대마도주의 부산파견을 중지하고, 12월에 가서 모리야마를 외무소승(外務少丞)으로 승진시켜 다시 부산에 파견함으로써 국교재개 교섭을 담당하도록 하였다. 이로써 일본정부의 대한외교는 소극에서 적극으로, 타협에서 대결로 전환되었다.[43)] 이것은 대만문제를 성공적으로 종결지은 오쿠보 도시미치의 자신감을 반영한 것이라고 할 수 있으나, 보다 직접적인 요인은 상술한 바와 같이 대원군 실각 후 조선정부의 대일정책의 완화이었다.

모리야마는 이사관 자격으로 다음해 2월에 부관 히로츠 히로노부(廣津弘信)를 데리고 부산에 왔다. 그는 외무경 데라지마 무네노리(寺島宗則)와 임시로 외무대승에 임명된 전 대마도주 종중정이 각각 예조판서와 예조참판에 보내는 공한을 갖고 왔는데, 그 가운데는 일본군주에 대해 여전히 '황상'이라는 호칭이 사용되어 있었다. 이것은 조선측의 거듭된 요구를 무시한 것이었을 뿐만 아니라, 외무성 자체가 양국원수에 대한 언급을 피하기로 한 결정을 고의로 번복한 것이었다. 이러한 그들의 태도는 분명히 복교외교에로의 회귀라 할 수 있다.

---

42) 『日本外交文書』, 제10권, 411~415쪽; 田保橋潔, 앞의 책, 350~355쪽.

43) 『日本外交文書』, 제10권, 411~415쪽; 田保橋潔, 위의 책, 355~356쪽.

이때 일본측의 의도가 가장 노골적으로 나타나 있었던 것이 정부최고수반 태정대신 산죠 사네토미(三條實美)가 모리야마에게 준 다음과 같은 3조의 특별훈령이었다. 즉 ① 조선이 독립국을 자칭하고 양국원수간에 대등관계를 수립하고자 할 때는 즉시 도쿄에 보고하고 지시를 기다릴 것, ② 조선이 청조의 속번(屬藩)이라 자칭하고 만사를 그들의 뜻에 따른다고 할 때도 역시 도쿄에 보고하고 지시를 기다릴 것, ③ 조선이 독립국을 자칭하거나 청조의 속번임을 자인하거나를 막론하고 그 국왕과 일본 태정대신, 또는 그 예조판서와 일본 외무경을 외교주체자로 하여 '구의(舊誼)'를 회복하기를 원할 때는 이를 '영낙(領諾)'한다고 답을 하라는 것 등이었다.[44)]

일본정부의 새로운 대한정책은 그 동기나 목적에 있어서 의연 복고주의적이었으나, 그 목적을 달성하기 위한 수단과 방법에 있어서 당시 서방 열강이 동아시아 각지에서 상투적으로 사용할 포함외교를 모방한 것이었다. 즉 모리야마는 도쿄 출발에 앞서 주일영국공사 파크스를 방문하여 한일 교섭에 관한 자신의 의견을 기탄없이 피력하고 영국의 지지를 요청한 바 있었다. 모리야마는 자신의 사명과 행동이 20여 년 전에 페리제독이 처음 일본을 방문했을 때와 같다고 말하고, 만일 이번에 일본의 기내가 이루어지지 않으면 진젱 없이 조선을 개방할 수 있을지 의문이라고 하였다. 그리고 일본정부가 더 적극적으로 조선문제를 처리하지 않으면 별로 큰 성과가 없을 것이라고 덧붙였다. 파크스는 모리야마의 말을 본국정부에 보고하면서 "일본내에는 정부가 조선에 원정군 파견을 계획하고 있다는 풍설이 널리 유포되고 있는데 정부당국에서는 이를 부정하고 있다. 그러나 대만출병 때와 마찬가지로 어느 때 대외정벌로 기울어질지 모르니, 영국정부는 앞으로 조선사태를 주시해야한다"고 경고하였다. 이로 보아 모리야마의 부산도착과 함께 일본의 대한 포함외교가 시작되었다고 할 수 있다.[45)]

---

44) 田保橋潔, 위의 책, 356~358쪽.

45) 廣瀨靖子, 「江華島事件の周邊」, 『國際政治』 37, 1967, 27~28쪽.

정한파를 위험한 해외 모험주의자로 몰아 쫓아낸 지 불과 1년여 후에 일본정부가 무력행사를 포함한 강격한 대한정책으로 전환한 배후에는 사할린의 귀속을 둘러싼 러시아와의 분쟁이 외교적으로 해결되었다는 점이 작용되고 있었다. 앞서 말한 바와 같이 일본정부는 사할린 문제를 처음부터 외교적으로 해결한다는 방침이었는데, 1874년 초에 도쿠가와막부 출신의 해군총재 에노모토 다케아키(榎本武揚)를 주러시아 공사로 임명하여 이를 담당케 하였다.

오쿠보 도시미치 일파가 1873년 정한논쟁 때 정한을 반대한 중요한 이유의 하나가 일본이 조선에 대해 군사행동을 일으킨다면 호시탐탐 남하의 기회를 노리고 있는 러시아가 개입할 것이라는 두려움이었다. 에노모토는 사할린문제에 관하여 러시아 정부 당국자들과 교섭하는 과정에서 조선문제를 항상 의식하고 있었다. 그는 1874년 11월에 외무경 데라지마에게 보내는 서한에서 한일간의 분쟁에 러시아가 개입하지 않을 것이라는 확신을 피력하고 일본의 조속한 행동을 촉구하였다. 사할린문제는 일본이 대폭적으로 양보하여 이 섬에 대한 모든 권한을 완전히 포기하고, 그 대가로 보잘 것 없는 천도(千島)열도를 러시아로부터 할양받는 조건으로 다음해 3월에 양국간에 합의가 이루어졌다.[46] 이로 미루어 볼 때 1875년 초에 일본정부가 조선에 대해 강경책을 취하기로 결정한 시점에서 조선문제에 관하여 러시아와 모종의 합의나 양해가 이루어졌다고 믿을 만한 충분한 이유가 있다고 할 수 있다.

모리야마는 1875년 2월 하순 부산에 도착하여 현지 조선 당국자들과 교섭을 시작하였다. 그때 그가 가지고 온 서계의 용어와 본문이 일본어로 된 점, 그리고 조선에서 대마도에 주어졌던 도서의 환납 등이 문제가 되었다. 동래부사 황세연(黃世淵)이 서울에 보고하고 훈령을 청하였다. 영의정 이유원, 좌의정 이최응, 우의정 김병국(金炳國)은

---

46) 『日本外交文書』, 제10권, 446~447쪽 참조.

일부 서계의 위격(違格)을 지적하고, 특히 조선 도서를 환납한다는 대마도의 처사에 분노를 표하며 거절할 것을 주장하였다. 한직에 있던 영중추부사 박규수만이 이를 수납하여 일본과 우호를 잃는 일이 없도록 해야 한다고 주장하였다. 여기서 고종은 서계를 받지도 않는 것은 '성신지도(誠信之道)'가 아니라고 하고, 일단 이를 받아본 다음 위격을 지적하고 그 시정을 요구하라는 결단을 내렸다.47)

이에 따라 3월 말에 동래부사가 일본공관에서 모리야마를 영접하는 향연을 베풀고 서계를 받아보기로 결정하였다. 이때 조선측은 향연의 식이나 절차를 과거 대마도 사신을 영접할 때의 관례에 따를 것을 주장했으나 일본측은 반대하였다. 특히 모리야마는 일본의 신식 대례복을 착용할 것을 고집하여 서로 대립하였다. 이렇게 되자 모리야마는 4월 중순에 히로츠를 도쿄로 보내어 한일간의 교섭이 다시 위기에 빠졌음을 보고하였다. 동시에 그 타개책으로 조선국내의 정정불안을 이용, 군함을 한국해역에 파견하여 조선조정을 위협하는 것이 가장 효과적인 방법이라고 건의하였다.48)

이때 동아시아 국제정세에 또 하나의 긴장요인이 발생하였다. 그것은 그해 3월에 중국 운남성에서 영국 부영사 마가리(Augustus Margary)가 피살된 사건이 발단이 되어 일어난 청조와 영국간의 분쟁이었다. 이로 말미암아 일본이 조선에 대해 무력을 행사할 경우에도 청조가 개입할 가능성은 거의 없어졌다고 할 수 있다. 한편 일본정부는 5월 초에 이미 러시아와 합의를 본 사할린, 천도열도 교환조약에 정식 조인함으로써 한일분쟁에 러시아가 개입할 위험을 제거 또는 크게 감소시켰다. 이 조약이 조인된 수일 후에 일본정부는 비밀리에 모리야마와 히로츠가 건의한 군함 3척을 한국해역에 파견하여 포함외교를 실천단계로 옮겼다.49)

47) 田保橋潔, 앞의 책, 356~364쪽; 『日省錄』, 1875년 2월 5일조.

48) 『日本外交文書』, 제11권, 70~73쪽.

49) 田保橋潔, 앞의 책, 393~395쪽.

이 중 한 척인 운양호(雲揚號)가 5월 25일 예고도 없이 부산에 입항하고, 6월 12일 또 한 척이 입항하였다. 동래부사의 명령을 받고 현석운이 항의하자, 모리야마는 양함은 모두 한일 현지교섭의 조속한 추진을 독촉할 목적으로 파견된 것이라고 답변하였다. 6월 14일 현석운과 그의 수행원들이 군함을 임검할 것을 요구하자, 모리야마는 함장들과 상의하여 허용하고 이들의 등선을 기다려 돌연 함포사격 연습을 시작하였다. 이처럼 조선인들을 크게 놀라게 하였을 뿐만 아니라 전 항만과 인근지대를 진동시켜 시위와 위협의 목적을 충분히 달성하였다. 운양호와 다른 군함은 그후 한국해역을 돌아다니며 측량과 시위 행동을 계속했는데, 그후 9월에 발생한 강화도사건은 바로 이 과정에서 일어난 것이다.[50]

3. 운양호사건과 일본 국내정치

상술한 바와 같이 당시 동아시아 국제정세는 일본정부가 조선에 대해 군사적 도발행위를 감행할 수 있게 한 유력한 요인이 되었다. 그러나 냉철한 이성과 합리주의적 정신의 소유자였던 당시 일본정부의 실질적 영도자 오쿠보 도시미치가 실제로 이런 행동을 취하게 된 배후에는 일본국내의 정치적 사정과 이유가 있었다.

대만문제를 해결하는 과정에서 정한논쟁으로 인한 정부의 정치기반 약화를 통감한 오쿠보는 조선문제 해결에 적극적으로 나서기 전에 우선 정부를 강화할 필요를 느꼈다. 그래서 그는 1875년 2월에 대만출병을 반대하여 정부를 떠났던 조슈파의 영수 기도 다카요시의 재입각을 요청하였다. 기도는 정한논쟁에 패하여 하야한 도사파(土佐派)의 영수 이타가키 다이스케(板垣退助)도 동시에 입각한다는 조건으로

50) 田保橋潔, 위의 책, 396~401쪽.

이를 승낙하였다.[51)]

이때 3자는 정부를 개혁하여 더욱 광범한 국민을 대표하는 통치기구로 만든다는 데 합의하였다. 그 후 원로원 · 대심원 · 지방장관회의 등이 창설되어 합의조항의 일부가 실행되었다. 그러나 내각참의가 중앙행정기구인 성의 장을 겸하는 것을 금지하기 위한 내각개혁안은 원래 참의로서 내무성의 장인 내무경을 겸하고 있는 오쿠보의 강대한 권한을 축소시키는 것이 목적이었다. 따라서 오쿠보는 이에 일단 합의는 하였으나 그 실행을 지연시키고 있었다.

이에 대하여 이타가키는 오쿠보의 태도를 배신행위라고 비난공격하고 모든 합의사항의 전면적이고 즉각적인 실행을 요구하였다. 한편 기도는 오쿠보의 무성의를 책하고 내각개혁안의 점진적 추진을 요구하는 동시에, 이타가키의 성급한 행동도 못마땅하게 생각하였다. 이때 좌대신 시마즈 히사미츠(島津久光)는 구 사쓰마번주의 생부로 왕정복고 이래 제반 개혁에 따라 봉건영주의 지위와 특권이 상실된데 불만을 품고 있던 인물이었는데, 그 역시 공사로 오쿠보를 몹시 못마땅하게 생각하여 이타가키를 지지하고 나섰다. 이와 같이 이 해 여름부터 오쿠보는 정치적으로 곤경에 빠지게 되었다.[52)]

이때 부산에서의 한일간 현지교섭은 거의 결렬된 상태였다. 이와 관련하여 파크스는 7월 중순과 하순에 데라지마를 수차 만났으며 다른 각료들과도 면담하여 한일교섭이 좌절된 경위를 문의하였다. 이들은 조선과의 전쟁은 피하기 어려운 것이라고 대답하였다. 그중 한 각료는 일본정부가 조선에 대해 취할 수단을 결정하기 전에 중국과 러시아가 어떠한 태도를 취할 것인가를 고려해야 한다고 하면서도, 러

---

51) 기도와 이타가키의 입각에 관하여는 Andrew Fraser, "The Osaka Conference of 1875," *Journal of Asian Studies* 26-4 (August 1967), pp. 589~610와 Masakazu Iwata, *Okubo Toshimichi: The Bismarck of Japan* (University of California Press, 1964), pp. 227~228 참조.

52) Iwata, 위의 책, pp. 230~234.

시아에 대하여는 전연 불안스러운 기색이 없었다. 파크스는 일본정부가 한일간의 전쟁에서 러시아의 중립 또는 지원을 확신하고 있으며 중국도 조선을 적극적으로 원조하지 못할 것으로 생각하고 있다고 본국정부에 보고하였다. 이때 파크스는 러시아가 한일간에 전쟁이 일어나면 조선에 대한 자신의 목적을 달성하기 위하여 이를 이용하지 않을 리가 없다는 의견을 표명하고, 영국은 이에 대비하기 위하여 거문도를 점령해야 한다고 거듭 진언하였다.

한편 군함에 의한 시위와 위협이 조선정부의 태도를 누그러뜨리지 못하자 모리야마는 7월과 8월에 걸쳐 수 차례 도쿄에 대하여 더 강경한 수단을 취하도록 촉구하였다. 이와 때를 같이하여 오쿠보에 대한 이타가키 일파의 정치적 공격은 날로 심해졌다. 이러한 상황에서 오쿠보와 그의 측근들은 국내에서 정치적 곤경에서 탈출하고, 국외에서 다년간 현안이 되어 온 조선문제를 해결할 수 있는 그야말로 일석이조의 묘계를 강구하고 있었다.

오쿠보와 데라지마는 8월 하순부터 9월 초순에 걸쳐 거의 매일같이 요담하였다. 이들이 무슨 이야기를 했던가에 관한 기록은 없으나 전후사정으로 미루어 보아 국내정치와 조선문제에 대해 상의하지 않았다고 생각할 수 없다. 이와 관련하여 매우 시사적인 것은 9월 초에 마가리사건을 둘러싼 청조와 영국간의 분쟁이 해결되었다고 보도되자, 이를 확인할 목적으로 태정대신 산죠 사네토미(三條實美)와 데라지마가 차례로 파크스를 방문한 사실이다. 이들은 청영간의 긴장이 완화되는 것을 좋아하지 않은 눈치였는데, 파크스는 일본정부가 조선원정을 고려하고 있다면 중국이 자신의 문제에 몰두하기를 원할 것이라고 본국정부에 보고하였다.[53)]

이러한 가운데 9월 3일 데라지마는 부산에 있는 모리야마에게 교섭을 포기하고 귀국하라는 명령을 내렸다. 같은 날 일본 해군성은 운

---

53) 廣瀨靖子, 앞의 논문, 37쪽.

양호에 대하여 한국 남서해안에서 만주 영구(營口) 부근에 이르는 항로를 탐사하라는 명령을 내렸다. 이 두 명령이 모두 오쿠보의 지휘하에 내려졌다는 것은 의심할 여지가 없다. 이러한 일련의 조치에 관련된 주요 인물들, 즉 오쿠보, 데라지마, 해군대보(海軍大輔) 가와무라 스미요시(川村純義), 운양호 함장 이노우에 요시카(井上良馨)가 모두 서로 친분이 있었던 사쓰마번 출신이었다는 사실을 주목할 필요가 있다. 운양호는 9월 12일 한국해역을 향하여 나가사끼항을 떠났으며 모리야마는 9월 20일 부산에서 귀국명령을 받고 현석운의 출발연기 요청을 거절하고 다음날 그곳을 떠났다. 바로 이 날 운양호사건이 일어났다.

우리는 여기서 강화도사건 자체의 경과를 상술할 필요는 없다. 병인년과 신미년 두 차례에 걸쳐 프랑스와 미국군함이 피격되었으며 외국선박의 진입이 금지되어 있던 수역에서 일어난 이 사건은 결코 운양호 함장의 부주의 또는 잘못된 판단이나 현지 조선측 수비병들의 부당한 공격으로 발생한 우발적 사건이 아니었다. 그것은 상술한 바와 같이 이른바 조선문제를 해결하고 국내 정치적 곤경에서 탈출하기 위하여 오쿠보와 그의 측근들이 치밀한 계획과 주도한 준비하에 고의로 도발한 사건이있다. 사건이 보도되자 오구보의 국마고우이며 징한논쟁에서 패한 후 고향에 은거하고 있던 사이고는 이는 오쿠보정권이 궁지에서 탈출하기 위한 발악이라고 평하였으며 조슈파의 야마가타 아리토모(山縣有朋)는 해군성내의 사쓰마파가 조작한 음모라고 폭로하였다.[54]

강화도사건이 국내외 정치적 이유와 목적으로 조작된 도발사건이었다는 것은 사건 발생 후 이를 처리하는 과정에서 취한 오쿠보 일파의 태도와 행동을 보면 더욱 분명해진다. 일본정부가 강화도사건에

54) 사이고의 평은 西鄕隆盛, 『大西鄕全集』, 권3, 大西鄕全集刊行會, 1926~1927; 같은 책, 권1, 842~844쪽 참조. 야마가타의 평은 德富猪一郎, 『公爵山縣有朋傳』, 권3, 原書房, 1967; 같은 책, 권2, 412~413쪽 참조.

관한 이노우에 함장의 전보 보고를 받은 것은 9월 28일이었는데, 다음날 29일 태정대신을 비롯한 모든 내각참의들이 천황의 임석하에 긴급회의를 열고 이 보고를 토의하였다. 이 회의에서 부산에 있는 공관과 일본 거류민을 보호하기 위해 군함을 급파하는 한편, 조선측에서 적대행위가 없는 한 외교적으로 당장은 아무런 조치를 취하지 않고 현상을 유지하기로 결정하였다. 이어서 10월 3일 다시 천황의 임석하에 개최된 각의에서 태정대신 산죠는 한일간에 돌발한 비상사태에 대처함에 있어서 국내의 정치적·행정적 혼란을 피하기 위해 내각개혁의 무기연기를 제의하였다. 오쿠보는 물론 찬성하고 이타가키와 시마즈는 반대하였다. 여기서 기도의 태도가 결정적 힘을 갖게 되었다.

기도는 오쿠보와 이타가키의 태도와 주장을 다같이 못마땅하게 생각하였다. 그래서 자신이 다시 정부에서 물러나려 하였으나 오쿠보의 간청으로 망설이고 있는 중이었다. 그러나 강화도사건이 돌발하자 그는 사의를 번복하고 정부에 남아 사후처리의 주도권을 잡을 결심을 하였다. 주지하는 바와 같이 사쓰마파와 조슈파는 명치정부를 영도하는 양대 세력이었는데, 전자가 대만문제를 자기 책임으로 생각했다면, 후자는 조선문제를 자기 영역에 속하는 것으로 간주하였다. 대만문제가 사쓰마파의 영수인 오쿠보의 주도하에 해결된 마당에서, 조선문제는 조슈파의 영수인 자기가 앞장서서 해결해야 한다는 것이 기도의 생각이었다.

10월 9일 다시 소집된 각의에서 내각개혁 무기연기안이 기도의 지지를 얻어 채택되고, 19일에는 천황의 재가를 얻어 정식으로 발표되었다. 27일에 이를 반대하여 이타가키와 시마즈가 사직하고 정부에서 물러갔다. 그러나 기도의 유임으로 사쓰마파와 조슈파간의 제휴는 유지되었고, 비주류인 도사파의 영수인 이타가키와 유명무실한 존재에 가까웠던 시마즈의 하야는 정부에 큰 영향을 미치지는 못하였다.[55)]

여기서 지적되어야 할 것은 이타가키나 시마즈도 조선에 대한 무력행사 자체를 반대한 것은 아니었다는 사실이다. 이타가키는 정한논쟁에서 사이고와 함께 정한론을 주장한 사람이다. 대외위기를 극복하자면 정부의 기강을 확립해야 하고, 그리하자면 내각개혁을 단행해야 한다는 것이 그의 주장이었다. 그가 항의한 것은 조선에 대한 군사적 도발 자체가 아니라 불과 2년 전에 정한론을 반대하고 자기들을 정부에서 축출하였던 오쿠보 일파가 강화도사건을 조작·도발한 다음, 이를 국내 정치개혁의 공약을 폐기하는 구실로 이용한 교묘한 계략이었다.

위에서 언급한 바와 같이 기도는 10월 5일의 상소문에서 조선과의 담판을 담당할 것을 자원한 다음, 그후 누차 산죠 사네토미에 대하여 정식으로 자기를 견한(遣韓)전권대사로 임명해 줄 것을 촉구하였다. 그러나 오쿠보 일파는 국내 정치적 난국을 이유로 응하지 않고 내각개혁 연기문제와 이를 둘러싼 정부내 분쟁해결에만 주력하였다. 10월 말에 가서 이 문제가 해결되고 이타가키와 시마즈의 사직으로 정부분열의 위기도 해소된 후에야 비로소 조선사태 처리에 나섰다.

그리하여 11월에 가서 일본정부는 기도의 자천을 받아들여 그를 전권대사로 임명하기로 내정하였다. 그런데 11월 13일 기도는 갑자기 뇌일혈로 쓰러져 조기의 건강회복이 불가능하게 되자 대사임명을 사퇴하지 않을 수 없게 되었다. 그 결과 12월 초에 가서 사쓰마번 출신 육군중장 겸 참의 구로다 기요타가(黒田淸隆)를 견한전권대사로, 조슈번 출신 전 대장대보 이노우에 가오루(井上馨)를 전권부사로 임명하여 사쓰마·조슈 양파간에 균형을 취하였다.[56]

55) 강화도사건과 관련한 기도 다카요시와 이타가키 다이스케의 거취에 관하여는 多田 編, 『岩倉公實記』, 권3, 275~293쪽과 彭澤周, 앞의 책, 149~181쪽 참조.

56) 田保橋潔, 앞의 책, 413~423쪽.

VII. 한일 국교조정과 중국

1. 운양호사건과 청일교섭

이에 앞서 10월 초에 기도 다카요시는 조선사태 처리와 관련하여 청한 종속관계를 중시하여 먼저 청조에 대해 종주국으로서의 책임을 묻고 청조가 조선정부의 행동에 대해 책임지는 것을 거절할 때 비로소 일본이 조선에 대해 자유행동을 취할 수 있을 것이라는 의견을 제출하였다. 일본정부는 기도의 의견에 따라 조선에 전권대표를 파견하기에 앞서 중국에 공사를 파견하기로 결정하고 11월 10일에 외무소보(外務少輔) 모리 아리노리(森有禮)를 주청공사로 임명하였다.[57]

모리는 11월 24일 도쿄를 떠나 다음해 1월 5일 북경에 도착하였다. 그는 1월 10일에 총리아문을 방문하여 군기대신 겸 병부상서 심계분(沈桂芬)을 비롯한 여러 대신과 회견하고 한일관계의 정돈과 강화도사건에 관한 짧은 각서를 수교하였다. 이 각서에서 모리는 강화도사건으로 일본국내 여론이 비등하였으나 일본정부는 평화적 해결을 원하고 있으며, 조선에 파견될 전권대표를 군함으로 호송할 것이나 이는 사신들을 호위하기 위한 부득이한 조치라고 설명하였다. 이어 그는 조선정부가 일본사신을 예로 대우하고 그 요구를 거절하지 않으면 한일 양국간의 평화는 길이 보전될 것이나, 그렇지 않으면 "한인들은 헤아리지 못할 화를 자초할 것이라"고 경고하였다.

이어서 총리아문과 모리는 여러 차례에 걸쳐 청한 종속관계, 특히 조선에 대한 청조의 권한과 책임에 관하여 면담 또는 서신을 통하여 논의하였다. 즉 총리아문은 조선은 중국의 속방이나 정교 금령은 그 자주에 맡기고 외교도 그 자유에 맡겨 관계하지 않는다고 설명하였

---

57) 田保橋潔, 위의 책, 521~530쪽.

다. 이에 대해 모리는 조선이 내외정에서 완전히 자주권을 행사하는 한 그 정체 여하를 막론하고 독립자주국이며 이에 대하여 청국은 절대로 간섭할 수 없다고 주장하였다.

강화도사건에 관해 총리아문은 중국은 원래 조선의 정사에 간여하지 않지만 그 안전을 '절망(切望)'하지 않을 수 없다고 전제하고, 조선이 타국을 침범한 것도 아니고 타국과 '왕래'하면서 유독 일본과의 왕래만을 거절한 것도 아니니 하등의 잘못이 없다는 것을 지적하였다. 이어 일본정부가 조선에 대해 무력을 행사하지 않고 상호교섭을 통하여 합의를 이루도록 하여 청일수호조규 제1조의 '양국 소속방토(所屬邦土) 불상침월(不相侵越)'의 조항을 준수할 것을 요망하였다. 이에 대하여 모리는 조선이 중국의 속방이라는 것은 공명에 지나지 않으며, 청일수호조규는 조선과 일본간의 문제와 하등의 관계가 없다고 반박하였다.[58]

총리아문과 모리 사이의 교섭이 요령부득으로 분명한 결론을 얻지 못하였다. 그러자 모리는 당시 청조 외교의 제일인자인 직예총독 겸 북양통상대신 이홍장과의 회단을 요청하였다. 총리아문도 청일수호조규 제1조의 의의를 동 조약 체결의 중국측 책임자였던 이홍장이 모리에게 설명하여 납득시켜 줄 것을 기대하였다. 이리하여 1월 24일 모리는 서기관 정영녕(鄭永寧)을 대동하고 보정부(保定府)에 있는 직예총독아문으로 이홍장을 방문하여 회담하였다.

회담 벽두에 이홍장은 청일수호조규 제1조 중의 '소속방토' 중 '방'은 중국의 경우에 조선외의 각 속방을 말하고 '토'는 중국본토 각 성을 말한다고 풀이하였으나, 모리와 정영녕은 이와 같은 해석에 승복하지 않았다. 모리가 운양호에 대한 조선측의 포격을 불법행위라고 비난하자, 이홍장은 조선영해를 침범한 것은 운양호의 책임이며, 더구나 영종진(永宗鎭)에 대한 공격은 가장 비우호적인 불법행위라고

58) 총리아문과 모리 공사간의 교섭에 관하여는 田保橋潔, 위의 책, 529~536쪽 참조.

반박하였다. 다음 총리아문에 권고하여 동 아문으로 하여금 조선정부를 계칙하여 일본의 요구를 수락하도록 하여 줄 것을 모리가 요청하였다. 그러자 이홍장은 청조가 일본을 위하여 조선정부에 그런 권유를 하면 앞으로 서방 제국도 청조에 대하여 같은 요구를 하게 될 것이고, 그렇게 되면 청조는 조선정부를 설득시킬 수 없게 될 것이라 하며 거절하였다. 청조가 중개를 하지 않으면 한일간의 개전은 불가피할 것이라고 모리가 언급하자, 이홍장은 일본이 조선을 침략하면, 청조는 결코 좌시하지 않을 것이며, 러시아도 조선에 출병할 것이라고 명언한 다음, 편지에 "한갓 화기(和氣)를 해쳐서는 추호도 이익이 없다(徒傷和氣毫無利益)"라는 여덟 자를 쓰고 그 밑에 '충고'라는 두 자를 부서하여 모리에게 보였다.[59]

이홍장과 모리의 보정회담(保定會談)에서 일본측의 한일분쟁에 대한 청조의 거중조정 요청은 거절되었다. 그러나 그 회담내용은 조선문제에 관한 청일 양국의 상이한 태도와 입장이 분명하게 되었다는 점에서 매우 유용한 것이었다. 즉 청조 당국자들은 청한 종속관계를 전통적인 화이질서 테두리 안에서 해석하여 청조는 속방인 조선에 대해 내외정에서 완전한 자주를 허용하고 관섭하지 않으나, 조선의 영토보전에 대하여는 종주국으로서 도의적 책임이 있다는 입장을 강조하였다. 따라서 청일수호조규의 상호영토 불가침조항은 조선에 적응된다고 주장하였다. 반대로 일본측은 조선에 대한 청조의 종주권은 서구식 국제법상 시대착오적이고 유명무실한 것이므로 조선은 독립자주국이며, 청일간의 조약은 조선에 적용될 수 없다고 주장하였다. 또 실지로 일본이 강화도사건을 구실로 조선에 대하여 침략적 군사행동을 취하면 청조도 반드시 조선에 출병할 것이라는 것이 분명하게

---

59) 이홍장과 모리 공사간의 회담에 관한 중국측과 일본측의 기록은 李鴻章, 『李文忠公全書:譯署函稿』, 권4, 南京, 1908, 33~38쪽; 『淸季中日韓關係史料』, 제2권, 臺北 中央硏究院 近代史硏究所, 1972, 282~288쪽과 『日本外交文書』, 제12권, 170~181쪽을 각각 참조.

되었다.

이상과 같은 이유로 1월 27일 북경으로 돌아온 모리는 청한 종속관계에 관한 무의미한 논쟁을 계속하지 않기로 결심하였다. 2월 초순에 그는 일본정부의 견해와 주장을 일방적으로 천명하는 조회를 총리아문에 보내고 이에 관한 교섭을 종결시켰다.

위에서 본 바와 같이 이홍장은 모리의 주장과 요구를 거절했으나, 한일간의 평화유지를 위한 모리의 거듭된 요청에 대해 자신이 할 수 있는 것을 생각해 보겠다고 약속한 바가 있다. 사실 모리에게는 말하지 않았으나 이때 이미 총리아문과 이홍장은 각각 조선정부 당국자들에 대해 일본에 유화적인 태도를 취할 것을 종용하고 있었다.

모리공사가 보정부에 찾아오기 약 2주전인 1월 9일에 이홍장은 뜻밖에 직예성 영평부(永平府) 지부(知府) 유지개(游智開)를 통하여 전 조선 영의정 이유원의 편지를 받았다. 이유원은 고종의 어린 세자 척(坧)의 책봉을 받기 위한 주청사로 그 전 해인 1875년 말에 북경을 방문하였다. 그는 중국에 체재하는 동안 당대의 대정치가이며 외교의 제일인사로 명성이 자자하던 이홍장을 만나 당시 조선정부가 직면하고 있던 어려운 외교문제에 관하여 지도와 조언을 구하고자 하였다. 그러나 뜻을 이루지 못하고 귀국하던 도중 영평부를 지날 때 이홍장과 친분이 있던 유지개의 소개로 편지를 탁송하게 되었다. 그의 편지는 일절 국사에 관한 언급이 없는 정중한 문안 편지였고, 그의 진의는 유지개에 의해 간접적으로 이홍장에게 전달되었다고 한다. 여하튼 이홍장은 다음날 10일에 답을 보냈다.

이 답서에서 이홍장은 근래 한일관계가 어떻게 되고 있는가를 물은 다음, 지금은 중국이나 조선이 결코 폐관자수(閉關自守)하고 있을 수 없는 시대라고 강조하고, 자기가 매년 천진에서 수륙의 병원(兵員)을 파견하여 조선 해역을 순찰하고 그 '안도여상(安堵如常)'함을 알아보고 있다고 하였다.[60] 또 모리공사가 찾아오기 수일 전인 1월 19일에 이홍장은 총리아문에 서신을 보내 청일수호조규만으로 조선에 대한 일본의 침략을 방지할 수 없을 것이라고 말하였다. 아울러 그는 조선정부에 대해 일본을 친절과 관용으로 대하고, 일본에 사절을 파견하여 강화도사건에 관한 설명을 하도록 권고하라고 진언하였다. 그는 이유원의 서한을 말하고 조선정부가 이와 같은 권고를 반드시 받아들일 것이라고 자신 있게 부언하였다.61)

이홍장이 서신을 발송한 바로 그날 북경의 예부는 총리아문의 요청에 따라 그 달 10일부터 14일 사이에 있었던 청일교섭의 대요를 통고하고 청조 당국의 의향을 전달하였다. 그리하여 일본에 대하여 과격한 대응을 삼갈 것을 권유하는 자문이 서울에 도착한 것은 강화도에서 한일담판이 시작되기 6일 전인 2월 5일이었다.62)

한편 이유원은 이에 앞서 1월 12일에 서울에 귀환했는데, 상술한 이홍장의 회신을 받은 것은 2월 중순이었으리라고 추측된다. 또 그는 귀로에 성경장군(盛京將軍) 숭실(崇實)과도 면담하였다. 이때 숭실은 일본이 근래 구제를 버리고 서법을 배워 그 '화포의 예리함'을 스스로 믿고 있는데, 조선이 과연 이를 막아낼 준비나 계획이 있는가를 물어 암암리에 무모한 배일정책을 계칙하였다. 이유원은 조선 조야가 너무 강경한 태도와 비타협적인 대응으로 일본과 전쟁을 일으킬까 우려하고 있던 청조당국의 분위기를 고종과 묘당에 충분히 전했을 것으로 생각된다.63)

위에서 본 바와 같이 1875년 9월에 발생한 강화도사건에서 다음해 1876년 2월 말에 체결된 강화도조약에 이르는 과정에서 청조 정부는 중요하고 긍정적인 영향력을 행사하였다. 대만문제와 사할린문제를 해결한 다음, 조선문제 해결을 위하여 자신만만하게 포함외교를 전개한 일본정부도 조선에 대한 청조의 태도를 항상 주의하고 그 자체의

60) 田保橋潔, 앞의 책, 551~553쪽.

61) 『李文忠公全書:譯署函稿』, 권4, 30~32쪽.

62) 『清季中日韓關係史料』, 제2권, 270~271쪽.

63) 『日省錄』, 1875년 12월 16일조.

행동을 자제하였다. 한편 대원군의 철저한 배일정책을 청산하고, 거센 국내 보수세력의 반대를 무릅쓰고 일본에 대한 타협정책을 추구하려던 조선정부는 종주국 청조의 태도와 저지에서 크게 자신을 얻었을 것이라고 생각된다.

2. 강화도회담과 조선의 정치상황

앞에서 본 바와 같이 강화도사건을 도발한 일본정부는 이를 국내 정치적 목적에 이용하는데 분주하였다. 그리하여 사건 발생 후 2개월 반 이상이 경과한 12월 중순에 가서 사후처리를 위해 조선에 파견될 전권대표단의 구성이 완료되었다.

전권대사 구로다 기요타가와 부사 이노우에 가오루에 내려진 일본 정부의 훈령은 대표단의 사명이 평화적인 것과 운양호사건에 대한 책임은 전적으로 조선정부에 있으니 이에 대한 응당의 배상을 받아야 한다는 것을 강조하라는 것이었다. 그러나 사건 발생 이후 부산거류 일본인에 대한 대우가 전과 다름없으며, 조선정부가 일본과의 관계 단절을 선언한 바도 없었음을 고려하여, 만일 조선정부가 수호조약의 체결과 무역 확장을 포함한 일본의 요구를 수락하면, 이것을 사건에 대한 충분한 '사과'와 '배상'으로 인정한다는 것이었다. 다음, 조선과 새로운 국교를 수립함에 있어서 과거 도쿠가와막부의 구례에 구애됨이 없이, ① 한일 양국의 대등조건으로 수호조약을 체결하고 ② 부산과 강화도 또는 서울 부근에 무역항을 개설하며 ③ 일본군함과 상선에 대해 조선영해 내에서 항행과 측량의 자유를 확보하라는 것이었다.

담판 진행방법에 관하여 조선측이 ① 전권대표에 모욕이나 폭행을 가할 경우에는 적절한 방위수단을 취한 다음, 대마도로 물러나 동경에 보고하고 훈령을 기다릴 것, ② 폭행은 가하지 않으나 교섭을 거절할 경우에는 상대방의 무성의를 책하고 조선 영토 내에 머물면서 도쿄에 청훈(請訓)하고 훈령을 기다릴 것, ③ 청한 종속관계를 빙자하여 일본측의 요구에 대한 회담을 지연시킬 경우에는 중국의 회답이 도착할 때까지 서울과 강화도에 병력을 주둔시키는 권리를 주장할 것, 그리고 ④ 자국측의 주장을 고집하여 일본의 요구에 응하지 않을 경우에는 상대방에 대해 장차 엄중한 조치가 있을 것이라 경고한 다음 신속히 귀국할 것 등을 추가적으로 훈령하였다.[64)]

이상과 같이 대표단의 기본사명은 평화적이었으나 일본정부는 이 평화적 사명을 달성하는 방법으로 강력한 해군력에 의한 시위와 위협, 즉 서구식 포함외교 수법을 택하였다. 그래서 당시 일본해군이 동원할 수 있는 모든 함선을 모아 편성한 함대가 군함 3척과 경무장한 수송선 3척이었다. 정부(正副) 전권대표와 수원(隨員), 그리고 210여명의 해병의장대를 포함한 800여명의 인원이 분승한 다음 1876년 1월 13일 대마도에 집결하여 이틀 후 부산에 입항하였다.[65)]

이에 앞서 강화도사건이 발생한 후 근 3개월에 걸쳐 일본정부의 침묵이 계속되자, 조선정부 당국자들은 초조와 불안을 금할 수 없었다. 이와 같은 상황에서 판중추부사 박규수(朴珪壽)는 서울 근교에 은거하고 있던 대원군에게 일대 용단으로 시국타개에 앞장서 줄 것을 간청한 바가 있었다. 이러한 가운데서 문제가 된 일본외무성 공한의 접수여부를 재검토하기 시작하였다. 12월 12일 좌의정 이최응이 이에 관한 계본을 올렸다. 그 내용은 일본서계 중 부당한 자구는 일본이 스스로를 높여 사용한 것에 불과하며 조선의 위신을 손상함은 없으니 일단 수납한 다음 물리칠 것은 물리치자는 것이었다. 이는 사실상 일본서계를 무수정 수납하자는 것과 다름이 없었다. 고종이 재가하고, 동래부사 홍우창(洪祐昌)에게 이 뜻을 일본공관에 전달하라고 명하였다.[66)]

이와 때를 같이하여 전권대표단 파견을 조선정부에 통고하기 위하

---

64) 田保橋潔, 앞의 책, 422~429쪽

65) 田保橋潔, 위의 책, 434~435쪽.

66) 『日省錄』, 1875년 11월 15일조.

여 히로츠 히로노부(廣津弘信)가 부산에 도착하였다. 그는 12월 19일 현석운(玄昔運)을 만나 일본특권 전권대신이 강화만을 경유하여 서울에 들어갈 것이라고 통고하였다. 22일 현석운은 일본공관으로 히로츠를 방문하여 조선정부가 일본 외무경의 서한을 수납하기로 결정했음을 전하고, 일본 전권대표단이 강화도로 가는 것을 중지해 달라고 요청하였다. 히로츠는 이를 양해하고 대마도에 가서 대표단의 도착을 기다려 구로다・이노우에 양 대표에게 전하였다. 그러나 이미 때는 늦어 조선정부의 전면적 양보도 소용이 없었다.[67] 일본대표단은 예정대로 1월 15일 부산으로 가서, 약 일주일 후 그곳을 떠나 1월 말에 인천・남양 앞바다에 나타났다. 일본 전권대표단이 강력한 함대를 이끌고 도착하자 조선정부는 부득이 교섭하기로 결정하고, 1월 30일 판중추부사 신헌(申櫶)을 전권대신으로, 예조판서 윤자승(尹滋承)을 전권부대신으로 임명하여 교섭을 담당하도록 하였다. 양 대신은 2월 5일 강화부에 도착하였다. 회담 장소와 절차 등을 결정하기 위한 예비교섭에서 조선측은 일본대표단의 강화부 진입을 원치 않고 양측 대표가 초지진에서 회담할 것을 제안했으나, 일본측은 강화읍 관아에서 회상(會商)할 것을 요구하였다. 결국 2월 10일 일본대표단은 호위병 400명을 이끌고 강화부에 입성하였다. 다음날 양국 전권대표들은 강화부 연무당(練武堂)에 회동하여 정식회담을 시작하였다.[68]

일본 전권대신 구로다는 먼저 일본정부가 왕정복고 이후 수 차에 걸쳐 사신과 서계를 보내어 양국간의 국교를 조정하려고 했음에도 불구하고 조선이 거절한 이유가 무엇이며, 근자에는 운양호에 대한 불법포격까지 가했으니, 과연 이것이 교린의 도리인가 라고 문책하고 사과를 요구하였다. 신헌 전권대신은 일본이 보낸 사원(使員)이나 서계에 구례에 위배되는 것이 많아서 변신(邊臣)이 수납하는 것을 거절했음은 부득이한 일이었다고 답하였다. 특히 1867년에 야도 쥰슈쿠

67) 田保橋潔, 앞의 책, 407~409쪽.

68) 田保橋潔, 위의 책, 445~454쪽.

(八戶順叔)라는 일본인이 조선국왕은 5년 만에 일차씩 에도(江戶)에 입공하여 大君(將軍)을 '배알'하는 것이 고례인데, 이를 폐한지 오래되어 도쿠가와막부가 조선에 파병하여 문죄하기로 하였다는 터무니없는 말을 상해, 홍콩 등지의 중국신문에 유포시켰던 사실을 상기시킨 다음, 이것이 조선정부가 일본 서계를 거절한 큰 '한유(恨由)'의 하나였다고 답하였다. 또 운양호사건은 운양호가 예고 없이 돌연 근기(近畿) 수역을 침입하자 변장(邊將)이 발포한 것은 부득이한 조치였다고 말하고, 사건에 관련된 장수들의 처벌을 요구하는 일본측의 주장을 거절하였다.

쌍방간에 의논이 오가는 중 일본측은 양국간의 우의를 친밀히 하고 다시 외교가 단절되는 것을 방지하기 위해서는 조약을 맺는 것이 최선의 방법이라고 말하고 전문 13조로 된 한일조약 초안을 제출하였다. 조선측에서 조약이라는 것이 무엇이냐고 묻자, 일본측은 그것은 두 나라가 국제간의 '통의(通義)'에 의거하여 항구를 개방하고 서로 무역을 하기 위한 약정이라고 설명하였다. 조선측은 한일 양국은 조약 없이 300년 동안 상호 무역하여 왔는데, 왜 지금 갑자기 조약이 필요한가 라고 반문하고, 조선은 가난한 나라이고 그 백성들은 새 법을 좋아하지 않으니, 양국간의 무역이 확대되면 여러 가지 문제가 발생할 것이며, 일본에는 별로 이익이 없을 것이나 조선은 손실이 클 것이니, 구례에 따라 부산에서 교역하는 것만 같지 못하다고 주장하였다. 그러나 일본측이 상호교역을 하는 국가들이 조약을 맺는 것은 국제적 관행이라며 체약을 고집하자, 조선측은 조약초안을 서울에 전달하여 그 수락여부를 10일 내에 회답하겠다고 하였다.[69] 이와 같이 당시 조선정부는 근대적 국제관계에 관한 지식이 완전히 결여되고 있었으며, 강화도 회담에 파견된 전권대표들도 전권대표라고 하기 보다는 접견대신에 지나지 못하였던 것이 사실이다.

69) 田保橋潔, 위의 책, 455~465쪽.

한편 조선조정에서는 영돈녕부사 김병학(金炳學), 영중추부사 이유원, 판중추부사 홍순목(洪淳穆)과 박규수, 영의정 이최응, 우의정 김병국(金炳國) 등 시원임 대신들이 연일 회동하여 대일정책을 토의하고 있었다. 이들은 모두 일본의 태도와 행동으로 보아 그 목적은 수호에 있는 것이 아니라 전쟁을 도발하는데 있다고 비난하였다. 허나 누구도 구체적인 대응책을 제시하지 못하였다. 유독 박규수만이 일본의 위협적인 인사와 행동에 통분을 금하지 못하면서도 조선은 나라가 가난하고 군대가 약하여 일본에 적대할 수 없는데 일본이 수호를 자칭하고 있으니, 일본과 협조하는 것이 현명하다고 주장하였다.

일본측 조약초안은 2월 15일 서울에 전달되었는데, 이를 검토한 묘당은 부분적으로 수정하여 수락하기로 결정하였다. 즉 조약 전문(前文)에 있는 '대일본황제폐하'와 '조선국왕폐하' 등은 평등의 원칙에 배치되니 삭제하고 양국 국호만 명기하기로 하고, 일본측이 요구하는 소위 사죄문은 양국간에 끊어진 구의(舊誼)를 다시 잇는다는 의미에서 서계를 보낼 수 있으나 사과문은 보낼 수 없다는 것이었다. 조선정부는 2월 18일 조약초안은 계속 심의하고 있으나, 일본과의 수호아 통상에는 원칙적으로 동의한다는 훈령을 강화도 전권대신들에 보냈다.[70)]

한편 비록 강화도회담은 평화롭게 진행되고 있었으나 경향 각지의 물정은 소연하였다. 일본군함들이 주야로 강화·인천해역을 항행하며 시위와 측량활동을 계속하여 이 지방인심을 불안케 하였으며, 정부의 대일화평설이 전해지자 대원군과 유생들이 궐기하였다. 2월 12일 운현궁에 돌아와서 사태의 추이를 주목하고 있던 대원군은 의정부의 여러 대신에게 서한을 보내 정부의 대일약체외교를 통렬히 비난하였다. 그는 5백년 종사가 무너지게 되면 자기의 죄이니 어찌 보고만 있겠는가 라고 전제하고, 일본의 기만술책을 받아들이면 스스로 멸망

70) 『日省錄』, 1876년 1월 20일·25일·29일조.

의 길을 취하는 것이라고 극언한 다음, 일본 서계를 받고 안받는 것은 묘당에 있으나, 국가를 보전하느냐 않느냐는 자기 일인에 있으니 가동을 이끌고 순국하겠다고 극언하였다.71)

대원군과는 별도로 불과 2년여 전에 그를 탄핵하여 실각케 한 최익현(崔益鉉)은 2월 17일 조정 신하 중에 일본과 화의를 주장하여 매국을 하는 자는 극형으로 다스리라는 격렬한 상소를 승정원에 전하였다. 또한 홍재구(洪在龜)·유기일(柳基一)·유인석(柳麟錫) 등 50명의 유생들이 경복궁 광화문 앞에서 철야 결사 항의하였다. 이에 경악한 정부는 최익현을 의금부에 투옥하였다가 흑산도에 위리안치하였다. 그러나 그의 행동을 따르는 자가 속출하고 도성의 인심은 더욱 불안에 빠졌다.72)

이와 같은 상황 하에서 고종과 묘당이 일본의 요구를 수락하기로 결정한 배후에는 이미 언급한 종주국 청조의 지지가 있었음을 간과할 수 없다. 강화도에 한일담판이 진행되고 있었을 때 북경에서 세자책봉 정부사 길화(吉和)와 희숭아(喜崇阿)가 서울에 도착하였다. 양 칙사는 이미 의주에서 강화도사태에 관하여 영접사에 문의한 바가 있었다. 2월 17일 고종이 모화관에서 이들을 예방했을 때 사신접견 장소에서 국사를 논하는 것을 피하는 관례를 깨뜨리고 한일분쟁에 관한 총리아문의 충고에 대한 사의를 표하였다. 이에 양사는 이 문제에 대한 그들의 깊은 염려를 표명하고 일본과 분쟁을 키우지 말도록 당부하였다.73) 이틀 후에 이들이 서울을 떠나는 것과 동시에 정부는 강화도 전권대신들에게 최종훈령을 내리고 앞으로 사소한 것은 일일이 청훈할 필요 없이 적절히 처리하라고 하였다. 그 후 1주 안에 조일간에 수호조약이 조인되었다.

---

71) 田保橋潔, 앞의 책, 509~510쪽.

72) 『日省錄』, 1876년 1월 23일·27일·28일·30일조.

73) 위의 책, 정월 23일조: 彭澤周, 앞의 책, 69~70쪽.

Ⅷ. 조일수호조규의 내용

일본측이 제출한 초안에 의거하여 양측 대표들의 토론을 거쳐 1876년 2월 27일 강화도에서 조인된 한일수호조규의 주요한 내용은 다음과 같다.74)

첫째 조약전문에는 이미 언급한 바와 같이 초안에는 '대일본국황제폐하'와 '조선국왕전하'가 병기되어 있었다. 그러나 이는 평등원칙에 어긋난다는 조선측의 주장대로 '대일본국정부'와 '대조선국정부'로 대체되었다.

제1조는 "조선국은 자주의 나라로 일본국과 더불어 평등한 권리를 보유"하며 양국은 "피차 동등한 예의로 상대"한다고 선언하였는데, 이에 관하여는 한일 양국과 청조가 각각 견해를 달리하여 후일 오랫동안 논쟁점이 되었다. 즉 이 조항은 청한 종속관계를 의식한 일본정부가 이미 중국과 동등한 지위를 조약으로 확인한 완전한 독립국인 일본과 조선의 지위가 동등하다는 것을 선언함으로써 조선에 대한 청조의 종주권을 부인하고, 장래 조일간의 문제에 청조가 간섭하는 것을 배제할 의도로 설정하였던 것이다. 한편 조선정부와 청조당국은 조선은 중국의 속방이나 내정과 외교에서 완전한 자주권을 행사하여 온 사실에 비추어 이를 자명한 사실로 인정한 것이다. 제1조에는 "종전에 교정(交情)을 저해하는 근심이 되었던 여러 규례는 일체 제거"한다고 하였다. 이는 과거 대마도가 한일관계의 중개사무를 관장하였을 때 만들어진 구례나 관례는 일절 폐기하자는 것으로 양국이 다같이 동의한 것이었다.

제2조는 초안에 일본국 사신은 조선국의 "병권대신(秉權大臣)과 친히 접하여 교제사무를 상의할 수" 있으나, 조선국 사신은 이보다 격이

74) 한일수호조규 전문과 이에 관한 논평은 田保橋潔, 앞의 책, 481~507쪽 참조.

낮은 “외무성 고위 관리들과 친히 접할 수” 있게 되어 있었다. 그런데 이 역시 평등원칙에 배치됨으로 일본국 사신은 조선의 예조판서, 조선국 사신은 일본의 외무경과 교제사무를 상의할 수 있는 것으로 수정되었다. 또 이 조에는 양국사신이 각각 상대방 수도에 갈 수 있고 그 ‘주류(駐留)의 구잠(久暫)’은 다같이 ‘시의(時宜)에 맡긴다’고 되어 있었다. 일본측은 이것을 사절의 상주권으로 해석하였으나, 동아시아의 의례외교의 전통에서 아직 벗어나지 못한 조선측은 사절 상주권의 필요를 인정하지 않아서 이 역시 후일 양국간에 쟁점이 되었다.

다음 제4조와 제5조에는 조선은 구례에 따라 부산항을 계속 개방하고, 새로 경기·충청·경상·전라·함경 5도 중 편리한 항구를 2개소 선택하여 20개월 이내로 일본상인들에 개방한다고 되어 있었다. 이는 분명히 조선에 불리한 편무적인 불평등조항이었다. 또 제7조에도 조선 연해를 항행하는 일본선박들에 “수시로 해안을 측량하고, 그 위치와 깊고 얕음을 조사하여 도지(圖志)를 제작하는 것”을 허용한다고 되어 있었는데, 이와 같은 상대방 영해내에서의 항행과 측량의 자유도 일본만이 일방적으로 확보한 특권이었다.

제8조는 일본정부가 조선 국내 개항장에 영사를 상주시키는 권리를 확보한 조항이었는데, 조선측은 이에 무조건 동의하였다. 이는 과거 대마도주가 임명한 관수(館守)가 왜관에 상주하였던 전례가 있었기 때문이다. 그러나 조선정부가 일본에 외교대표만을 주차시킬 수 있고 영사를 주재시킬 수 없다는 것은 조선측의 대일무역에 대한 무관심과 국제통상 관행에 관한 무지를 이용한 일본측의 의도를 보여준 편무적 불평등조항이었다. 제9항도 역시 무역에 관한 조항이었는데, 이것이 정부의 부당 또는 불필요한 간섭 없이 상인들이 임의로 하는 사무역으로 된 점에 근대적 의의가 있었다.

제10조는 일본이 조선에서 일방적으로 영사재판권을 확보한 전형적인 편무적 불평등조항이었다. 즉 조선 국내에서 일본국민이 범법행위를 할 때는 자국영사에 의해 재판을 받는다는 것이었다. 조선측은

이것도 무조건 수락하였는데, 그 이유는 과거 대마도인이 왜관에서 범법행위를 했을 때 일체 관수의 처단에 일임한 까닭이었다. 그러나 당시 불평등조약에 따라 서방 제국이 일본에서 일방적으로 영사재판권을 행사하는 것을 일본 조야가 비난하고 그 철폐를 요구하고 있으면서도, 조선에 대해 일방적으로 이를 강요한 사실은 일본정부의 탈아외교의 본질과 목적을 여실히 보여준 것이었다. 앞서 본 바와 같이 일본정부는 1871년에 체결된 청일수호조규에 포함된 쌍무적인 영사재판권을 일본만이 행사할 수 있는 편무적인 것으로 수정하려고 시도하였으나 거절당한 바가 있었다.

끝으로 초안에는 일본에 대한 최혜국대우를 보장하는 조항이 포함되어 있었다. 조선정부는 장래 일본 이외의 어느 외국과도 조약을 체결하고 통상을 할 의사가 없음을 명언하고 이 조항의 삭제를 요구하자 일본측도 동의하였다. 당시 일본정부가 중국으로부터 최혜국대우를 획득하려고 몹시 애를 쓰고 있었던 사실을 고려하면, 일본측이 조선측의 요구를 순순히 받아들인 배후에는 조선이 일본 외에 어느 나라와도 외교나 통상관계를 맺는 것을 원치 않았던 일본정부의 이도가 숨어 있었던 것 같다.

이상 설명한 조약 본문과는 별도로 조선정부가 정식 항해증이 없는 일본선박의 도래, 제3국인의 일본명의 사용, 그리고 아편과 기독교 서적 반입 등을 금지하는데 동의하는 일본측의 각서가 대표단 수원 명의로 조선측에 수교되었다.75)

75) 田保橋潔, 위의 책, 491~494쪽.

IX. 맺음말

근대이전의 한국과 일본은 다같이 중국을 중심으로 발달한 동아시아 한문문화권에 속한 이웃나라이며 동문(同文)의 나라였다. 양국은 모두 고대 중국문화를 도입하여 각자의 문화·정치·사회 각 분야의 문물제도를 발전시켰다. 또한 양국은 중국의 영도하에 형성된 동아시아 세계질서에 편입되었으며, 이 질서를 유지하기 위한 중국의 조공체제가 성립되자 참가하였다.

그러나 이와 같은 중국문화의 수용과 도입의 과정에 있어서 양국은 그 태도와 행동에서 뚜렷한 차이를 보여주었다. 한국은 중국문화에 대해 처음부터 적극적인 수용자세를 꾸준히 유지하였으며, 이를 인방(隣邦) 일본에 전파하는 역사적 역할까지 수행하였다. 일본은 대륙문화를 한국을 통하여 도입하였던 초기는 물론, 그후 직접 대륙과 교섭을 갖게 된 다음에도 중국과의 관계에서 항상 일정한 거리를 두고 단속적으로 유지하였다.

7세기 초 화이질서가 당왕조의 영도하에 동아시아 전역에 걸쳐 형성되었다. 이때 한반도 3국은 당의 책봉을 받고 당왕조와 정식으로 종속관계를 맺고 문화·정치·사회 각 분야에서 중국과 밀접한 교섭을 가졌다. 일본도 이른바 견당사를 파견했으나, 중일 양국간의 관계는 외교적 의례에 불과했으며, 실질적인 종속관계는 아니었다. 그후 통일신라와 고려는 중국의 여러 왕조와 계속 공식적인 관계를 유지했으나, 일본은 9세기 중엽에 중국과 공식적 관계를 단절하고 15세기 초두까지 정식적인 국교를 갖지 않았다.[76)]

14세기 후반에 중국에서 명왕조가 등장하고 동아시아에서 화이질서가 재건된 후 15세기 초두에 한국과 일본은 함께 명의 책봉을 받고

76) 李則芬,『中日關係史』, 臺灣: 中華書局, 1982, 108쪽.

종속관계를 맺었다. 그러나 내용에 있어서는 큰 차이가 있었다. 명조의 등장에 자극을 받고 일어난 한국의 신왕조 조선은 명과 종속관계를 맺고 모든 분야에서 중국의 문물제도를 도입하여 전형적인 유교국가를 건설하고, 재건된 동아시아 화이질서의 일익을 담당하는데 있어 적극적인 태도와 자세를 보였다. 일본의 경우에는 비록 사상 처음으로 중국과 정식으로 종속관계를 맺었으나, 명에 의하여 일본국왕으로 책봉된 아시카가장군(足利將軍)은 일본의 정통적인 군주는 아니었다. 즉 이원적 원수제하에서 그는 일본천황의 신하로 남아 있었으며, 일본국왕으로서의 지위와 권위는 천황의 조정과 왕정귀족들에 의해 인정되지 않았다. 이와 같은 파행적이고 비정상적인 중일관계도 16세기 후반에 가서 완전히 소멸되고 말았다.

이와 같은 역사적 경험을 통해 한국은 문화적으로 중국과 거의 동질적인 유교사회가 되었고, 동아시아 화이질서의 전형적인 일원이 되었으며, 정치·외교적으로 중국과 밀접한 일체감과 관계를 유지하였다. 그러나 일본은 문화적으로 중한 양국과 동문관계에 있었으나 주로 유교사회로 남아 있었으며, 동아시아 화이질서내에서 별격 또는 예외적 존재로 자처하였고, 정치외교적으로 중국에서 완전히 독립된 국가가 되었다. 그 결과 문화적으로 한국이 일본에 대해 우월감을 갖게 되었고, 정치·외교적으로 일본이 한국에 대해 우월감을 갖게 되었다. 이와 같은 한일 양국간의 문화적·정치적 차이가 일본의 침략적 야망과 군사적 행동으로 표출된 것이 바로 16세기 말에 일어난 임진왜란이었다고 하겠다. 임진왜란은 일본의 한국에 대한 침략이었을 뿐만 아니라, 동아시아 세계에서 중국의 전통적 지위와 권위에 대한 정면적 도전이었다. 한일 양국간의 문화적·이념적 차이는 임진왜란으로 말미암아 더욱 커졌고, 중국에 대한 한국의 일체감은 더욱 밀접하게 되었으며, 일본에 대한 한국의 불신과 위화감은 거의 절대적인 것으로 되었다. 근 4백년 후에 한일 양국간에 국교조정문제를 둘러싸고 일어난 태도와 견해의 차이나 대립은 바로 이와 같은 역사적 경험에서 유래한 것이었다.

동아시아 세계에서의 일본별격론은 도쿠가와정권하의 쇄국기에 일본신국설과 천황숭배사상의 대두와 함께 더욱 편협하고 왜곡된 한삼국(韓三國) 일본입공설(日本入貢說)과 일본중조론(日本中朝論)으로 이어져서 근대 일본 국수주의의 기원이 되었다. 여기에 19세기 초부터 서세동점으로 인한 일본국내의 위기감이 증대되자 이에 대응하기 위한 팽창주의적 대륙진출론이 일어났다. 그리하여 200여년 동안 잠자고 있던 한반도에 대한 일본의 관심과 야망이 다시 머리를 들기 시작하였다. 그후 도쿠가와정권을 무너뜨리고 새로 등장한 일본의 명치유신정권이 조선과의 국교를 조정하기 위한 교섭과정에서 보여준 복고주의적 태도와 행동은 상술한 한국과 중국에 대한 일본인의 전통적 의식과 태도를 집중적으로 반영하고 있었으며, 왕정복고라는 국내적 정치목표의 대외적 표현이었다.

이와 같은 일본 신정권의 복고외교와 당시 땅에 떨어진 조선왕실의 권위를 회복하고, 기울어가는 5백년 종사를 다시 추켜세우는데 심혈을 경주하고 있던 대원군의 대일정책이 정면으로 충돌한 것은 불가피한 일이었다. 대원군은 말할 나위도 없거니와, 당시 한일 양국 정부나 지도자들은 양국간의 관계에 관한 한, 누구도 전근대적 이념의 테두리를 벗어나지 못하고 있었다. 이것은 새로 도입된 서구식 조약체제와 전통적 외교체제가 병존하고 있던 당시의 동아시아 신국제질서의 이원성을 반영한 것이었다. 이와 같은 이원적인 신국제질서를 가장 구체적으로 보여준 것이 1871년에 체결된 청일수호조규였다.

이 조약은 두 동아시아 국가가 평등과 호혜라는 근대 국제법의 원칙에 입각하여 체결된 최초의 조약으로, 체재나 내용에 있어서 분명히 근대적이었다. 그러나 일본정부가 당초 청조와 조약을 체결하고자 한 이유는 조선에 대한 일본의 서열상 우위를 확립하는 수단으로 이용하자는 것이었으며, 청조는 이를 조선에 대한 청조의 종주권을 재확인하고 보호하는 도구로 간주하였다. 따라서 양자의 동기나 목적은 분명히 전통적이고 전근대적이었다. 동아시아에 있어서 명치일본의 복고외교는 청일수호조규의 체결과 전후하여 서구를 모방한 탈아외교에로 이어졌다. 일본의 전통적인 태도나 행동은 그후에도 계속되어 강화도조약 체결을 위한 교섭과정에서도 조선에 대한 서열상 우위를 확립하려는 시도가 반복되었다.

1873년 일본에서 발생한 정한논쟁은 한국이나 한국문제를 일본국내 문제 해결에 이용하려는 전형적인 예였는데, 이와 같은 현상은 일본역사상 때때로 일어났다. 이때 정한론자들은 이른바 조선의 '무례'와 '모욕'을 비난 공격하고, 이를 응징하기 위하여 소위 정한의 군사를 일으켜야 한다고 떠들었으나, 그것이 근거 없고 부당한 주장이라는 것은 그들 자신이 잘 알고 있었다. 조선과 군사적 충돌을 도발하여 이를 자신들의 국내 정치목적을 달성하기 위해 이용하자는 것이 그들의 의도였다. 일본역사를 통해 이와 같은 정한론 또는 한반도개입론에는 두 가지의 유형이 있었다. 하나는 한반도 자체에서 큰 변동이 일어날 때, 이를 이용하여 일본의 외교적·전략적 이익을 도모하는 경우였다. 또 하나는 한반도와 직접 관계없이 일본국내에 정권투쟁이나 다른 어려운 문제가 발생할 때, 이를 해결하는 간접적 수단으로 한국과 무력 충돌을 도발하려는 경우이다. 선사의 대표적인 사례는 7세기에 신라가 한반도 지배를 위한 쟁패전을 벌였을 때, 일본이 백제를 지원하여 한반도 진출을 시도한 것이었다. 후자의 가장 전형적인 사례는 임진왜란과 상술한 1873년의 정한논쟁이었는데, 중세시대의 왜구활동도 이 범주에 속한다. 강화도사건을 도발한 일본정부의 계산과 행동은 양자의 성격을 함께 띠고 있었다.

1873년 말을 계기로 동아시아에서 한일 양국의 대외정책에는 큰 변전이 일어났다. 조선의 경우 대원군의 비현실적인 배일외교가 고종의 친정과 함께 현실적인 대일타협외교로 바뀌었다. 그러나 이것은 전술적 전환에 불과하였고, 정책의 기본적인 변경이나 이념적인 변화는 아니었다. 고종과 묘당은 성의있고 타협적인 태도로 일본과 '구의

(舊誼)'를 회복하자는 것이 목적이었다. 그러나 양국간의 서구식 이념이나 원칙에 입각한 근대적 외교와 통상관계를 수립한다는 인식은 전연 결여되고 있었다고 할 수 있다. 특히 서방국가들에 대해 폐관자수한다는 전통적인 사고에서 한걸음도 벗어나지 못하고 있었다고 하여도 과언은 아니다.

한편 일본의 경우 명치 초기의 복고외교를 지양하고 탈아외교에로 전환한 것은 대한·대중 외교에서 새로운 이념과 방향을 설정한 근본적인 변화였다. 그것은 국내에서 추진되고 있던 중앙집권적 근대국가를 건설하기 위한 전면적인 내정개혁과 병행하여, 국외에서 일본을 서구가 주도하는 근대 국제사회의 충분한 자격을 구비한 일원으로 만들기 위한 외교개혁의 일환이었다. 오쿠보 도시미치와 같은 현실주의자들에게는 동아시아 국제관계에 있어서 서열상 우열과 같은 것은 이미 이차적인 문제에 지나지 않았다. 적자생존의 외교이념과 팽창주의적 외교전략에 입각하여 한국과 중국에 불평등조약을 강요하여 외교통상상 서구열강과 동등한 지위와 동일한 특권을 확보하는 것이 그들의 지상목표였다. 유구에 대한 단독 주권주장과 이에 근거한 대만출병은 탈아외교의 약육강식의 이념과 팽창주의적 전략을 실천에 옮긴 사례였으며, 사할린 문제 해결을 위한 러시아에 대한 양보는 탈아외교에 현실주의적인 일면을 보여준 사례였다. 운양호사건 도발로부터 강화도조약 조인에 이르기까지 일본의 포함외교는 이 모든 면을 함께 갖추고 있었다. 복고외교는 한국에 대한 일본의 명분상의 우위를 확립하는데 실패했으나, 탈아외교는 한국에 대한 일본의 실질적인 특권을 확보하는데 성공하였다.

강화도조약은 한일 양국관계 뿐만 아니라 동아시아 국제관계 전반에 걸쳐 획기적인 변화를 초래한 하나의 중요한 요인이 되었다. 이 조약은 동아시아의 전통적 화이질서 테두리 안에서 선린우호를 명분으로 하고 의례외교를 주로 하였다. 동시에 서열적 원칙에 의하여 조직 운영되어 온 한일관계를 서구식 국제법하에 호혜평등을 표방하고,

실질적 외교통상을 주로 하여 법률적 계약원칙에 의하여 재규정·재편성하였다. 즉 이로 인하여 한국은 부분적으로 그리고 간접적으로나마 서구가 주도하는 근대 국제질서에 편입되었다. 이는 당시 아직 엄존하던 청한 종속관계와 근본적으로 배치되는 것으로, 1871년에 체결된 청일수호조규와 함께 동아시아 세계에 있어서 중국의 종속체제에 대한 정면적 도전이었다. 그 결과 청한 종속관계 자체의 변질을 일으키게 하고, 급기야 동아시아 화이질서의 종언을 초래하게 되었다.

강화도조약은 평등호혜의 명분이나 원칙과는 반대로 그 내용에 있어서 당시 서방열강이 중국이나 일본에 강요한 어느 조약보다도 한국에 대하여 더 편무적이고 불평등한 조약이었다. 이 조약에 의하여 일본은 한반도에서 일방적인 외교상·통상상·군사상 특권을 확보함으로써 한반도는 물론 동북아시아 대륙에 대한 진출과 침략의 발판을 마련하였다.

한일관계의 장구한 역사를 통해 가장 특징적인 사실의 하나는 시기와 경우를 막론하고 상호접촉과 교섭에 있어서 한국은 언제나 수동적이고 소극적이었던 반면, 일본은 항상 능동적이고 적극적이었다는 것이다. 여기에는 물론 여러 가지 역사적인 사정과 이유가 있었다. 그러나 여기서는 다만 일본에서 명치유신 정권이 능장했을 때부터 강화도조약이 조인될 때까지의 8년간도 예외가 아니었다는 것만을 지적한다. 이 기간에 양국간 국교조정을 위한 모든 접촉과 교섭은 예외없이 일본측의 주동이나 제안으로 이루어졌다. 뿐만 아니라 그 대한정책은 복고외교에서 탈아외교로 크게 변전하였으며, 그 외교전략도 평화적인 직접교섭에서 청일수교를 통한 간접적인 접근으로, 현실적 타협에서 위협적인 포함외교로 다양하게 변하였다. 이에 비하여 조선정부의 대응은 초기에는 부정적 태도와 비타협으로 일관했다가, 후에는 무정견·무소신·무기력한 양보와 타협의 연속이었다. 심지어는 안동준의 처형과 같이 외교상의 의견 차이를 비굴하고 잔인한 국내정치 보복에 이용하면서까지 일본측의 환심을 사려고 하였다. 그 결과는 상대방을 더욱 오만하고 위협적으로 만들었을 뿐이었다.

한국과 일본은 숙명적으로 결코 서로 '먼'나라가 될 수 없다. 과거 수 천 년에 걸쳐 서로 밀접한 관계를 갖고 살아왔던 것과 같이 앞으로도 계속 그러할 것이다. 앞으로의 양국관계가 우호친선의 선린관계가 되던, 공존의 관계가 되던, 또는 대립과 대결의 적대관계가 되던, 우리는 결코 과거에 우리 조상들과 같이 일본에 대해 문화적·정치적·전략적 무관심과 무지와 이에 기인한 수동적·소극적인 태도로 대응해서는 안될 것이다.

근대초기에 있어서 한·청·일 관계의 전개
— 갑신정변에 미친 영향을 중심으로 —

I. 머리말

1860년대 초 동아시아 세계에서는 미증유의 대변국이 일어났다. 중국에서는 1842년 아편전쟁 후 체결된 남경조약에 의하여 전통적인 광동무역제도(廣東貿易制度)가 폐지되고 새로운 조약제도가 도입되었다. 그후 청조에 대한 2차의 영불 연합전의 결과 1858년 천진조약, 1860년 북경조약 등 일련의 조약이 체결되어 조약체제가 완비되었다. 이로써 중국과 서양간에는 서구적 국제관계 이념에 입각한 외교통상관계가 확립되었다. 동시에 1854년에 미국과 화친조약을 맺고 수 백년의 역사를 가진 쇄국정책에 종지부를 찍은 일본은 1858년에 미·영 등 5개 서방국가들과 통상조약을 체결하여 그 문호를 본격적으로 개방하기로 하였다.

이를 전후하여 북방에서는 제정 러시아가 1860년의 중러북경조약에 의하여 송화강 동쪽의 광대한 땅을 그 판도에 편입하는 데 성공했으며, 남방에서는 월남을 비롯한 인도지나반도 전역을 식민지화하려는 프랑스의 침략계획이 착착 진행되고 있었다.

이 가운데서 유독 조선만이 폐관자수하여 서방세계와의 접촉을 완강히 거절하고 있었다. 그러나 조선에 대한 서방의 압력은 병인양요·신미양요와 같은 무력충돌을 야기시켰다. 1860년대 말부터 양국간의 국교조정을 위한 명치일본의 요구가 집요하게 계속되어 1876년에 강화도조약이 체결되었다. 그 후 1882년에는 미·영·독 3국과 수호통상조약을 체결하고 마침내 근대 국제사회 일원으로 등장하게 되었다.

이와 같이 근대초기에 있어서 한·중·일 관계는 조선의 문호개방 과정에서 중국과 일본이 수행한 역할을 중심으로 전개되었다. 필자는 먼저 일본의 명치유신 이후 한일 국교조정을 위한 양국간의 분쟁과 교섭을 고찰하고, 강화도조약 체결 후 조선과 미·영·독 3국간에 조약이 조인될 때까지의 중국의 대한정책의 변전을 검토한 다음, 끝으로 이러한 3국간의 새로운 관계발전이 갑신정변과 어떠한 관련이 있었는가를 간단히 결론짓고자 한다. 사실의 기술은 될 수 있는 대로 간략 혹은 생략하고 주로 배후사정과 관계분석에 치중하고자 한다.

II. 명치유신과 한중관계

1. 일본의 왕정복고와 유신외교(維新外交)

1868년 일본의 명치유신은 7백년이나 계속된 무사계급에 의한 봉건정치가 끝나고 그동안 명목상의 주권자인 천황의 수중에 정권이 돌아갔음을 의미하였다. 따라서 일본의 대외관계에 일정한 조정이 필요하였다. 그런데 서방의 체약 각국과의 관계조정에는 문제가 없었다. 그것은 국제사회를 구성하는 모든 독립국가는 대소 강약을 막론하고 평등한 지위와 동일한 주권을 향유한다는 것이 그들의 공통된 기본이념이었기 때문이다.

그러나 조선과의 국교조정에는 몇 가지 어려운 문제가 있었다. 첫째, 양국이 모두 동아시아 세계질서 하에서 서열적 원칙에 의하여 조직·운영된 국교전통을 가진 나라였기 때문에 필연적으로 양국 원수의 서열상의 상하가 문제로 되는 것이었다. 특히 조선왕국과 대등하게 상대하였던 일본의 장군은 이론적으로 정통의 원수인 천황의 신하

이므로 천황이 친정하게 된 일본과 조선간에는 대등한 국교가 있을 수 없다는 것이 명치유신정권의 기본입장이었다. 이것은 물론 조선정부에 의해 수용될 리가 없었다.

둘째, 양국간에 개재한 대마도 도주는 도쿠가와장군(德川將軍)의 봉후인 동시에 조선국왕에 대해 일종의 배신적(陪臣的) 지위를 가진 이중신분적 봉건영주였으며, 양국간의 국교에 있어 중개자적인 역할을 하는 것이 그의 세습적 특권이었다. 조선정부와 대마도는 모두 그가 이러한 역할을 계속할 것을 희망하였으나 천황친정의 중앙집권체제 하에서 이와 같은 봉건적 관행이 허용될 수는 없었다.

그러나 발족 당시의 일본 신정권은 대한외교사무를 당장에 접수할 능력도 준비도 없었다. 그래서 당분간 대마도주가 종래와 같이 한국관계 사무를 전관 담당하는 것을 허용하고 일본의 왕정복고를 조선정부에 통고할 것을 명령하였다. 그리고 조선에 보내는 서신에는 일본 황실과 국체의 존엄을 모독하는 언사나 자구를 사용하지 말 것이며 조선국왕에 대한 일본천황의 서열상 우위를 명확히하라고 훈령하였다.

이러한 훈령에 따라 작성된 동래부사와 예조참판에게 보내는 대마도주의 서한이 1869년 1월 말 부산에 도착하였다. 그 속에는 일본천황에 대하여 '황조(皇祚)'·'황상(皇上)'과 같은 용어와 호칭이 사용되고 있었다. 중국을 종주국으로 하여 발달된 동아시아 전통적 조공국교체제 하에서 이와 같은 것은 중국황제에게만 사용할 수 있는 것이었다. 따라서 중국의 충실한 입공국인 조선이 이러한 표현의 공한을 수납할 수 없었다. 부산훈도 안동준(安東晙)은 이 서한의 전달을 거절하고 그것을 가져온 대마도 대차사의 즉시 철퇴를 요구하였다.

이와 같이 일본의 명치유신정권은 대조선 국교조정문제에 있어 소위 왕정복고의 정신과 원칙에 입각하여 일본과 그 주권자인 천황을 조선과 그 국왕보다 서열상 상위로 하여 조선의 종주국인 중국과 중국황제와 동등하게 할 것을 시도하였다. 이러한 일본의 시도를 간취한 조선 당국은 그 요구를 강력히 거부하였다.

이로부터 10여년이 지난 후 갑신정변을 전후하여 표면화되기 시작한 일본의 야심, 즉 한반도로부터 중국의 세력을 구축하고 조선을 일본세력 하에 넣자는 의도는 이미 이때부터 일본지도자들의 흉중에 싹트고 있었다고 하겠다.

2. 청일 수교와 한국

일본 중국과 정식적인 국교관계를 가진 것은 그 역사를 통하여 비교적 짧은 기간이었다. 17세기 초반기에 등장한 도쿠가와정권은 이른바 쇄국정책 하에서 극히 소수의 중국상인들이 나가사끼(長崎)에 내왕하여 교역에 종사하는 것을 허용한 외에는 근 3백년 동안 공사를 막론하고 전혀 중국과 교섭이 없었다.

명치유신정권도 서방제국과의 관계에는 적극적이었으나 중국과의 관계에는 소극적이었다. 이 정권이 중국과 정식으로 국교를 수립하기로 결정한 배후에는 조선문제가 있었던 것이다.

조일 국교조정을 위한 수차의 기도가 모두 실패하자 일본정부 내에서는 이른바 '조선문제'의 해결책을 둘러싸고 강경·온건 양론이 대두하였다. 강경론자들은 조선에 대해 무력행사를 주장하는 이른바 정한론자들이었다. 그들은 완고한 조선 군신들이 '상국'인 일본에 항거하고 있으니 일본은 군함과 군대의 호위를 받는 사신을 조선에 파견하여 주요 군신들을 위압하여 담판하는 것이 최선의 방법이라고 주장하였다. 온건론자들은 외교적 방법에 의한 해결을 주장하였다. 그들은 일본 사절과 군대가 왕성에 진입하면 완고한 조선 조야가 반드시 저항하여 무력충돌이 발생할 것이며 그렇게 되면 종주국인 중국도 수수방관하지 않을 것이라고 하였다.

이 양론간의 절충안이 일부 외무성 관리들에 의하여 제출되었는데 그것이 곧 중국과의 수교론이었다. 그 골자는 일본과 중국이 상호평등 원칙에 입각한 조약을 맺게 되면 일본천황이 청국황제와 서열상 동격이라는 것이 법적으로 확인되고, 따라서 조선국왕은 자동적으로 서열상 일본천황의 하위에 서게 된다는 것이었다. 북경에서 이와 같은 조약을 체결한 일본사절이 서울에 직행하여 담판을 시작하면 조선당국도 그 요구를 거절할 도리가 없을 것이라는 것이었다. 만일 거부한다면 일본이 응징의 무력을 일으켜도 명분이 있는 것이니 청국도 함부로 개입할 수 없다는 것이었다.

이 절충안이 이와쿠라 도모미(岩倉具視), 오쿠보 도시미치(大久保利通) 등 당시 명치정부 지도자들에 의하여 채택되어 조선 대신 중국에 사절을 파견하기로 결정하였다. 당시 중국과 일본간에는 시급히 해결해야 할 문제나 현안은 없었다. 조선문제 해결을 제외하고는 중일 양국간에 정식적인 국교수립을 서둘러야 할 아무런 이유도 없다는 것이 일본외무성 당국자들의 일치된 견해였다.

이리하여 청조당국과 예비교섭을 하기 위하여 외무성 고관 야나기와라 사끼마스(柳原前光)가 1870년 8월 말 천진에 도착하였다. 그는 서삼구통상대신(署三口通商大臣) 성림(成林)을 방문하여 찾아온 이유를 알리고 북경으로 가서 총리아문(總理衙門)(總理各國事務衙門) 당국과 회담할 수 있도록 주선해 달라고 요청하였다. 당시 청조의 대외관계는 이른바 조공제도로부터 조약제도로 이행하고 있었으나 이것은 대서방국가관계에 한정된 것이고 동아시아 제국과의 관계에는 여전히 전통적인 조공체제를 견지하고 있었다. 따라서 입공국(入貢國)과 동일시되는 일본과 입약(立約)한다는 것은 중화제국의 권위를 손상케 하는 것이니 허용될 수 없는 일이었다.

총리아문은 중국과 일본은 오랜 역사적 관계를 가진 동교지국(同交之國)으로 '대신불약(大信不約)'이라는 말이 있듯이 양국은 꼭 조약을 체결할 필요가 없다고 하며 일본의 요구를 거절하였다. 이에 당황한 야나기와라는 조양강(調兩江)총독 증국번(曾國藩)과 신임 직예총독 이홍장(李鴻章)에게 지원을 호소하였다. 이에 양 총독은 일본과의 입약이 조만간 불가피할 것이라는 견해를 표명하고 총리아문의 재고를 종용하였다. 여기서 총리아문은 일본정부가 다음해 봄에 전권대표를 중국에 파견하면 그와 교섭할 용의가 있다는 것을 야나기와라에게 전달하였다.

총리아문의 결정에 대하여 보수적 청조 정신(廷臣)들과 강리(疆吏)들 간에서 강렬한 반대가 일어났음은 물론이다. 안휘순무(安徽巡撫) 영한(英翰)은 상주문에서 일본이 명조에 입공(入貢)한 사실과 그의 해구(海寇) 행위를 상기시키고, 천진교안(天津教案) 등으로 중·서간에 분쟁이 일어난 틈을 타서 중국에 대해 입약을 요구하여 온 일본의 의향이 음흉하다고 비난한 다음, 만일 일본의 요구를 허락하면 조선, 월남 등 속방들이 그를 추종할 것이라고 경고하였다.

이에 대하여 총리아문은 당시 청조에서 가장 유력하고 명망높은 증국번·이홍장 양 총독의 지원을 요청하였다. 양 총독은 일본은 조선이나 월남과는 달라 청조의 속방이 아니니 이와 입약하여도 체제에 어그러짐이 없다는 견해를 표명하였다. 특히 이홍장은 만일 중국이 일본의 요구를 거절하면 일본은 서방 각국과 결속하여 다시 입약을 요구할 것이며, 그렇게 되면 결국 응하지 않을 수 없을 것이라고 말하였다. 그런 다음에 일본은 서방 열강으로부터 많은 무기를 구입하고 여러 가지 기술을 배워 자강(自强)에 열심이니 잘 이용하면 중국에 유용할 것이나, 거절하면 중국의 적이 될 것이라고 경고하여 대일입약의 불가피성과 필요성을 강조하였다.

양국간의 정식회담은 1871년 8월 초에 천진에서 시작되었다. 이홍장이 중국측 수석대표였고 대장경(大藏卿) 다테 무네나리(伊達宗城)가 일본을 대표하였다. 회담에서 일본측은 청국황제와 일본천황을 열기함으로써 양자가 동격이라는 것을 조약내에 명문화할 것과 최혜국 대우를 요구하였다. 이것은 서방제국이 불평등조약에 의하여 중국에서 일방적으로 향유하고 있는 외교통상상의 모든 특권을 일본도 균점하자는 것이었다. 물론 중국측은 이를 거절하였다. 그러나 기타문제에 있어서 중국측은 양국간의 평등과 호혜의 원칙을 수락하였다.

동년 9월 중순에 조인된 청일수호조규는 전문 18조로 되어 있었다. 그중 주목할 것은 제1조에 있는 체약국간의 상호 '방토(邦土)' 불가침의 조항과 제2조에 있는 타국과의 분쟁에 있어 양국에 의한 상호원조 조정에 관한 조항이다. 전자는 한국에 대한 일본의 야심을 경계한 이홍장이 그로부터 한국을 보호할 목적으로 삽입한 것이고, 후자는 일본이 서방국가와 결탁하여 반중국적인 동맹관계를 맺는 것을 방지하자는 것이 그 목적이었다.

청일수호조규는 그것이 동아시아 세계질서하에서 역사적으로 종주국이었던 중국과 그의 속방국으로 간주된 동아시아국가간에 서구적 국제관계 이념과 관행에 입각하여 체결된 최초의 조약이었다는 데 그 역사적 의의가 있었다. 그 기본성격은 체약국간의 평등·호혜·쌍무의 원칙이었다.

그러나 이 조약체결에 관하여 청일 양국 정부지도자들이 취한 태도와 견해는 그들이 아직 국제관계에 관한 동아시아의 전통적인 이념에서 탈피하지 못했음을 보여준다. 또 중국에 대하여 입약을 요구한 일본정부의 당초의 동기나 이에 응하기로 한 청조 당국의 이유 등이 모두 그들의 대한정책과 밀접한 관계가 있었다는 것은 중요한 사실이다. 또 한 가지 흥미 있는 것은 이홍장과 같은 청조지도자들이 이 조약을 서방침략에 대한 대일동맹의 도구로 이용하려고 한 데 대하여, 명치 일본지도자들은 이것을 이용하여 서방 제국이 중국에서 향유하고 있는 것과 같은 약탈적 특권을 획득하려고 기도한 사실이다.

Ⅲ. 일본의 대한정책의 전환

1. 유신외교(維新外交)에서 탈아외교(脫亞外交)로

천진에서 청일 양국간에 조약체결을 위한 회담이 진행되고 있는 동안에 일본에서는 폐번치현(廢藩置縣)이라는 중대한 정치적 개혁이 단행되었다. 이에 의하여 전 정권의 유물인 봉건정치기구가 완전히 해체되고 새로운 중앙집권적 통치기구인 군현제도가 채용되었다. 이와 같이 국내정치에 있어서 그 정치적 권위와 행정적 통제를 전국적으로 확립한 명치정권은 대외관계에서도 중요한 개혁목표를 세웠다. 그것은 유신외교(維新外交)를 지양하고 이른바 탈아외교(脫亞外交)에로의 전환을 달성하자는 것이었다.

유신외교가 왕정복고 정신에 입각하여 일본의 지위를 동아시아 세계의 전통적인 종주국가 중국의 그것과 서열상 동격으로 하는 것이 그 목표였다면, 탈아외교는 일본으로 하여금 전통적 아시아 세계에서 이탈케 하고 근대 국제사회에서 서양 선진제국과 평등한 지위를 획득하도록 하는 것이 그 목표였다. 구체적으로 서방 제국과의 사이에 현존하는 불평등조약을 평등쌍무적으로 개정하고, 동아시아 제국에 대해서는 서방 열국이 이 나라들에 강요한 것과 같은 불평등조약을 맺음으로써 일본으로 하여금 외교통상 관계에서 각종의 특권을 확보하도록 하는 것이었다.

이 탈아외교 체제하에서 서방제국에 대하여 취해진 최초의 중요한 조치가 이와쿠라 도모미(岩倉具視)를 수반으로 하고 기도 다카요시(木戶孝允), 오쿠보 도시미치(大久保利通) 등 당시 명치정부의 최고실력자들을 망라한 구미시찰단의 파견이었다. 동아시아에 있어서 탈아외교는 방금 조인을 본 청일수호조규의 배척에서 집약적으로 표현되었다.

그리하여 일본정부는 1872년 봄에 다시 야나기와라를 천진에 파견하여 이홍장과 개약(改約) 교섭을 하였다. 이홍장은 양국 전권대표들의 충분한 토의를 거쳐 합의 조인된 조약을 비준하기도 전에 수정하려고 하는 일본의 배신행위를 엄중히 비난하고, 양국간 상조에 관한 조항삭제와 최혜국대우 조항의 가입을 포함한 일본측의 요구를 일축하였다.

2. 일본의 팽창주의: 정한론

1871년 폐번치현(廢藩置縣)으로 한일 국교사무를 중개 담당하는 대마도주의 세습적 역할은 자동적으로 소멸되었다. 이에 동년 10월 일본 외무성은 초량(草梁)에 있던 왜관을 철폐하고 이를 일본공관이라고 개칭하였다. 왜관은 본래 조선정부가 대마도인들의 전용으로 허용하여 온 것이니 외무성의 조치는 일방적인 것이었고 신설된 일본공관은 법적으로 존재근거가 없었다고 하겠다.

그러나 이 일본공관에는 외무성에서 파견된 관리들과 그 하급관리인 전 대마도 관리들이 계속 거주하고 있었다. 뿐만 아니라 일본 각지 상인들이 마음대로 내왕하면서 현지 한인 소리(小吏)나 상인들과 결탁하여 불법적인 무역에 종사하였다. 이 밀무역을 단속할 목적으로 1873년 초에 동래부사가 내린 전령서 가운데 일인들을 모욕하는 언사가 있었다. 이것이 동경에 알려지자 일본 정부지도자들간에 이를 구실로 이른바 정한론(征韓論)이 일어났다. 그 선두에 선 것이 당시 명치정부 최고실력자인 사이고 다카모리(西鄕隆盛)을 비롯한 대한강경론의 내각참의들이었다.

근대 일본 조야에서 정한론이 일어난 것은 이때가 처음은 아니었다. 도쿠가와정권 말기인 1860년대 초와 명치유신 직후인 1860년대 말, 1870년대 초에도 일부 유력한 인사들에 의해 소위 정한론이 주장된 바 있었다. 물론 그때는 한국에 의한 모욕을 운운하여 그 구실로 삼을 수는 없었다. 이때 정한론의 배후에는 여러 가지 복잡한 동기와 이유가 있었으나 가장 근본적인 것은 정한론자들의 왕정복고에 관한 견해였다.

사이고와 그의 추종자들은 삼국시대의 신라와 백제가 일본 야마토조정(大和朝廷)에 입공했다는 『일본서기(日本書紀)』의 기록을 전폭적으로 믿었다. 따라서 야마토조정의 후예인 일본황실이 다시 대정(大政)을 수립했으니 조선조정은 복종의 의를 표하여야 한다고 생각하였다. 따라서 일본 황실의 존엄을 모독하는 조선 조야는 마땅히 응징되어야 한다는 것이었다. 그러나 이보다 더 현실적이고 중요한 이유가 있었으니, 그것은 사이고와 그를 지지하는 보수주의자들의 국내정치 주도권에 대한 욕망이었다. 그들은 조선에 대한 정부의 연약외교를 비난할 뿐 아니라 명치유신 이후 진보주의자들에 의하여 시행된 정치적·사회적·경제적 제반 개혁에 큰 불만을 품고 있었다.

그리하여 이와쿠라, 기도, 오쿠보 등 진보적 인물들이 구미 제국을 순방하고 있는 기회에 개혁을 일부 중지시키고 무사계급이 상실한 지위와 특권을 부분적으로 회복시키자는 것이 보수주의자들의 의도였다. 일본정부 내에서 주도세력인 정한론자들은 정한의 기치하에 전국의 무사들을 규합하여 강력한 군대를 조직한 다음, 이를 이끌고 한반도를 석권함으로써 국민의 압도적 지지를 획득하는 것이 자기들의 국내 정치목표 달성을 위한 가장 효과적인 방책이라고 생각하였다. 그리고 이를 실천하는 방안으로서 사이고를 흠차대신의 자격으로 조선에 파견하여 조선 조야를 도발하여 출병의 구실을 만드는 계획이 천황의 윤허를 얻어 결정되었다.

그러나 1873년 9월 이와쿠라사절단(岩倉使節團) 전원이 귀국하자 이와쿠라, 오쿠보 등이 강경히 반대하여 명치정부 창립 후 최대의 정치분쟁이 일어났다. 10월 말에 사이고 일파가 패배하게 되자 그들의 계획은 좌절되었다. 당시 이와쿠라나 오쿠보 등이 사이고 일파의 계획을 반대한 이유는 결코 정한 자체를 원칙적으로 반대한 것은 아니었다. 그들은 한국 출병으로 말미암아 자기들이 시작한 국내 제반개혁이 지연 혹은 중지될 것을 염려한 것이었다. 그러나 국내외 정세가 유리하고 특히 정치상 자파에 유익하다고 판단되는 경우에는 그들도 해외 출병을 단행할 용의가 있었다는 것은 이 직후 그들이 실행한 대만 출병을 보면 용이하게 알 수 있다.

사이고 일파가 한국에 의한 모욕을 운운한 것은 물론 구실에 불과한 것이었다. 그들이 정한을 주장한 주요한 이유는 상술한 바와 같이 한국문제를 국내정치에서 자파에 유리하게 이용하려는 것이었다. 이것은 근대 일본에서 여러번 일어난 정한론 혹은 대한(對韓) 강경론의 전부에서 볼 수 있는 공통된 현상이었다. 근대일본 지도자들 대부분이 한국을 독립한 나라로 보지 않고 일본의 대륙진출 혹은 팽창의 대상으로 간주한 것이 사실이었다.

3. 유구귀속(琉球歸屬)과 대만출병

사이고 다카모리를 비롯한 정한론자들의 총퇴신은 불가피하게 명치정부의 정치적 기반을 약화시켰다. 수많은 불평분자가 전국에 충만하고 있었으며 이들 대부분이 정한론자들을 지지하고 정부의 대외정책을 비난 공격하였다. 이러한 정세하에서 정부는 국민감정을 무마하고 관심을 해외로 돌리기 위한 과감한 조치가 필요하였다.

당시 일본정부는 동아시아내 3개 지역에서 어려운 대외문제에 직면하고 있었으니, 화태(樺太), 조선, 대만 문제가 바로 그것이다. 화태에서는 그 귀속문제를 둘러싸고 제정러시아와 대립하고 있었으나 일본이 당시 세계최대 육군국인 러시아와 무력으로 이 문제를 해결한다는 것은 생각할 수 없는 일이었다. 일본이 조선에서 무력을 행사하면 조선은 필연코 강력히 대항할 뿐 아니라 중국이나 러시아의 개입도 예상되는 것이니 여기서도 당분간은 외교적 해결을 도모하는 것이 상책이었다. 대만의 경우에는 일본이 강경한 수단을 취해도 무력충돌의 위험성은 매우 적다고 판단되었다. 소위 대만문제는 원래 중일 양속(兩屬)인 유구의 선원들이 대만의 토인들에 의하여 살해된 사건에서 기인한 것이다.

일본정부는 유구를 일본영토라고 주장하고 청조에 대해 토인들의 처벌과 살해된 선원들에 대한 배상을 요구하였다. 이에 청조 당국은 유구와 대만은 모두 중국의 속토(屬土) 혹은 영토이니 이 문제는 일본이 간여할 이유가 없다고 거절하였다. 유구에 대한 일본의 단독적인 주권 주장도 일방적인 것이었지만 대만이 중국영토라는 것은 자타가 공인한 것이었다. 그러나 청조의 행정력이 전도에 미치지 못하고 토인들의 대부분은 이른바 치외지민(治外之民)으로 남아 있었다. 또한 당시 국내외에서 여러 가지 어려운 문제에 직면하고 있는 청조가 대만을 방위할 여유가 없다고 생각되었다.

대만에 대한 무력행사는 그 성공률이 높을 뿐만 아니라 국내 불평분자들도 지지할 것이며, 성공할 경우에는 대만의 전부 혹은 일부를 일본영토에 편입할 수 있을 것이며 유구에 대한 일본의 단독주권도 확립되는 것이었다. 이러한 일석삼조의 효과를 노린 오쿠보정권(大久保政權)은 정한론자들을 축출한 직후인 1874년 초에 대만출병을 단행하였다. 이리하여 근대일본 최초의 팽창주의적 해외출병은 1874년 4월부터 12월에 걸쳐 3천명의 병력이 투입되어 진행되었다.

일본의 대만출병은 당초 예상한 50만원을 7배 이상 초과한 360여만 원의 군비를 지출하고 510여명의 전사자를 내었다. 그러나 군사적으로는 대만남부 토인촌락 10여촌을 토벌한 것 이외에 아무런 성과가 없었다. 당초 기대했던 서방제국의 지지는 고사하고 오히려 비난을 받게 되었다. 사태가 진퇴양난의 지경에 빠지게 되자 오쿠보는 모든 책임을 지고 자신이 북경으로 가서 청조당국과 직접 담판하여 청국으로부터 50만 냥의 보상금 지불을 조건으로 대만으로부터의 철병에 동의하였다.

기민한 외교활동으로 오쿠보는 대만원정을 군사적·재정적 파탄에서 구하였다. 그러나 원정의 정치적·외교적인 성과는 적지 않았다. 오쿠보정권의 정치적 기반은 강화되었고 그 군사적 능력은 서방 열강들의 긍정적인 평가를 받았다. 가장 중요한 성과는 유구에 대한 일본의 단독적 주권주장이 청국에 의하여 간접적으로 인정된 것이었다.

IV. 한일 국교조정과 중국

1. 대원군의 실각과 대일정책의 변화

일본에서 정한론자들이 패퇴한 직후인 1873년 말에 한국에서도 10년 동안 정치를 독점하여 온 대원군의 실각이라는 중대한 정변이 일어났다. 대원군은 철저한 배외적 대외정책을 견지하여 서방국가들에 대하여 문호를 개방하는 것을 거절하고 한일 간의 새로운 국교관계를 수립하려고 하는 명치일본에 대하여 일절 타협이나 양보를 하지 않았다. 이와 같이 한일 양국에서 완고한 보수주의자들과 비타협적인 강경론자들이 때를 같이 하여 정권에서 물러남에 따라 양국간의 국교재개를 위한 유리한 조건이 조성되었다.

서구적 국제관계 이념과 원칙을 수용한 일본정부 지도자들도 한국에 대하여는 여전히 전통적인 관념에 사로잡혀 일본의 서열상 우위를 고집하고 있었다. 이러한 환경에서 중일조약 후 수차에 걸친 접촉에도 불구하고 양국간의 국교는 중단된 채로 남아 있었다. 그렇기 때문에 일본은 1871년 9월에 중국과 조약을 체결하고 국제법상 중국과 평등한 지위를 획득하는 데 성공했으나 그들의 기대와는 반대로 일본에 대한 한국의 태도를 변경시키지는 못하였다.

병인·신미 2차에 걸친 양요(洋擾)를 겪은 대원군은 자기 영도하에 능히 양이(洋夷)를 물리칠 수 있다고 굳게 믿고 전국 각지에 척화비(斥和碑)를 세워놓고 의기양양하였다. 위정척사를 주장하는 유림들은 일본과 서양을 다같이 견양시(犬羊視)하였으며, 숭명반청사상(崇明反淸思想)에 젖은 조야 인사들은 청조와 서방 제국간의 관계를 매국행위로 비난하였다. 대원군의 실각은 주로 그의 정권독점과 국내정책에 대한 국왕, 척족, 유림의 불만과 반대에 기인한 것이었다. 고종의 친정이 시작되자 필연적으로 대원군의 외교정책, 특히 대일정책도 재검토의 대상이 되었다.

일본에 대한 불신감에 있어서는 고종이나 영의정 이유원(李裕元), 우의정 박규수(朴珪壽)와 같은 묘당의 새로운 영도자들도 대원군과 근본적 차이는 없었다. 대원군과 마찬가지로 이들도 명치일본의 서양화정책을 전통적 동아시아 유교 문화와 질서에 대한 배반행위로 간주하였다. 그러나 대원군에 비해 이들은 한국의 전통사회와 문화에 대한 서양과 일본의 위협을 과소평가하였다. 반대로 이들은 대원군에 비해 한국에 대한 서양과 일본의 군사적 위협과 그에 대응하는 한국 자체의 군사적 능력에 관해서는 더 현실적으로 파악하고 있었다. 따라서 이들은 대원군의 대일정책이 필요 이상 비타협적이고 적대적인 위험한 것이라고 보았다. 그러나 일본과의 관계를 근본적 혹은 대폭적으로 변경할 의사는 없었고, 다만 선의와 예의로서 일본을 대하면 전과 같은 평화스러운 교린관계를 회복할 수 있다고 생각하였다.

고종과 묘당이 대일정책을 재검토하고 있는 가운데 1874년 8월초에 북경 청조 예부에서 중대한 정보가 도착하였다. 그 내용은 일본의 대만출병에 관한 총리아문의 비밀 자문이었다. 그 내용은 일본원정군의 일부 5천명이 나가사끼(長崎)에 집결하여 대만사건의 해결을 기다려 한국에 침공할 것이며, 그렇게 되면 프랑스와 미국도 공동 출병할 것이라는 것이었다. 이에 당황한 고종과 묘당은 대원군의 대일정책의 변경을 서둘렀다. 조정을 기만하여 일본과 불화를 초래했다는 죄목으로 대원군의 심복으로 대일관계를 주관 담당한 경상도 관찰사 김세호(金世鎬), 동래부사 정현덕(鄭顯德), 부산훈도 안동준(安東晙)을 처벌하였다. 이중 안동준은 효수의 극형에 처하였다.

조선정부는 이 사실을 일본측에 전하고 양국간 관계개선을 강구하고자 하였다. 그러나 이때 양국간에 공식교섭은 단절되어 있었으므로 비공식 수단을 취하였다. 즉, 금위대장 조영하(趙寧夏)가 고종의 내의(內意)를 받고 일본공관장으로 부산에 체류하고 있던 외무성관리 모리야마 시게루(森山茂)에게 사신을 보냈다. 조영하는 수 년래 서열문제로 양국간 3백년의 돈독한 우의가 단절된 데에 대한 유감의 뜻을 표하고, 이것은 모두 부산훈도와 통사배(通事輩)들이 중간에서 사실을 은폐 왜곡한 까닭이라고 변명한 다음 선린관계를 수립하자고 요청하였다.

2. 일본측 반응: 포함외교(砲艦外交)

1874년 벽두부터 일본정부는 큐슈(九州) 사가(佐賀)지방에서 일어난 소위 정한당난(征韓黨亂)의 진압과 대만출병 등에 급급하여 조선문제에 대하여는 자연 소극적이었다. 이때 모리야마 시게루가 현실적이고 타협적인 새 해결책을 건의하였다. 그 내용은 양국간의 서열문제를 당분간 회피하기 위해 조선에 보내는 공한에서 양국 원수에 관한 직접적 언급을 피하고 전 대마도주를 외무성관리 자격으로 부산에 파견하여 과거 조선·대마도간의 관례에 따라 현지 조선관원들과 교섭을 재개하도록 하자는 것이었다.

이 건의가 채택되어 모리야마 자신이 예비조사와 준비공작의 임무를 띠고 1874년 6월 부산에 도착하였다. 그가 조영하의 서한을 받은 것은 동년 9월 중순이었다. 모리야마는 조영하의 서한을 접수하고 조선 관원들과 접촉 결과 양국간의 관계개선을 위한 조선 조정의 전례 없는 열의와 우호적 태도는 대원군 실각에 수반하여 일어난 국내정책의 혼란과 불안, 그리고 정부의 약화에 기인한 것으로 판단하였다. 그는 외무성에 보내는 보고에서 앞서 자신이 건의한 타협안을 철폐하고 한국이 약화되고 불안한 상태에 있는 현시점에서 일본은 하등의 타협이나 양보 없이 소기의 목적을 달성할 수 있다는 것을 강조하였다. 그리고 이를 위한 가장 효과적인 방법은 한국에 대해 약간의 힘과 압력을 가하는 것이라고 거듭 주장하였다.

일본 외무성은 동년 10월 하순 모리야마의 귀국을 기다려 전 대마도주의 부산파견 계획을 중지하고 모리야마를 다음해 다시 파한하기로 결정하였다. 이것은 일본정부가 일단 채택하였던 타협과 양보에 의한 한국문제 해결방침을 포기하고 새로 모리야마가 건의한 힘에 의한 해결의 길을 택했다는 것을 의미하였다. 이 힘에 의한 해결을 위한 구체적인 방도가 바로 얼마 되지 않아 일어난 운양호사건(雲揚號事件)과 그 후 강화도에서 전개된 일본식 포함외교(砲艦外交)였다.

3. 일본 국내정치와 한국문제

오쿠보(大久保利通)정권의 대한정책의 전환은 그 정권의 현실주의적 성격을 여실히 보여주고 있다. 이러한 정책전환의 배경에는 조선국내정세 변화뿐만 아니라 몇 가지 중요한 요인이 있었으니 그 중에는 앞서 말한 대만과 화태(樺太) 문제의 해결이 포함되어 있었다. 대만문제는 물론 일본의 원정에 의하여 해결되었다. 화태문제에 대해서는 시초부터 외교적 해결을 강구하였다. 그리하여 1874년 초에 전 도쿠가와막부 해군총재 에노모토 다케아키(榎本武揚)를 러시아공사로 임명하여 담당케 하였다.

에노모토는 동년 6월에 러시아 수도에 착임한 후 러시아정부 당국과 교섭을 거행했는데 조선문제는 항상 그의 의중에 있었다. 동년 11

월 외무경 데라지마 무네노리(寺島宗則)에게 보내는 서한에서 러시아가 한일간의 분쟁에 개입하지 않을 것이라는 견해를 표명하고 조선에 대한 일본의 조기행동을 촉구하였다. 다음해 1875년 3월에 일본은 러시아 당국과 화태 남부와 천도(千島) 열도를 교환하는 합의를 이루었고 동년 5월에 정식으로 조약이 조인되었다. 이로 미루어 보아 1875년 초에 일본정부 조선에 대해 다시 강경책을 취하게 되는 시점에서 한일 문제에 러시아가 개입하지 않을 믿을 만한 이유가 있었다고 하겠다.

모리야마는 이해 2월 하순에 다시 부산에 도착하여 한국관원들과 교섭을 시작하였다. 조선측은 전례 없는 양보를 하고 관례에 벗어나는 서계를 접수하는데 동의하였다. 그러나 사소한 의례절차문제로 쌍방의 의견이 대립되었다. 그러자 그는 수차에 걸쳐 동경에 대해 무력으로 조선을 위협하는 것이 가장 효과적인 해결방법이라고 주장하고 군함 수척을 조선 수역에 파견할 것을 건의하였다. 모리야마가 도쿄로부터 귀국명령을 받은 9월 20일 조선 서해안 강화도 수역에서 운양호사건이 일어났다. 상술한 것처럼 당시의 국제정세가 일본정부로 하여금 조선에 대해 이러한 도발행위를 감행할 수 있게 한 유력한 요인이있다. 그렇지만 현실주의자 오쿠보로 하여금 실제로 이러한 행동을 취하게 한 직접적 이유는 일본국내 정치정세였다.

대만문제가 해결된 직후인 1875년 2월 오쿠보는 정부의 정치적 기반강화를 위해 전년초 정부의 대만출병 결정을 반대하여 사직한 조슈파(長州派) 영수 기도 다카요시(木戶孝允)의 재입각을 요청하였다. 이에 기도가 정한논쟁에 패하여 하야한 도샤파(土佐派) 영수 이타가키 다이스케(板垣退助)의 동시 입각을 요구하자 오쿠보도 동의하였다. 이때 3자가 합의한 것이 정부를 개조하여 광범한 국민을 대표하는 기구로 만든다는 것이었다. 그후 원로원 · 대심원(大審院) · 지방장관회의 등이 창설되어 합의조건의 일부가 실행되었다.

그러나 내각참의들이 각 성 장관을 겸임하는 것을 금하는 이른바 내각 제성(諸省) 분리안만은 원래 참의로서 내무성의 장인 내무경을 겸하고 있는 오쿠보의 강대한 권한을 감축하기 위한 것이었다. 그 때문에 오쿠보는 물론 이를 반대, 지연시키고 있었다. 이에 분격한 이타가키 일파는 오쿠보의 배신을 비난 공격하여 그의 실행을 강경히 요구하였다. 이로 말미암아 정치적으로 곤경에 빠진 오쿠보가 이로부터 탈출하기 위하여 계획하고 도발한 것이 운양호사건이었다. 그는 이 사건을 국내에서는 자파를 위하여 정치적으로 이용하고 국외에서는 한국에 대하여 외교적으로 이용하는 일석이조의 효과를 노렸다.

9월 20일에 일어난 이 사건이 동경에 보고되자 오쿠보 일파는 10월 초에 한일관계에서 돌발한 국가비상사태에 대처함에 있어서 국내정치·행정적 혼란을 피한다는 것을 이유로 내각 제성 분리문제를 무기 연기할 것을 각의에서 채택하였다. 그리고 10월 19일에 천황의 윤허를 받았다. 오쿠보·이타가키 양인을 모두 비난하고 내각에서 사직하려고 하였던 기도는 한국문제 해결에서 주도권을 잡기 위하여 하룻밤만에 번의하고 내각에 오쿠보정부를 지지하기로 하였다. 이때 이타가키는 다시 정부에서 물러갔다. 이와 같은 민첩한 정치적 조치와는 반대로 오쿠보 일파는 사건 자체에 관해서 느리게 대응하였다.

4. 강화도조약과 중국

대만문제는 오쿠보와 사쓰마파(薩摩派)가 주도권을 잡고 해결하였으니 조선문제는 자기와 조슈파(長州派)가 주도적으로 해결해야 한다는 것이 기도 다카요시의 생각이었다. 상술한 바와 같이 그가 사의를 변경하고 정부에 머물기로 한 것은 바로 이 때문이었다. 그래서 조선에 파견될 전권대표에 임명되기를 자원하고 누차 정부에 요청하였다. 정부에서도 국내정치문제가 일단락된 11월에 응하기로 하였으나 돌연 발생한 건강상 이유로 그의 임명은 실현되지 못하였다. 그러나 기도의 건의에 따라 정부는 조선의 종주국인 중국에 사절을 파견하여 조선문제 해결을 위한 청조의 협조를 구하기로 결정하였다. 전 주미공사 모리 아리노리(森有禮)가 초대 주청일본공사로 임명되어 이 임무를 담당하게 되었다.

모리는 1876년 1월 초 북경에 도착 직후 즉시 총리아문과 교섭을 시작하였다. 이 과정에서 총리아문은 조선은 청조의 속방이나 정교와 금령은 일체 스스로 처리하며 외교도 자유로 처리하니 청조는 조선의 행동에 대하여 책임이 없다고 주장하였다. 모리는 조선이 내정외교에서 스스로 주권을 행사하는 이상 독립국으로 인정되어야 한다고 주장하며 조선에 대한 청조의 종주권을 부정하였다.

1월 하순 모리는 보정(保定)으로 이홍장을 예방하고 조일문제에 관하여 그의 협조를 요청하였다. 이홍장은 이 문제에 관하여 중국이 일본을 도와줄 수 없다고 밝히고, 그 이유는 만일 그렇게 하면 서방 각국도 중국에 대하여 동일한 협조를 요구할 것이기 때문이라고 설명하였다. 이홍장은 또한 일본이 조선을 공격하면 중국과 러시아도 조선에 출병할 것이라고 경고하고 까닭 없이 평화를 깨뜨린다면 아무런 이익이 없다고 부언하였다. 그는 또 모리와 그의 수행원의 질의에 응하여 청일수호조규에 있는 소속방토(所屬邦土) 의미는 중국의 경우에는 본토 18행성 뿐만 아니라 조선과 유구도 포함된다고 주장하였다. 끝으로 모리공사가 조일간의 평화를 보존하기 위하여 조선에 대한 중국의 권도가 필요하다는 것을 강조하자 이홍장은 자기로서 할 수 있는 데까지 노력해 보겠다고 말하였다.

청국 총리아문과 이홍장은 모두 조일간 분쟁에 정식으로 개입하는 것을 거절하였다. 그러나 실지로는 양자가 모두 조선 당국에 일본과 불화관계를 조성하는 것은 현명하지 못하다는 것을 강조하고 일본에 우호적으로 대할 것을 권고하였다. 이홍장은 이미 1월 초에 조선 왕세자책봉을 위한 주청사로서 북경을 방문하고 귀국하는 전 영의정 이유원(李裕元)에게 보내는 서한에서 조일간의 불화에 대한 우려의 뜻을 전하였다. 총리아문도 모리공사와 교환한 공한과 아문의 주편(奏片)의 등본을 예부를 통하여 조선정부에 전송하였다. 거기에서 총리아문은 일본의 의도가 평화적이며 수호조약 체결이 목적이니 이를 거절하지 않으면 양국간의 평화는 유지될 것이라고 충고하였다. 또 강화도에서 양국간의 회담이 진행되고 있을 때 한국 왕세자의 책봉을 위하여 서울에 온 청조 책봉사는 고종에게 일본과 불편한 관계를 갖지 말도록 당부하였다. 이와 같이 명치유신 이후 8년을 두고 여러 가지 우여곡절을 겪어온 조일 국교조정문제가 해결되고 양국간에 신관계가 성립되는 과정에서 청조가 수행한 역할은 결코 간과할 수 없는 것이었다.

6척의 군함과 800명의 군대에 호위된 일본 전권대표단이 강화도에 도착한 것은 1876년 1월 말이었다. 양국대표들은 10여 일의 회담 끝에 2월 27일 전문 12조로 된 조일수호조규에 조인하였다. 그 내용은 전문에 일본측 원안에 있었던 '대일본제국황제'와 '조선국왕전하'는 조선측의 반대에 의하여 삭제되고 각각 '대일본' '대조선국'으로 대치되었다. 제1조에 있는 '조선국자주지방(朝鮮國自主之邦)'으로 일본국과 평등한 권한을 보유한다'는 조항은 조선이 완전한 독립국임을 분명히 하여 중국 종주권을 부정할 목적으로 삽입한 것이었다. 그러나 조선측은 조선이 중국의 속방이나 내정 일본측이 외교에 자주적으로 주권을 행사한다는 종래의 일관된 주장을 재확인한 것으로 간주하였다. 기타 조항에서 조선은 일본에 대해 부산 이외에 새로이 2개항을 개방하고 개항장에 있어서 영사재판권을 인정하여 조선영해의 측량을 허가할 것을 일방적으로 약정하였다.

이 조약은 근본적으로 모든 독립국가는 평등한 주권을 향유한다는 서구적 이념과 원칙에 입각하여 조일관계를 재규정하였다. 이로써 서열적 동아시아 국교체제를 거부하고, 간접적으로 중국의 종주권을 부정하였다. 이리하여 조선은 형식적 내지 이론적으로 근대 국제사회에 편입되었다. 이 조약은 또한 전형적인 일방적 불평등조약이었다. 명치일본은 당초 유신외교의 목표였던 조선에 대한 서열상 우위를 획득하는 데는 실패했으나, 그 탈아외교의 목표인 불평등 조약에 의한 외교통상상의 특권을 확보하는 데는 성공하였다.

V. 청한종속 관계의 변질

1. 이홍장의 대한정책의 형성과 발전

중국을 종주국으로 한 전통적 동아시아 세계질서하의 조선을 자주지방(自主之邦)이라고 한 것은 19세기 일부 서방외교관들이 생각한 것처럼 청조 당국이 조선에 대한 책임을 회피하기 위한 구실이나 변명이 아니었음은 물론이다. 청한 종속관계는 원래 청조에 의하여 무력으로 강요된 것이었다. 그러나 청조입관(淸朝入關) 후 2백 수 십년 동안 양국관계는 주로 의례적인 것이었고 종주국인 청조가 조선정부에 대하여 내·외정에 있어 간섭이나 개입한 적은 없었다.

이것은 결코 청조가 조선에 대하여 무관심했다는 것을 의미하는 것은 아니다. 북방에 그 정치적·군사적 기반을 가진 모든 중국왕조와 마찬가지로 만주에서 발상한 청조는 건국초기부터 이른바 그 용흥지지(龍興之地)의 안전과 방위를 위한 한반도의 전략적 중요성에 대해 어느 역대왕조보다도 예민하였다. 1860년대부터 한반도에 대한 서방, 특히 러시아의 압력과 명치일본의 팽창주의적 위협이 증대됨에 따라 청조당국자들의 한반도에 대한 관심도 비례적으로 커져 갔다. 이들 중 가장 중요하고 대표적인 인물이 이홍장이었다.

1870년 후 이홍장은 직예총독과 북양각국통상대신을 겸임하고 기보(畿輔)뿐만 아니라 화북, 남만 그리고 한반도까지 포함한 광대한 지역에 걸쳐 외교, 통상, 군사상 강대한 권한과 중대한 책임을 지고 있었다. 그는 만청(滿淸)왕조의 방위를 위하여 한반도는 대만이나 중국

남부의 제성보다 전략적으로 더 중요하다고 생각하였다.

정한론, 대유구 단독주권론, 대만출병 등 일본의 침략적 팽창주의가 점차 노골화됨에 따라 이홍장의 한반도에 대한 관심은 불안으로 변해갔다. 대만사건이 일어난 1874년 말 그는 일본의 다음 목표는 조선이라는 것을 예측하고 증대하는 일본의 위협에 대처하기 위해 대규모 근대적 해군건조계획을 청나라 조정에 건의하였다. 그러나 이때 신강(新疆) 전역을 휩쓸고 있는 회족(回族)반란의 진압에 힘쓰고 있던 협감총독(陝甘總督) 좌종당(左宗棠)은 이에 반대하는 상주문에서 변방방비의 긴급성을 강조하였다. 이리하여 전개된 해방(海防) 대 새방(塞防)의 대논쟁에서 결국 새방론(塞防論)이 승리하자 이홍장은 자신의 해군건설계획을 대폭 감축하지 않으면 안되었다.

이러한 정세하에서 이홍장은 비군사적 방법과 수단으로 한반도의 안전보장을 강구하게 되고 그 결과 택한 것이 조선에 대한 서방열국과의 입약권도책(立約勸導策)이었다. 이것은 서방국가들이 도입한 조약체제에 조선을 편입하고 한반도에 서방제국의 경제적 이권을 조성하여 일본과 러시아 세력의 일방적 침투를 막는 수단으로 하자는 것이었다. 환언하면 조약체제를 이용하여 한반도의 균세지국(均勢之局, balance of power)을 조성하자는 구상이다.

1876년 강화도조약에 따라 일본이 한반도에서 외교, 통상, 군사적 진출을 위한 합법적 기반을 획득하게 되자 이홍장의 균세지책(均勢之策)의 조기실현은 더욱 긴급하게 되었다. 그러나 상호 내·외정 불간섭이라는 확고한 전통이 있는 청한 양국관계에서 종주국 청조도 이를 강요할 수는 없었다. 이홍장은 만일 청조가 조선에 대해 서방제국과 입약할 것을 강요한다면 보수적인 조선 조야는 필연코 반대 거절할 것이니 그렇게 되면 청조의 권위를 손상시키는 결과 밖에 안된다는 것을 잘 알고 있었다. 여기서 그가 채택한 점진적이며 간접적인 방법이 앞서 말한 이유원과의 서신연락이었다.

강화도조약 체결을 전후하여 시작한 양자간의 사신교환은 그후 수

년간 계속되었다. 그 과정에서 이홍장은 당시의 세계정세와 일본과 러시아의 야심을 누누이 설명하고 이러한 미증유의 상황에 처하여 한국도 수수방관할 수 없으니 그 문호를 개방하고 서방제국 특히 미국과 우호관계를 맺을 것을 간곡히 권고하였다. 이에 대하여 이유원은 시종일관 소극적인 반응을 보이면서 완곡히 거절하였다. 이것은 당시 국내사정에 비추어 볼 때 놀랄 것은 없다고 하겠다.

이와 같이 이홍장의 대한권도정책은 초기에는 아무런 효과를 거두지 못했다. 그러나 유력한 청조의 지도자가 한국의 대외정책에 관하여 간접적으로나마 조언이나 권유를 했다는 것은 양국간의 상호불간섭 전통에서 이탈하기 위한 제일보였다고 하겠다.

2. 한미 수교와 중국

청조 당국이 직접 조선에 대해 서방제국과 조약을 체결할 것을 권유하기로 결정하는 계기가 된 것은 1879년 중러 간에 일어난 이리사건(伊犁事件)과 일본에 의한 유구병합이었다. 전자는 회족반란 중 신강의 전략적 요충지인 이리지방을 점령한 러시아가 조약을 위반하고 반란이 진압된 후에도 철수하는 것을 거부한 데서 발생하였다. 후자는 이 사건으로 말미암아 중러 양국이 대립하고 있는 틈을 타서 일본이 유구왕국을 없애고 그 영토를 삼킨 사건이다. 이 양 사건에 의해 청조 당국은 조선에 대한 일러 양국의 위협을 재인식하고 이에 대처할 대책을 서둘렀다. 즉 1879년 8월 총리아문의 주청에 의하여 청국은 이홍장에게 조선정부를 회유하여 서방제국과 입약하도록 하라는 명령을 내렸다.

청한 종속관계사상 전례가 없는 이 결정은 두 가지 점에서 획기적인 의의가 있었다. 하나는 전통적으로 예부소관이던 대조선 연락사무의 중요한 부분을 북양대신 소관으로 하였다는 것은 청한 관계가 이미 단순히 의례적인 것이 아니고 외교·통상·군사와 같은 실질적인 것으로 되었다는 것을 의거하였다. 또 하나는 대외관계를 소관하는 총리아문이 아니고 북양대신에게 대한교섭을 담당하게 한 것은 조선을 자주국가로 존속시키는 것보다 오히려 청조의 직접적 통제하에 넣자는 것을 의미하였다.

청국으로부터 새 임무를 받은 이홍장은 이유원에게 장문의 서한을 보냈다. 거기에서 그는 유구 병합에 나타난 일본의 야망을 말하고 조선이 일러 양국의 위협에 대처하는 가장 좋은 방법은 미·영·독 각국과 입약하는 것이라고 강조한 다음 자기의 권고를 한국에 전해줄 것을 간청하였다. 그러나 당시 이홍장의 권고에 찬동하고 나설 만한 식견과 용기를 가진 인물이 조선조정에는 없었다.

이홍장의 대조선권도책은 결국 1882년 5월에 체결된 조선과 미국간의 수호통상조약에 의하여 실현되었다. 이 조약 체결의 교섭과정에서 이홍장은 누차 조선 당국에 정부관원을 천진에 파견하여 교섭을 담당시킬 것을 청했다. 그러나 조선정부에서는 국내사정에 의하여 응하지 못하고 이홍장에게 교섭대행을 요청하였다.

이리하여 조미간의 입약을 위한 협상은 이홍장과 미국 전권대표 로버트 W. 슈펠트 제독간에 1882년 3월 하순 천진에서 개최되었다. 당시 영선사 김윤식이 천진에 체류하고 있었으나 배후에서 자문에 응하였을 뿐 직접 교섭에는 참가하지 않았다. 토의 과정에서 이홍장은 조선이 중국의 속방이라는 것을 조약내에 명문화하려고 시도했으나 미국측의 반대로 실패하였다. 대신 조약본문과는 별도로 동일한 내용의 서한을 조선국왕으로부터 미국 대통령에게 보낸다는 것으로 낙착하였다.

작성된 조약초안을 가지고 동년 5월 중순에 슈펠트 제독과 그의 일행, 그리고 조약조인 때에 거중(居中) 주선과 조정을 위하여 마건충(馬建忠) 등 중국관원들이 인천에 도착하였다. 조미 양국대표들에 의하여 조약이 조인된 것은 5월 22일이었다. 전문 14조로 된 조미수호통상조약은 조선측으로부터 미곡수출을 금지하는 조항을 삽입한 것 이외는 전문이 초안대로 된 것이었다.

제1조에 조약국 중 어느 일방이 제3국으로부터 불법 부당한 처우를 받을 경우엔 다른 일방이 이를 도와 거중조정(居中調停)을 한다고 되어 있었다. 이것은 일본과 러시아로부터 조선을 보호하려는 이홍장의 의도를 반영한 것이었다. 조약조인과 동시에 상술한 바와 같이 조선은 대청국의 속방이나 내정과 외교를 자수적으로 하며 미국과 평등한 지위에서 수교하며 앞으로 조미 양국관계와는 아무런 관계가 없다는 내용의 고종 친서를 미국대통령 앞으로 보냈으나 완전히 묵살되고 말았다.

조미조약이 조인된 후 1개월 여내에 조영, 조독 조약이 조인되었는데 그 내용은 조미조약과 동일한 것이었다. 아울러 그를 위한 사전교섭, 조인절차 등 모든 것이 마건충 등 이홍장 휘하 북양관료들과 막우들에 의하여 주선, 처리되었다.

또 한 가지 간과할 수 없는 것은 조약체결을 위한 교섭에 직접 참가하지는 않았지만 당시 도쿄에 주재하고 있던 청국공사 하여장(何如璋)과 참찬 황준헌(黃遵憲)의 측면적인 노력이다. 양인은 1880년 여름 일본을 방문한 수신사(修信使) 김홍집(金弘集)과 여러 차례 환담하는 가운데 그에게 국제정세를 설명하고 조선만이 쇄국할 수 없다는 것을 역설하였다. 특히 황준헌은 『조선책략(朝鮮策略)』이라는 소책자까지 저술하여 서방 각국이 국제외교상 관용하는 이른바 균세법(均勢法)의 채택을 강조하였다. 거기에서 그는 조선은 러시아의 위협에 대처하기 위하여 친중국(親中國)·결일본(結日本)·연미국(聯美國)해야 한다고 강조하였다.

중국인들이 청년정치가 김홍집에게 깊은 감명을 주었으며, 김홍집의 보고와 황준헌의 책자가 고종과 당시 조정의 지도자들이 이홍장의 권유를 수락하기로 결정하는 데 큰 힘이 되었다는 것은 의심할 바 없는 것이다. 미·영·독 3국과의 입약에 의하여 동방의 은자 조선도

마침내 그 문호를 서방세계에 개방하고 비로소 본격적으로 근대 국제사회의 일원으로 등장하게 되었다.

이 과정에서 이홍장은 당초 청한관계의 전통과 관례를 존중하여 권유자 내지 조언자로 시작하였다. 그러나 내외정세의 긴박과 조선조정의 보수성으로 말미암아 종국에는 주도자 역할을 하게 되었다. 동기와 이유가 무엇이었든 그가 조선외교의 주도권을 장악하였다는 것은 전통적 청한 종속관계의 기본정신, 원칙, 관행에 위배되는 것이었다. 이것은 종주권의 강화가 아니고 종주권에서 이탈한 것이었다. 이 사실은 청한 종속관계와 새로 성립된 조일, 조미 관계 간의 근본적 모순과 아울러 결국 청한관계 자체를 근본적으로 변질시키게 되는 것이다.

3. 임오군란과 중국의 한국 내정개입

조선과 서방 3국간의 조약이 조인된 불과 1개월 후 서울에서는 임오군란과 그에 수반한 정변이 일어났다. 이는 겨우 궤도에 올려놓은 이홍장의 한반도에 대한 외교전략을 일시에 파괴할 수 있는 위험을 지닌 것이었다. 정변의 소식을 일본정부에서 입수한 주일청국공사 여서창(黎庶昌)은 급전으로 천진에 보고하였다. 당시 어버이의 죽음으로 귀향한 이홍장을 대신하여 직예총독과 북양대신직을 서리하고 있던 장수성(張樹聲)과 그의 막료들은 즉시 오장경(吳長慶) 휘하 회군(淮軍) 3천명을 조선에 급파하기로 결정하고 황제의 윤허를 받았다.

조선에 대한 파병결정을 내리는 과정에서 장수성과 그의 동료와 막료들은 당시 천진에 체류 중이던 어윤중(魚允中), 김윤식(金允植)의 의견을 청취하였다. 그것은 주로 청군이 조선에 상륙한 후에 취할 사건처리 방법과 조치에 관한 것이었다. 파병결정 자체는 이들의 의사와 관계없이 청정 당사자들에 의하여 결정된 것이었다. 이리하여 8월 하순에 서울에 입성한 도원(道員) 마건충과 3천명을 거느린 제독 오장경은 대원군을 납치하여 천진으로 압송하고 반란세력을 토벌하여 고종의 친정을 회복하였다.

이 모든 것은 고종이나 조선정부 당국의 요청에 의한 것이 아니고 청조당국자들의 일방적인 결정에 의한 것이었다. 이것은 서방 3국과의 입약문제에 있어서 조선외교의 주도권을 잡고 있던 청조가 임오군란에서 결정적인 무력개입을 단행함으로써 조선 내정도 그의 직접적인 통제하에 넣었다는 것을 의미한다. 이로써 조선이 내정과 외교를 자주한다는 청한 종속관계의 기본원칙은 파괴되고 이때부터 청한관계는 근본적으로 변하게 되었다. 이 변질의 성격이 구체적으로 반영된 것이 그해 10월에 시행된 이른바 조중상민수륙무역장정(朝中商民水陸貿易章程)이었다. 이 장정은 조선과 중국간에도 근대적 통상을 수립하여 일인에 의한 조선시장 독점을 막기 위한 것이었다. 1882년 초 어윤중, 이조연(李祖淵)이 이에 관한 청조 당국의 의향을 타진하기 위하여 천진을 방문하고 이홍장과 천진해관도(天津海關道) 주복(周馥) 등 관계자들과 상의한 바 있었다. 그러나 조미 입약문제와 임오군란 등으로 교섭이 중단되었다가 동년 가을에 조영하, 어윤중이 다시 천진에 가서 교섭을 재개하고 장정초안을 작성한 다음 청나라 조정에서 공포한 것이다.

종주국과 속방간에 상호 비준하는 조약은 있을 수 없는 것이었기 때문에 청한 간의 이 통상협정은 청조의 장정형식으로 공포된 것이다. 그러나 이 장정 공포에 이르기까지의 양국간의 교섭 과정은 조약체결을 위한 교섭과정과 크게 다를 바 없었다. 특히 그 내용에 있어서는 서방 열강이 중국이나 일본에 강요한 불평등조약과 한일강화조약과 동일한 것이었다. 양자간에 차이가 있었다면 불평등조약은 힘에 의하여 강요되었고 중한 무역장정은 전통적인 종주권에 의하여 정당화되었다는 것 뿐이다. 양자가 모두 조선에 대해서 착취적이고 약탈적이었다는 점에서는 아무런 차이가 없었다.

상술한 바 1882년에 일어난 여러 가지 일들을 계기로 '사대이례 자소이덕(事大以禮 字小以德)'이라는 중한 종속관계의 유교적 도덕기초는 완전히 파괴되고 양국간의 조공제도는 그 형해만 남게 되었다. 청조의 대조선정책은 가능한 모든 수단과 방법으로 외교적·전략적·경제적 특권과 이익을 추구하는 제국주의적 성격으로 변질되었다. 당시 청국이나 일본에 대한 서방열강의 정책을 1차적 제국주의(primary imperialism)라고 한다면 청조와 명치일본의 대한정책은 2차적 제국주의(secondary imperialism)라고 정의할 수 있을 것이다.

VI. 맺음말: 청·한·일 신관계와 갑신정변

1870년대 초부터 1880년대 초에 걸쳐 10여 년간에 형성된 한·청·일 3국간의 새로운 관계는 서방 열강들의 동방진출의 결과 일어난 동아시아 국가들의 국내 정치·문화·경제와 대외관계에 획기적이고 근본적인 변혁이 일어나는 과정에서 성립 발전되었다. 무너져가는 동아시아적 세계질서와 이를 대치하게 되는 서구적 국제질서간에 불가피적으로 발생하는 갈등, 이에 수반하는 전통과 변혁 간의 모순이 이 국가들 상호관계에서 뿐만 아니라 각기 국내정치에도 긴장(tension)과 마찰(friction)을 발생시켰다. 따라서 갑신정변은 근본적으로 이러한 긴장·마찰의 산물이었다고 하겠다. 이와 유사한 상황은 동시대의 일본이나 중국에서도 볼 수 있는 것이다.

동아시아에서 구질서가 붕괴되기 시작하자 중국의 전통적인 권위와 지도력이 약화되었다. 이에 신흥 일본이 도전하여 이 지역에서 영도권을 잡으려고 하였다. 이 중일 쟁패전에 한반도가 불가피하게 휩쓸려 들어갔다. 국제적으로 보면 갑신정변은 이 중일 쟁패의 산물이었음이 분명하다.

동아시아에서 전통적 세계질서가 무너지고 서구적 국제질서가 성립됨에 따라 이 지역 국가나 민족들간에는 사대자소(事大字小)에 의하여 표현되는 국가간 관계에 있어서 유교도덕적인 규제가 없어지고 종주국이던 청국 자체가 생존을 위하여 적자생존(適者生存)으로 표현되는 사회적 다윈주의(Social Darwinism) 가치관에 입각한 대조선정책을 추구하게 되었다. 특히 임오군란 이후 원세개와 같은 인물이 이 경향을 대표했다고 할 수 있다. 갑신정변은 이러한 청조의 2차적 제국주의에 대한 반발이었으며, 따라서 갑신정변은 친일적이었다기보다 반청적인 민족감정을 반영하고 있었다.

갑신정변의 지도자들, 즉 김옥균(金玉均), 박영효(朴泳孝), 홍영식(洪英植), 서광범(徐光範) 등은 동시대 중국의 청류당(淸流黨) 인사들과 같이 젊은 엘리트관료들이었다. 양자의 공통된 특징은 높은 자존심, 예민한 감수성, 그리고 비현실적이고 과격한 이상주의이다. 그들이 청류당 인사들과 다른 점의 하나는 일본사회를 경험하고 명치유신기 청년지사들의 기풍과 행동에 영향을 받았다는 점이었다. 특히 그들이 추종한 일본의 근왕지사들 간에 볼 수 있는 이론보다 행동을 존중하고 자기들이 주관적으로 옳다고 생각하는 목적은 여하한 수단이라도 이를 정당화한다는 사고방식 혹은 신념이었다. 갑신정변에 있어서 그들의 행동은 중국 청류당 인사들의 유교적 이상주의와 일본 유신지사들의 기풍이라는 두 가지 요소를 보여준다 하겠다.

끝으로 갑신정변 지도자들 동시대 한국관료들이나 사림의 대다수에 비해 개명적이고 진보적이었다는 것은 논의할 필요도 없다. 또 그들이 모방하려고 한 당시 명치일본이 만청중국보다 더 개명적이고 진보적이었다는 것도 대체로 이론이 있을 수가 없다. 그러나 청류당 인사들이나 유신 일본지사들이 반드시 개명적이고 진보적이었다고 할 수 없는 것은 갑신정변 지도자들에게도 어느 정도 적용되는 것이 아닌가 생각된다. 그들이 동시대의 지도자들, 예를 든다면 김홍집, 어윤중, 김윤식 같은 인물에 비교하여 더 진보적이고 근대적 사상의 소유자였다고 하기에는 문제가 있을 것 같다.

이홍장과 청일전쟁
— 외교적 배경의 고찰 —

I. 머리말

1894～1895년 청일전쟁은 비단 교전 당사국인 중일 양국과 전쟁의 직접 대상이 된 한국뿐만 아니라 동아시아 전역의 근대사상에 중요한 영향을 준 대사건이다. 이같이 국제적으로 중요한 의의를 가진 사건은 결코 우발적이나 돌발적으로 일어나는 것이 아니다. 청일전쟁의 경우에도 그 배경과 원인은 복잡다단하고 장구한 것이었다. 중국과 일본은 다같이 19세기 중엽 서방 열강의 강압에 의해 근대 국제사회에 편입되었다. 동시에 양국은 모두 서방 열강의 강압과 침략으로부터 국토의 보전과 국가의 독립을 보위하기 위해 각자 군사력과 경제력 강화를 위한 노력을 전개하였다. 양국은 동아시아 내에서의 지역적 영도권을 장악하기 위한 경쟁을 벌였다. 이 경쟁은 4반 세기에 걸쳐 계속되었다. 청일전쟁은 바로 이 중일 간 쟁패전의 최후의 군사적 대결이었다. 따라서 청일전쟁의 역사적 의의를 이해하자면 먼저 동아시아 지역 내의 영도권을 둘러싼 양국 간의 경쟁과 쟁패를 고찰할 필요가 있다.

1870년 6월 천진교안(天津教案)이 발생하자 청조는 협서성(陝西省) 일대에서 회교도반란 진압작전을 지휘하고 있던 호광총독 이홍장(李鴻章)에게 급거 군대를 이끌고 근기지방으로 이동하도록 하였다. 이홍장은 회군(淮軍) 25,000명을 거느리고 강행군하여 9월 초 직예성(直隷省, 現 河北) 보정(保定)에 도착하였다. 이에 앞서 8월 말 청조는 그를 직예총독으로 임명하여 노환으로 중임을 감당하기 어렵게 된 그의 스승 증국번(曾國藩)을 대신하여 프랑스와 담판을 포함한 사태처리를 담당케 하였다. 뒤이어 11월에는 천진(天津)에 있던 삼구통상대신아문(三口通商大臣衙門)을 철폐하고 그 소관임무를 직예총독에 귀속시켰다. 이리하여 이홍장은 청일전쟁이 끝나는 1895년 8월까지 무려 4반 세기동안 근기지방은 물론 발해만 연안 전지역에 걸쳐 행정·경제·군사·외교·해방(海防)의 각 분야에서 막중한 직책을 담당하고 권한을 행사하였다. 특히 그는 이 전기간을 통해 조선과 일본에 대한 청조의 모든 정책을 수립하고 직책과 활동을 몸소 이끌어 나갔다. 그러므로 이홍장을 빼놓고는 청일전쟁을 말할 수 없는 것이다.

청일전쟁과 이홍장에 대한 연구는 이미 한국·중국·일본은 물론 구미학자들에 의해 많이 이루어져 왔다. 그것은 여기에 상세히 열거하기 힘들 정도이다. 본 논문은 청일전쟁과 관련한 이홍장의 역할에 관해서 새로운 실증적 검토가 아니다. 1870년대 초부터 1895년까지를 시기적으로 크게 구분하고 각 기간 혹은 단계에서 주로 그가 추구한 일본과 한국에 대한 외교정책의 성격과 목적을 기존 연구에 기초하여 개관하는 것이 목적이다.

II. 초기의 대일정책: 연일제서(聯日制西), 1870～1879

청일수호조규(淸日修好條規)와 조선: 이홍장이 처음 청조의 대일외교문제에 간여하게 된 것은 1870년 가을이었다. 9월 말 직예총독의 직무를 인계받은 직후인 10월 2일 그는 일본 외무성의 고관 야나기와라 사끼마스(柳原前光)의 방문을 받았다. 이때 야나기와라는 중국과 국교를 수립한다는 명치정부의 결정에 따라 청조의 태도를 타진하기 위해 파견되었다. 야나기와라는 천진에서 증국번과 이홍장을 예방하여 일본정부의 의사와 자기의 사명을 설명하고 명망이 높은 이 두 사람의 원조를 요청하였다. 증·이 양인은 요청을 받자 모두 북경의 총리각국사무아문(총리아문)에 보고하여 일본의 수교요구에 응하도록 종용하였다.

이홍장은 일본이 서양제국의 압력 아래 그들과 통상하고 있으나 그들에게 이용당하는 것을 마음속으로 못마땅하게 생각하면서도 혼자 힘으로 항거하기 어려워 중국과 협력하기를 원한다는 야나기와라의 말을 전하였다. 그리고 그는 일본의 군사력이 다른 동아시아 국가에 비해 훨씬 강하니 이와 연합하여 '외원(外援)'으로 삼고, 중국을 침범하려는 서양인들의 기지가 되게 해서는 안된다는 견해를 개진하였다. 그는 일본이 장래 중국에 큰 고질이 되리라 염려하였기 때문에 이와 입약통상(立約通商)하여 그 행동을 견제함으로써 후환이 없도록 하여야 한다고 생각한 것이다. 당초 일본을 조공국이나 다름없이 간주했던 통리아문은 그 수교(修約)요구를 거절하기로 하였다가 이홍장의 재차의 권유를 받아들이기로 하였다. 이리하여 이홍장은 1871년 7월 9일 일본과의 조약체결 준비를 처리하는 전권대신에 임명되어 일본 전권대신 다테 무네나리(伊達宗城)가 천진에 도착하는 것을 기다려 수약교섭을 개시하였다.

중국과 일본이 역사상 처음으로 근대적 조약을 체결하게 된 배경에는 양국 간에 개재한 한국에 대한 각자의 의도와 목적이 중요한 요인이 되었다. 일본의 경우 이른바 왕정복고라는 개념에 사로잡혀 있던 명치정부가 조선왕국에 대한 일본 천황(국왕)의 서열상의 우위를 주장하고 나섰기 때문에 양국 간의 국교조정 교섭은 처음부터 순조롭게 진척되지 못하였다. 이에 일본정부는 조선의 종주국인 청조와 대등한 지위에서 조약을 체결하여 천황과 청국 황제간의 동등한 지위를 확립함으로써 조선정부로 하여금 그 국왕에 대한 일본 천황의 서열상의 우위를 인정하도록 하려 하였다. 한편 이홍장은 연일제서(聯日制西) 구상 하에서 일본과의 조약을 조선에 대한 청조의 종주권과 한반도에서 중국의 전략적 위치에 대한 일본의 도전을 막고, 중국에 대한 서방 열강의 침략을 지원하지 못하도록 하는데 이용하려 하였다.

1871년 9월 13일 조인된 중일수호조규와 통상장정에는 상술한 양측의 의도와 목적이 반영되어 있었다. 일본을 위해서는 상호평등과 호혜원칙으로 관철된 이 수호조규는 사상 처음으로 중국과 동등한 지위를 보장하였다. 이것은 일본의 획기적인 외교적 성공이었다. 한편 수호조규 제1조는 청일 양국은 서로 상대방의 '방토(邦土)'를 침범하지 않는다고 선언하였다. 이것은 이홍장이 삽입한 것인데 그 자신의 해석에 따르면 '방토'의 '방'은 속방을 뜻한 것이며, 청조의 '속방'인 조선을 일본의 침략적 야심으로부터 보호하는 것이 그의 의도였다. 제2조는 장래 어떤 제삼국이 중일 양국 중 한나라에 대해 부당한 행동이나 위협을 가할 때 서로 원조한다고 규정하였다. 이 역시 이홍장이 주장한 것인데 서방 열강에 대해 항상 영합적인 일본이 그들의 반중국적인 정책이나 행동에 가담하는 것을 방지하는 것이 그 목적이었다. 이 조항이 당시 서방 열강으로부터 청일공수동맹(淸日攻守同盟)을 의미한다는 비난을 받게 되자 일본정부는 조약을 비준하기 전에 삭제하려고 시도했다. 그러나 이홍장은 단연히 거절하였다. 이와 같이 이홍장의 연일제서 구상은 1873년 4월말 청일수호조규의 비준서가 천진에서 교환됨으로써 일단 실천단계로 옮겨졌다.

일본의 대만출병: 직예성 일대의 근기지역과 용흥지지(龍興之地)인 만주(滿洲)는 청조에게 정치・군사적으로 반드시 수호해야 하는 지역이었다. 따라서 이홍장은 이 지역의 병폐(屛蔽)가 되는 한반도를 군사전략상 대만이나 중국 남부 여러 성보다 더 중요한 것으로 간주하였다. 또 그는 바로 이 중요한 한반도가 일본의 대륙 팽창주의적 야심의 첫 번째 대상이라는 것도 알고 있었다. 그래서 1874년 일본이 한반도가 아니라 대만에 출병했다는 소식을 접했을 때 그는 반신반의하였다. 이 소식이 사실로 판명된 후에도 그는 이 사실보다 오히려 일본의 한반도에 대한 야심을 더 걱정한 것 같다. 그는 일본의 출병동기가 '정한론(征韓論)'에 패배한 불평분자들을 무마하는데 있다고 보

았다. 그리고 그 목적은 유구 선원을 살해한 대만 남부의 원주민을 응징한다는 비교적 단순한 것으로만 생각하고 중국에 대한 영토적 야심은 없다고 판단하였던 것 같다.

일본의 출병사실이 확인되자 이홍장은 곧 총리아문에 대해 북경주재 영미 공사들과 접촉하여 외교적 대응책을 강구할 것과 대만방위를 강화하는 조치를 취하도록 건의하였다. 또 친구인 복주선정대신(福州船政大臣) 심보정(沈葆楨)을 흠차대신으로 임명하여 대만방위 임무를 담당케 하도록 상주하여 이를 실현시켰다. 이어 심보정과 협의하여 자기 통제하에 있는 회군(淮軍) 제영(諸營)의 파견을 포함한 대만방위 강화를 위한 군사적 조치를 취하였다.

대만사태가 발생하여 종결될 때까지 전기간을 통하여 청일 양군간의 직접적 접촉이나 전투는 단 한번도 없었다. 이는 주로 중국측이 전투를 피하고 지구적(持久的) 방위력 증강에 일관했기 때문이었다. 이것은 청군이 근대적 장비나 전투준비에서 일본군보다 뒤떨어져 있다는 이홍장과 심보정의 판단에 의한 것이었다. 그러나 이때 해상전투를 제외하고는 회군의 전투력이 일본군에 비해 양적으로나 질적으로 손색이 있었다고 보기 어렵다. 당시 북경과 동경에 주재하고 있던 서방외교관들은 청일 간에 군사적 대결이 일어나면 청조가 승리한다는 견해가 지배적이었다. 이와 같은 외국의 군사적 도발이나 도전에 대한 소극적 대응은 이홍장의 대외정책의 일관된 특징이었다. 이는 당시 청조의 군사적 취약성을 잘 알고 있었던 그의 신중하고 현실적인 판단에서 나온 것이었다. 그러나 이로 인하여 때로는 좋은 기회를 잃게 된 경우도 있었는데, 일본의 대만출병에 대한 그의 소극적 대응은 그 대표적 일례라 할 수 있다.

일본의 대만출병은 이홍장의 연일제서(聯日制西) 구상에 변화를 가져 왔다. 첫째 이홍장은 일본에 대한 경각심을 높이게 되었다. 그는 한반도에 대한 일본의 침략적 야심이 현실적인 위협이 되고 있다고 판단하였다. 1873년 정한론이 일어났을 때만 해도 실천에 옮길 만한 힘이 없었던 일본은 '정한(征韓)' 대신 '정대(征臺)'를 택하였다. 그런데 일단 대만정벌에 성공하자 자신을 얻게 되어 다시 원래 목표였던 한반도에 주의를 돌리기 시작하였던 것이다. 일본과 연합하여 함께 서양의 침략을 막자는 그의 연일론(聯日論)은 대만사건을 계기로 일본의 침략을 예방하고 견제하자는 양연음제(陽聯陰制)의 성격을 띠게 된다.

해방(海防) 대 새방(塞防) 논쟁: 일본의 내만출병에 충격을 받아 청조에서는 해방론(海防論)이 크게 일어났다. 해방론은 이에 맞서는 새방론(塞邦論)을 불러 일으켜 해방 대 새방의 대논쟁이 전개되었다. 전자를 대표하는 이홍장은 일본군이 대만에서 철퇴한 직후인 1874년 12월 12일 해방의 긴급성을 역설하는 장문의 상주문을 올렸다. 그는 육상병력을 정리하여 서양식 군대로 개편하고 총포와 수뇌를 제조하며 철갑선을 건조할 것과, 신강(新疆)을 잠시 포기하고 여기서 절약되는 군비와 새로 해방세를 부과하여 해방에 충당하고, 해방을 전담하는 아문을 설치할 것 등을 상세하게 건의하였다. 그는 바다로부터 닥쳐오는 서양과 일본세력이 중국에 대한 사상 미증유의 위협이 되고 있으니 이에 대처하기 위해 회교도 반도 수중에 있는 신강을 일시 포기하고서라도 서둘러 서양식 근대 해군을 건설해야 한다고 역설하였다.

그러나 전통적으로 서북 내륙아시아를 군사·전략적으로 중시하고 조종(朝宗)이 경략한 신강을 포기할 수 없었던 청조는 이홍장의 건의를 채용하지 않았다. 뒤이어 좌종당(左宗棠)이 해방과 새방이 다같이 중요하나 신강을 회복하는 것이 초미의 급선무이며, 신강을 포기하여 군비를 절감한다 해도 해방에 반드시 유익할지는 알 수 없으며 도리어 새방에 큰 지장이 있을 것이라는 건의를 올렸다. 청조는 이를 받아들여 좌종당을 신강의 군무(軍務)를 독판하는 흠차대신으로 임명하고 막대한 군비를 투입하여 적극적으로 서정(西征)을 추진키로 하였다.

이와 같이 해방 대 새방 논쟁은 전자의 패배로 일단 끝났다. 이홍장과 양강총독(兩江總督) 겸 남양통상대신(南洋通商大臣) 심보정이 각각 북양과 남양의 해방사의(海防事宜)를 독판하게 되었다. 그러나 신강 회복에 필요한 막대한 군비조달로 말미암아 해방을 위해 책정된 재원은 미미하였다. 따라서 이홍장은 증대되는 한반도에 대한 일본의 위협에 대처하기 위하여 군사적이 아닌 외교적 방법을 모색하게 되었다. 이와 같은 상황에서 1875년 9월 20일 강화도 수역에서 운양호사건(雲揚號事件)이 발생하였다.

운양호사건과 강화도조약: 대만문제를 성공적으로 종결한 후 일본정부는 그 후속조치로 1875년 여름 유구에 군병을 주재시켜 유구왕의 청조 입공(入貢)을 금하고, 청유(淸琉) 종속관계를 일방적으로 단절시킴으로써 유구에 대한 일본의 단독주권 주장을 강화하였다. 한편 일본은 현안인 조선과의 국교재개 문제를 해결하기 위한 유리한 교섭의 단서를 만들기 위해 외국선박 운행이 금지된 강화도 수역에 계획적으로 운양호를 침입시켰다. 오쿠보 도시미치(大久保利通) 정권은 사건을 도발한 3개월 후인 12월 하순 조선에 전권대표단을 파견하였다. 20여 년전 무력으로 일본을 개방시켰던 미국의 포함외교 수법을 모방하여 4척의 군함과 800명의 병력으로 이를 호송하였다.

이홍장은 조선과 일본 간의 분쟁에 청조가 직접 또는 공식으로 개입하는 것은 원치 않았으나 한일 양국이 조약을 맺고 국교를 재개하는 데는 찬성이었다. 그래서 이면으로 총리아문과 조선의 전 영의정 이유원(李裕元)을 통하여 조선정부가 일본의 요구를 수락할 것을 권유하였다. 따라서 1876년 2월에 조인된 강화도조약은 이홍장의 연일책(聯日策)에 부합되는 것이었다고 볼 수 있다.

이 조약은 조선이 일본과 동등한 주권을 행사하는 '자주지방(自主之邦)'이라는 것을 천명하였다. 이는 양국관계에서 역사적 사실이었고 근대 국제법상 기본적 원칙이었다. 그러나 1871년 조인된 청일수호조규에서 일본이 중국과 동등한 주권국가임이 확인된 사실에 비추어 본다면 청조의 조선에 대한 종주권을 부정하는 것이 되는 셈이었다. 여기서 노출된 청조의 대조선·대일본 정책의 근본적 모순은 그

후 중·한·일 관계에서 여러 가지 문제를 파생시키게 된다.

일본의 유구병탄과 연일론(聯日論)의 종언: 일본의 이같은 도전에도 불구하고 이홍장은 계속 연일책을 추진하였다. 1876년 11월에 전 일본외무경 소에지마 다네오미(副島種臣)와 공사 모리 아리노리(森有禮)가 차례로 그를 예방하고 일본은 러시아의 위협에 대처하기 위해 중국 및 조선과 협력하기를 원한다고 말하였다. 이홍장이 이를 전적으로 믿었다고는 생각할 수 없으나 자신이 추진하고 있는 연일책에 대하여 어느 정도 자신을 얻었을 것이다. 다음해 1877년 초 일본에서 사이고 다카모리(西鄕隆盛)를 두목으로 한 사쓰마번(薩摩藩) 무사들의 반란이 일어났다. 이를 진압하기 위해 일본정부가 원조를 요청하자 이홍장은 10만 발의 총탄을 대여하여 우의를 표하였다.

또 이홍장은 유구문제와 관련하여 유구왕의 밀사로부터 구원의 호소를 받았고 주일공사 하여장(何如璋)으로부터 수차에 걸쳐 무력행사를 포함한 대일 강경책을 건의받았다. 그러나 그는 시종일관 국제법에 의한 외교교섭을 통한 평화적 해결을 주장하였다. 뿐만 아니라 조선에도 연일(聯日)을 권하였다. 1878년 이유원에게 보내는 서신에서 그는 일본은 러시아에 대항하기 위해 중국과 연합하기를 원하고 있다고 말하고, 러시아가 근래 터어키(土耳其)와 화의를 성립시키고 상자 동방을 경략하려 하고 있으니 조선은 속히 일본과 연합하여 불측지변(不測之變)에 대비해야 한다고 충고하였다.

그런데 이홍장의 연일론에 결정적 타격을 준 것은 1879년 봄에 일어난 일본의 유구병탄이다. 1875년 이래 일본은 청조의 누차의 항의에도 불구하고 유구귀속 문제에 관한 교섭을 일체 거절하여 왔다. 이리(伊犁)문제로 청조와 러시아가 대립하여 양국 간에 전운이 감돌자 일본은 이를 호기로 삼아 유구국을 폐하고 그 국토를 일본의 판도에 편입하는 조치를 일방적으로 강행하였다. 이에 청조당국이 격분하고 일본과 군사적 대결을 주장하는 동정론(東征論)이 크게 일어났다. 이홍장도 마침내 연일제서론(聯日制西論)을 포기하고 연서제일론(聯西

制日論)으로 전환하였다.

III. 연서제일(聯西制日)에로의 전환: 조선에 대한 열국입약권도(列國立約勸導), 1879～1882

조선에 대한 열국입약권도: 일본이 유구병탄을 감행한 후 한반도가 다음 침략대상이라는 것이 당시 북경 내외인사들의 공통된 견해였다. 1879년 6월 이홍장과 평소 의견을 같이해 온 전 복건순무(福建巡撫) 정일창(丁日昌)이 조선은 이미 일본과 입약하였으니 태서 각국과도 수약(修約)하여 일본의 침략적 야심을 막아야 한다고 상주하였다. 또 주청영국공사 웨이드(Thomas F. Wade)는 총리아문에 대해 조선이 각국과 외교통상 관계를 맺지 않는다면 유구의 전철을 밟게 될 것이라고 경고하였다. 총리아문은 그의 의견을 상주하고, 청나라 조정은 이해 8월 21일 이홍장에게 정일창과 영국공사의 의견을 조선정부에 전하여 서방 각국과 입약통상하도록 권도하라고 하였다.

이리하여 청조는 속방의 내외정에 대한 불간섭의 전통을 깨고 조선의 대외문제에 개입하게 되었다. 다만 청조는 종속 양국의 체면을 고려하여 공식적인 절차를 피하고 이홍장의 사신을 통한 비공식적 방법을 택하였다. 이때부터 이홍장은 청한간의 의례적인 관계를 제외하고 정치·군사·외교·통상 등 모든 실질적인 문제에 간여할 수 있는 권한을 행사하게 된다.

조선에 관한 청조의 명령을 받은 이홍장은 즉각 이유원에게 서한을 보냈다. 이 서한에서 그는 일본에 의한 유구병탄을 언급하고 장차 조선에 대한 일본의 무법한 행동이 없을 것이라고 보장하기 어려우니 조선은 빨리 무비를 갖추어야 한다고 권하였다. 또 조선은 이미 일본과 입약통상하고 있으니 서방제국과도 차례로 입약통상함으로써 일본을 견제해야 한다고 주장하였다. 이유원은 그해 겨울 답서를 보냈다. 그는 조선국내에 거센 위정척사론이 일어나서 자기는 이 문제에 앞장설 수 없으며, 조선은 나라가 빈약하고 국토가 척박하여 많은 외국선을 받아들일 능력이 없다고 하며 이홍장의 권유를 완곡히 거절하였다.

조미수교 교섭의 주도: 다음 해 1880년 여름 이홍장은 주일공사 하여장으로부터 미 해군제독 슈펠트(Robert W. Shufeldt)가 일본에 와서 외무성의 도움을 얻어 조선과 외교접촉을 시도하고 있다는 보고를 받았다. 이홍장은 즉각 슈펠트를 천진으로 초대하였다. 이에 슈펠트는 8월 19일 천진에 도착하여 이홍장과 회담을 가졌다. 미국이 조선과 입약할 수 있도록 도와줄 것을 슈펠트가 요청하자 이홍장은 즉석에서 수락하였다. 이것은 과거 프랑스·미국·일본 그리고 러시아가 조선과 수교·통상할 수 있도록 주선할 때마다 조선은 청조의 속방이나 그 내외정에 간섭할 수 없다는 이유로 일관되게 거절해 온 것과는 판이한 정책의 변화였다. 슈펠트는 크게 만족하여 본국정부의 새 훈령을 받기 위해 일단 미국으로 돌아갔다.

한편 천신에서 이홍상-슈벨트 회담이 열리고 있을 무렵 동경에서 청국공사 하여장과 참찬(參贊) 황준헌(黃遵憲)은 일본을 방문한 조선 수신사(朝鮮修信使) 김홍집(金弘集)과 여러 차례 만났다. 황준헌은 조선에 대한 러시아의 위협의 엄중성을 강조하고 이에 대처하기 위해 하루 빨리 서방 제국과 입약통상하여 한반도에 열강 간의 균세지국(均勢之局)을 형성해야 한다고 역설하였다. 9월 초 김홍집이 귀국할 때 황준헌은 하공사의 뜻을 받아 집필한 『조선책략(朝鮮策略)』이라는 소책자를 증정하였다. "친중국(親中國) 결일본(結日本) 연미국(聯美國)"을 조선의 대외관계의 3대 원칙으로 삼아야 한다고 강조한 이 책자는 10월 초 김홍집에 의해 고종에게 헌상되었다. 고종은 묘당의 지도자들에게 이를 회람시켰다. 그 후 10월 11일 열린 대신회의에서 하여장·황준헌 양인의 권고에 따라 미국이 다시 입약을 요청해 오면 우호적으로 대처하기로 결정하였다.

조선조정은 이홍장의 권도를 받아들여 미국과 입약키로 내정하였다. 그러나 이 사실이 알려지자 전국의 유림이 일제히 반대하고 나섰다. 1881년 3월 영남지방 선비들이 이른바 만인소(萬人疏)를 올려 황준헌의 『조선책략』을 불사르고 이를 가져온 김홍집을 죄줄 것을 주장하였다. 이에 호응하여 각도 유림이 위정척사를 부르짖고 일어났다. 이에 고무된 대원군의 지지자들은 그해 여름 고종을 폐위하고 대원군의 서장자(庶長子) 이재선(李載先)을 새 국왕으로 추대하기 위한 역모까지 꾸미게 되었다. 이와 같이 전국의 물정이 소연한 가운데 조선정부는 미국과의 입약을 공공연히 추진할 수 없었던 것이다.

한편 이해 7월 초 슈펠트제독이 천진에 돌아왔다. 그러나 조선정부로부터는 이홍장의 수차에 걸친 연락에도 불구하고 아직 분명한 회답이 없었다. 다음 해인 1882년 1월에야 영선사(領選使) 김윤식(金允植)이 천진에 도착하여 곧바로 보정부로 이홍장을 찾아가 조선정부의 의사를 전달하였다. 김윤식은 조선 국내의 불안한 정정(政情)을 설명하고 국왕이 입약을 반대하는 공론을 억제할 수 있도록 청국황제로부터 그에게 미국과 조약을 맺도록 하라는 명령을 내리게 할 것을 제안했다. 그러나 이홍장은 적절치 못하다 하여 거절하였다. 김윤식은 서울과 연락하여 빨리 전권을 가진 대원을 천진으로 파견하도록 독촉하였다. 그 후 3월 중순 이홍장은 천진으로 갔으나 아직 서울로부터는 아무 소식이 없었다. 더 이상 기다릴 수 없어 김윤식은 스스로 조선정부를 대신하여 슈펠트와 교섭하기로 결심하였다. 사실 이때 모든 것을 이홍장에게 일임한다는 조선정부의 답문을 가지고 어윤중(魚允中)이 서울을 떠나 천진으로 향하고 있었다.

이렇게 조선이 역사상 처음으로 서양국가와 조약을 맺는 교섭이 천진에서 조선대표의 참가 없이 진행되었다. 이것은 이홍장의 본의는 아니었다. 조선이 서양제국과 입약하는 것은 조선정부가 자주적으로 해야 한다는 것이 그의 주장이었다. 첫째 그렇게 하는 것이 청한 종속체제의 관행이었으며, 둘째 당시 조선 국내의 보수적인 입약반대 여론을 잘 알고 있었으므로 조약체결 후 조선에서 불측의 사태가 발생할 경우 중국이 그 누를 입거나 책임져야 하는 일이 없도록 하자는 것이 그의 진의였다.

이홍장-슈펠트 회담은 3월 하순부터 약 1개월간에 걸쳐 진행되었다. 이홍장은 조약 벽두에 조선이 청조의 속방이나 내외정은 자주적으로 한다는 것을 분명히 선언해야 한다고 주장하였다. 이에 대해 슈펠트는 미국같은 대국이 어찌 남의 속방과 평등한 조약을 맺을 수 있겠느냐고 반대하였다. 결국 조약 본문과는 별도로 조선국왕이 미국대통령에게 서한을 보내 조선이 청조의 속방임과 조미 간의 조약은 청한 종속관계와 아무런 관련이 없다는 것을 명언하기로 하였다. 이홍장 자신도 이것이 국제법상의 구속력이 있는 것이라고 믿었다고 생각할 수 없다. 그러나 현실적으로 당시 조선에 대한 청조의 종주권을 보장하기 위한 다른 신통한 방법이 있었다고 할 수 없다.

슈펠트가 조약초고를 가지고 인천에 도착한 것은 5월 11일이었다. 이에 앞서 이홍장의 막료인 도원(道員) 마건충(馬建忠)과 북양함대 통령 정여창(丁汝昌)이 한미 간에 중개역할을 하기 위해 인천에 와있었다. 조선정부는 신헌(申櫶)을 전권대신으로, 김홍집을 전권부관으로 임명하여 이들을 맞이하였다. 천진에서 작성된 조약 초고는 사소한 수정을 제외하고 전문이 거의 수정 없이 수락되었다. 양국 전권대신들은 5월 22일 인천 제물포에 회동하여 조미수호통상조약에 서명 조인하였다. 동시에 조선이 청조의 속방이라는 것을 확인하는 미국대통령에게 보내는 조선국왕의 서한이 슈펠트에게 전달되었다. 그러나 이 서한은 미국정부 당국에 의해 완전히 무시되고 만다. 뒤이어 이홍장의 주선으로 조선정부는 6월 6일에 영국과, 6월 30일에 독일과 각각 동일한 내용의 조약을 체결하였다.

조선이 서방 삼국과 체결한 조약들은 모두가 이른바 불평등조약으로서 조선에 불리한 것이었다. 다만 원칙적으로 모두 조선과 체약국의 평등한 지위와 동등한 주권에 기초한 것이었다. 따라서 청조에 대한 조선의 종속적 지위를 스스로 인정한 조선 국왕의 발언에도 불구하고 이들 조약은 강화도조약과 마찬가지로 조선에 대한 청조의 종주권을 부정한 것이었다. 그럼에도 불구하고 이홍장이 열심히 추진한 것은 결코 그가 국제법에 관해서 무지해서 그랬던 것이라고 생각하기는 어렵다. 그는 누구보다도 만청왕조(滿淸王朝)의 안전을 위한 한반도의 전략적 중요성을 정확히 인식하고 있었다. 그는 청조의 군사력 특히 그 해군력이 빈약했던 시기에 한반도를 일본이나 러시아의 침략으로부터 보호하는 길은 외교적 수단인 조약제도를 이용하여 한반도에 서방 제국의 경제적 이권을 설정하는 것이라고 믿었던 것이다. 따라서 이들 조약 제1조인 타국의 "불공경모(不公輕侮)한 행동이 있을 때 서로 필수상조(必須相助)한다"는 조항은 서방 3국에는 단순한 외교적 관행에 불과했으나, 이홍장은 이를 일본이나 러시아로부터 조선을 보호하기 위해 매우 중요한 것으로 보았다. 뒤에 조선정부도 이 조항에 큰 기대를 걸게 되다.

미·영·독 3국과의 입약으로 조선에 대한 이홍장의 외교전략 - '조선책략'-은 일단 궤도에 오르고 한반도에 열국 간의 균세의 국면을 조성하기 위한 제도적 틀이 마련된 것 같이 보였다. 그러나 불과 1개월이 못되어 임오군란으로 말미암아 이홍장의 대한·대일전략은 중대한 위국에 직면하게 되었다.

IV. 청한종속관계의 변질: 청조의 한반도 개입, 1882～1885

임오군란과 청조의 파병: 1882년 7월 하순 서울에서 돌발한 임오군란은 처음 군량배급을 둘러싼 선혜청 하리들의 부정과 횡포에 분개한 군병들의 단순한 소동으로 시작되었다. 그러나 홍선대원군의 배후 조종으로 민씨정권의 개방과 개화정책을 반대하는 배외적 보수주의자들의 쿠데타로 발전하였다. 난병들은 민당(閔黨)으로 지목되는 고관들을 살해하고 명성왕후를 시해하려고 왕궁에 난입하였으나 그녀는 궁녀로 변장 탈출하여 위기를 면하였다. 군중이 일본공사관을 습격하자 공사 하나부사 요시모토(花房義質)는 스스로 공관에 불을 지르고 관원들과 인천으로 탈출하여 본국으로 도망갔다. 난중에 일본인 20여명이 살해당하였다. 홍선대원군은 왕명으로 사태를 수습하고 근 10년만에 다시 집권하게 되었다.

청조 당국은 7월 31일 주일공사 여서창(黎庶昌)의 급전으로 이 사실을 알게 되었다. 이때 이홍장은 부모상으로 고향인 안휘성 합비(合肥)에서 복상 중이었고 양광총독 장수성(張樹聲)이 직예총독과 북양대신 직무를 대행하고 있었다. 여서창공사로부터 일본정부가 한반도에 군대를 파견하기 시작했다는 보고를 받자 청조도 출병키로 결정했다. 그리하여 제독 오장경(吳長慶)이 회군(淮軍) 6영 3천명을 거느리고 동도하여 8월 하순 서울에 도착하였다. 청조의 파병목적은 일본의 군사적 보복책동을 방지하고 청국황제가 책봉한 국왕의 친정을 회복하는 것이었다. 청군은 지체 없이 난당의 괴수로 지목된 대원군을 납치하여 천진으로 압송하고 난도들을 소탕 처벌하여 고종의 친정을 회복하였다.

한편 일본은 이에 앞서 8월 중순에 군함 4척, 수송선 3척, 보병 1대대의 병력을 하나부사공사의 호위명목으로 파견하였다. 이때 공사와 일본군 지휘관에 주어진 일본정부의 훈령은 만일 조선정부와의 담판이 결렬되는 경우에 최후통첩을 보내고 인천 제물포 일대를 점령하고 다음 명령을 기다리라는 강경한 것이었다. 그러나 이때 우세한 청군에 대해 승산은 없었다. 결국 일본은 한일 간의 문제에 제3자, 즉 청조의 간섭을 불허한다고 했던 강경한 태도를 완화하고 마건충(馬建忠)의 거중조정(居中調停)을 받아들여 제물포조약에 조인하였다. 일본은 군사적으로는 청조에 압도되어 대결을 피하였다. 그러나 외교적으로는 일본인의 생명과 재산손실에 대한 보상을 받고 자국 공사관과 거류민을 보호한다는 명목하에 청조와 마찬가지로 한반도에 군대를 주둔시킬 수 있는 권리를 확보함으로써 그 세력팽창의 터전을 마련하게 되었다. 이로써 한반도에서 청일 양국간의 군사적 충돌을 거의 불가피하게 만드는 씨를 뿌려 놓았다.

복상중이던 이홍장은 조정의 명령으로 상기(喪期)를 단축하고 9월 5일 천진으로 돌아와 직무에 복귀하였다. 그는 서울에 있는 오장경에게 신속히 사태를 처리한 데 대한 축하의 뜻을 표하는 서한을 보냈다. 거기에서 그는 그대의 휘하 군병을 거느리고 조선에 남아서 조선정부 당국과 "보방정란지책(保邦定亂之策)"을 협의 강구하라고 명령하고, 대원군은 중국에 안치하여 여생을 보내도록 하겠다는 결정을 전했다.

이와같이 청·한·일 간의 평화가 유지되어 임오군란은 3국 간의 관계에 중대한 변화를 가져오게 된다. 첫째, 청한 종속관계의 근본적인 변화이다. 청조와 조선은 원래 종주국과 속방으로 각각 도의적인 책임과 의무를 지고 있었다. 이러한 책임과 의무는 일정한 의례적 의식과 예절을 통하여 수행되어 온 것이다. 이것은 '사대이례 자소이덕(事大以禮字小以德)'으로 표현되었다. 따라서 정교와 금령 즉 실질적인 내외정에는 종주국도 간섭하지 않는 것이 기본적인 원칙이며 전통적 관행이었다. 이 때문에 양국 간의 관계가 수 백년을 두고 큰 마찰

없이 원활히 지속되어 왔던 것이다. 서방 제국과의 입약을 권도함에 있어 이홍장이 이유원과 사신(私信) 교환이라는 비공식 방법을 취한 것이나, 청조당국이 조선조정에 직접 명령하는 것을 피하고 이홍장으로 하여금 권도하는 간접적 방식을 취한 것은 모두 이 때문이었다. 그러나 임오군란이 발생하여 사태가 위급하게 되자 청조는 이같은 원칙과 전통을 깨트리고 조선에 대한 일방적인 군사적 개입과 정치적 산섭을 단행하지 않을 수 없게 된다. 이는 그 후 계속된 조선에 대한 청조의 부단한 간섭이 보여주듯이 청조의 종주권의 강화가 아니라 근본적 변질이었다고 보아야 할 것이다.

둘째는 한반도에 있어 청일 양국 간의 군사적 대치국면의 형성이다. 원래 이홍장이 서방제국과의 입약을 권도하게 된 것은 청조 군사력의 취약성을 자각하고 한반도에서 열강 간의 세력균형 국면을 조성함으로써 청조가 일본 또는 러시아와 단독으로 군사적으로 대치하는 것을 피하려는 발상에서 나온 것이었다. 그런데 조선과 미·영·독 3국 간의 조약이 체결된 직후 돌발한 군란으로 말미암아 바로 이홍장이 염려하고 피하려 했던 일본과의 단독적인 대치국면이 형성되었다. 나아가 사변처리 후에도 양국이 모두 서울에 계속 군대를 주둔시키게 되었다. 그리하여 2년 후 갑신정변이 일어나 양국 간에 충돌이 벌어지게 되었다.

중조상민수륙무역장정: 청한 간 종속관계의 변질은 이후 조선정부에 대한 청조의 계속적인 간섭과 압력 등 여러 가지 형태로 구체화되었다. 그 중 하나가 1882년 10월에 공포된 양국 간의 무역장정이다.

청한 간에 해금(海禁)을 해제하고 민간무역을 허용하는 문제는 조선측에서 먼저 제기한 바 있었다. 이것이 구체적으로 의논된 것은 1882년 5월 어윤중(魚允中)과 이조연(李祖淵)이 조미조약 문제로 천진을 방문했을 때였다. 이때 청조에서는 조선과의 상무(商務)를 공무(貢務)와 분리하여 전자는 서방무역과 마찬가지로 총리아문 소관으로 하고, 후자만을 종전대로 예부 소관으로 남겨두었다. 동시에 이홍장에게 조선무역에 관한 장정을 마련하도록 명령하였다. 이를 위한 양측간 교섭은 임오군란으로 중단되었다가 사변 처리 후 조선정부가 다시 조영하(趙寧夏)·김홍집(金弘集)·어윤중을 천진에 파견함으로써 재개되었다. 이홍장은 주복(周馥)과 마건충으로 하여금 직접 교섭을 담당케 하였다. 이리하여 10월 4일 양측이 합의 서명한 것이 중조상민수륙무역장정(中朝商民水陸貿易章程)이었다.

이 장정은 청한종속 체제에 부합하도록 청조가 일방적으로 제정하는 '장정' 형식으로 공포되었으나 분명히 양국 대표간의 협상을 거쳐 작성된 협정이었다. 그 내용은 다음과 같다. 우선 조선국왕을 북양대신 즉 이홍장과 동격으로 규정하고 양자가 각각 상무위원을 임명하여 서로 상대방에게 파견할 수 있었다. 전자가 파견하는 위원은 황경(皇京)이 아닌 천진에 주재하고, 후자가 파견하는 위원은 조선 왕경에 주재한다는 것이다. 둘째로 중국 상민들은 조선에서 완전한 치외법권을 보장받는 반면, 조선 상민들은 중국에서 중국 관헌의 사법권 아래에 있다는 것이다. 또 서문에서 이 장정은 청조가 오랫동안 "번방(藩邦)에 열(列)한 조선을 우대하는 뜻에서 제정하는 것이니 타국이 균점할 수 없다"고 하여 다른 체약국이 최혜국대우 조항을 이용하지 못하도록 못을 박았다. 그러나 이 장정은 조선에서 중국 상민의 특전을 보장하였을 뿐이었다. 오히려 조선 상민은 중국에서 이금(釐金)을 비롯한 각종 잡세를 부담하게 되어 서양조약국 상민보다 불리한 처지에 서게 되었다. 또 이홍장의 통제하에 있던 중국의 관독상판(官督商辦) 기선회사인 초상국(招商局)이 중한간 정기운항을 개시하는데 필요한 비용의 일부를 조선정부가 부담하게 되어 있었다. 이와 같이 이 장정은 속방을 우대하는 천조(天朝)의 은전이 아니라 당시 서방국가의 수법을 모방한 착취적인 불평등조약이었다.

묄렌도르프의 임명: 중조무역장정이 제정된 직후 10월 27일 한림원 우서자(右庶子) 장패륜(張佩綸)이 「조선선후사의육책(朝鮮善後事宜六策)」을 상주하여 조선을 완전히 청조의 통제하에 두자는 건의를 하

였다. 이에 대해 이홍장은 11월 17일 상주문을 올려 상세한 의견을 개진하였다. 그는 조선을 정식으로 청조의 통제하에 두는 것은 일단 반대했으나 실질적으로 거의 전부를 실천에 옮겼다. 그 중의 하나가 조선의 외교와 통상업무를 지도할 인원의 파견과 또 하나는 조선의 군대를 조련하는 일이었다.

지도 인원의 파견과 관련해 이홍장은 조영하를 통해 현명연달(賢明練達)한 인사를 파견하여 조선 외교를 지도해 달라는 고종의 요청을 받았다. 이에 그는 자기 막하에 있던 전 주천진 독일부영사 묄렌도르프(Paul G. von Möellendorff)를 추천키로 하고, 마건충의 형으로 국제법과 서양 사정에 밝은 마건상(馬建常)을 동행시키기로 하였다. 묄렌도르프는 후에 조러밀약(朝露密約)의 주모자로 이홍장의 격노를 사서 조선에서 축출당하게 되나, 이때는 이홍장의 신임이 두터웠으며 청조와 이홍장을 위해 충실히 봉사할 인물로 지목되었던 것이다. 그와 마건상은 12월 중순 조영하와 김윤식과 함께 서울에 도착하였다. 묄렌도르프는 외서협판(外署協辦)과 총세무사에 임명되었으며 후에 전환국총재까지 겸하게 되었다. 마건상도 일단 관직을 받았으나 종주국의 관인이 속방의 관속이 되는 것은 체통에 맞지 않는다는 이홍장의 의견으로 사퇴하였다. 묄렌도르프는 그 후 고종의 두터운 신임과 각별한 후대를 받으며 서방 각국과의 외교와 해관(海關) 창설에 많은 공적을 남겼다. 해관업무에 있어서는 중국 해관에서 많은 서양세무사들이 파견되어 근무하였다.

조선군대의 재건과 통제: 임오군란을 겪은 후의 조선군대는 시급히 개편되어야만 했다. 조영하 일행이 천진에 갔을 때 이홍장에게 군사교관의 파견과 신식병기의 공급을 요청하였다. 이홍장은 서울에 있는 오장경에게 이를 위임했으며, 오장경은 자기 막하의 원세개(袁世凱)에게 연병사의(練兵事宜)를 담당케 하였다. 원세개는 김윤식과 상의하여 장정 1,000명을 선발하여 '신건신군영(新建新軍營)'을 조직하고 이를 좌우 2영으로 나누었다. 다음에 일본의 원조로 조직됐던 별기군을 개편·증원하여 전후 2영으로 편성하였다. 훈련방법은 회군(淮軍) 조련법을 채용했으며 병기는 전부 천진 기기국에서 영국식 소총 1,000정과 탄약을 공급하였다. 각 군영 영사에는 민영익(閔泳翊)을 비롯하여 전원이 오장경 휘하의 군관으로 채워졌다. 따라서 신건신군은 실질적으로 청군의 통제하에 있는 것과 다름이 없었다.

오장경의 통제는 병권에만 한정된 것이 아니었다. 이홍장은 그에게 내명을 내려서 묄렌도르프와 마건상과 긴밀히 연락하여 조선정부의 외교·재정 등 각 분야에 걸쳐 감시를 소홀히 하지 말도록 다짐하였다. 이와 같이 이홍장이 오장경에게 기대한 역할은 일종의 감국(監國)에 가까웠다고 할 수 있다. 이는 비교적 소극적이고 신중했던 그의 종전 태도와는 판이한 것이었다. 물론 이것은 임오군란으로 말미암아 갑자기 한반도에서 일본과 정면으로 대치하게 된 결과였다. 또 한편으로 원리원칙이나 전통에만 집착하지 않고 현실에 적응하여 그 태도와 주장을 조정하는 실용주의적 사고에 연유한 것이 아닐까 생각된다. 그는 임오군란에 결정적으로 개입하여 '성공'한 청조의 신조선 정책을 변경해야 할 이유가 없다고 판단한 것 같다. 그러나 가장 중요한 이유는 당시 동아시아에 막강한 영향력을 갖고 있던 영국이 조선에 대한 청의 종주권을 인정하는 정책을 취하고 있었기 때문이었다고 할 수 있다.

연아제일론(聯俄制日論): 이홍장의 신중론이 완전히 사라졌다는 것은 아니었다. 이것은 그의 일본에 대한 태도와 정책에서 분명히 나타난다. 1879년 봄 일본의 유구병탄으로 발생한 청일분쟁에 대해 공친왕(恭親王)과 이홍장은 그해 여름 세계일주 여행차 중국과 일본을 방문한 전 미국대통령 그랜트(U. S. Grant)에게 조정을 의뢰하였다. 그의 조정 노력의 결과 1880년 일본정부는 유구열도를 남북으로 양분하여 남부를 청조에 귀속시키는 대가로 중국이 일본에 대해 최혜국 대우를 허용해 줄 것을 요구하였다. 이에 이홍장은 상주문을 올려 청조가 이리(伊犁)문제로 러시아와 군사적·외교적으로 대립하고 있는 틈을 타서 일본이 이런 요구를 하여 왔는데, 수락하면 손해를 보고 거절하면 적을 만들 것이니, 적당히 지연술을 쓰면서 러시아에 대해 조금만 양보하여 분쟁을 종결시킨 다음 일본과의 문제를 다시 다루되, 그 때는 러시아의 힘을 빌어 외교적으로 일본을 굴복시키자는 이른바 연아제일론을 주장하였다. 이때부터 이홍장은 청일전쟁이 발발할 때까지, 그리고 그후에도 일관하여 연아제일론을 견지하게 된다.

이홍장의 연아제일론의 이론적 근거는 간단하다. 이리문제를 둘러싸고 연일거아(聯日拒俄)를 주장하는 강경론자들에 대해 그는 이렇게 주장하였다. 즉 거아를 위해 연일하자면 청조는 우선 일본에 양보해야 한다. 그러나 청일 양국이 힘을 합해도 강대국 러시아를 당할 수 없으며 청조는 또 한번 러시아에 양보해야 되니 이중으로 손해를 보게 된다. 반면 러시아와 연합하면 능히 소국 일본을 제압할 수 있으니 청조는 한번만 양보하면 된다는 것이었다.

이듬해 1881년 증기택(曾紀澤)의 외교활동으로 이리문제가 평화적으로 해결되었다. 이리하여 좌종당(左宗棠)의 신강 평정에 이어 청러간의 군사적 대결이 러시아의 후퇴로 회피되자 청조당국은 그 군사력에 크게 자신을 얻게 되었다. 이같은 분위기에서 유구문제를 두고 일본과 타협은 있을 수 없었다. 이런 가운데 임오군란이 돌발하였다. 이번에도 청군의 즉각적인 파병으로 한반도에서 일본군을 압도하고 사태가 신속히 처리되었다. 이때 대일강경론이 일어나 청류파(清流派)가 그 선두에 나섰다. 장패륜과 등승수(鄧承修)가 상주문을 올려 유구를 병탄한 일본의 죄를 문책하기 위한 동정론(東征論)을 거세게 주장하였다. 이에 대해 이홍장은 장문의 상주문으로 반박하였다. 그는 일본이 소유하고 있는 함선과 대포가 중국의 그것과 대적할 만하여 만일 중국이 수 천리의 바다를 건너가서 일본과 승부를 한다면 승리할 확신이 없다고 보았다. 따라서 결국 일본을 칠 뜻은 지녀야 하나 실지로 반드시 칠 필요는 없다(東征之志不可無 東征之事不必有)라는 신중론을 폈다. 그 이유로 청국 해군력의 약소함을 들고 이미 결정난

대로 남북양 해방비가 매년 400만 냥씩만 조달된다면 5년 후에 좋은 성과가 있을 것이라고 주장하였다. 이와 같이 이홍장은 조선에 대해서 적극적인 개입과 통제책을 주장했으나 일본에 대해서는 신중론을 계속 견지하였다.

청불전쟁과 갑신정변: 종주권을 명분으로 한 전례 없는 청조의 내외정 개입과 간섭은 그 원인이나 연유를 막론하고 조선의 지배층과 백성들 사이에 점차 혐오와 반감을 유발하게 되었다. 더구나 20대 초반에 불과한 원세개와 같은 청군 군관들의 오만한 태도와 청병들의 작폐는 반청 감정을 더욱 자극하였다. 이러한 자연적인 민족적 감정과 반감을 대변하고 나선 것이 김옥균(金玉均)·박영효(朴泳孝)·홍영식(洪英植)·서광범(徐光範) 등과 같은 일단의 소장관료들이었다. 이들은 또한 민씨일파의 정권독점에 대한 불만을 품은 명문출신이었다. 개화당으로 지목된 이들은 대부분 1880년 초 한 두 차례 일본을 방문하여 후쿠자와 유키치(福澤諭吉)와 같은 개명 인사들과 접촉하였고 명치일본의 발전 양상을 스스로 관찰할 기회를 가졌던 인물들이다. 이들은 시대착오적인 청조의 종주권을 부인하고 이를 빙자한 간섭을 반대하고 국가의 자주와 독립을 주장하여 독립당으로 지칭되었다. 단 이들은 일본의 선의를 기대하고 그 지원으로 정권을 잡자는 매우 타방본원적인 '독립당'이었다.

한편 청조의 군사적 개입으로 정권을 다시 찾게 된 명성왕후와 척신·친신들은 종주국의 보호하에 정권을 유지하려는 사대당이었다. 민태호(閔台鎬)·민영익(閔泳翊)·조영하·김병시(金炳始)·이조연·윤태준(尹泰駿) 등과 친중국적 경향이 강한 김윤식 등이 이들이었다. 이들은 청한 종속체제를 유지하여 청조의 지도와 지원으로 국가의 자강을 도모하려는 수구당이기도 하였다.

이러한 정세 하에 일본은 음양으로 독립당을 지원하고 조종하며 백방으로 세력 팽창을 획책하였다. 청조는 공공연히 사대당을 비호하고 조선에 대한 통제를 강화하는데 힘썼다. 임오군란으로 말미암아 한반도에 조성된 청일 간의 대립과 조선지배층의 내부분열과 반목은 깊어져 갔다. 사태를 더욱 어렵게 만든 것은 고종의 우유부단한 성격과 무능이었다. 이와 같은 대치국면에서 양자간의 충돌은 불가피하게 되었다. 결국 이를 유발하게 된 결정적 요인은 월남을 둘러싼 청일전쟁이었다.

월남에 대한 프랑스의 침략과 이를 반대하는 청조의 종주권 주장으로 야기된 월남사태는 1882년 여름 임오군란과 때를 같이하여 청불 간의 외교 분쟁을 초래하였다. 다음 해에는 월남 북부에서 양국간의 무력 충돌로 발전하였다. 이때 육상전투에서는 양측이 모두 일진일퇴로 결정적 승리를 거두지 못하였으나, 중국 연해 해상작전에서 청조는 프랑스해군 앞에 완전히 무력하였다. 특히 1884년 8월 프랑스함대의 공격으로 대만 북부에 있는 기륭(基隆) 요새와 탄광이 여지없이 파괴되었다. 복주(福州) 마강(馬江)에서는 전 복건 함대가 불과 수십분 만에 전멸되는 참패를 당하였다.

양국 간에 전단이 벌어지자 청조는 이홍장에게 사태처리를 위한 총세적 책임을 맡겼다. 이때 그의 관심은 주로 한반도에서 일본 세력을 견제하는데 집중되어 있었다. 그는 청조를 위해 조선이 월남보다 전략적으로 훨씬 중요하며 해군력에 있어 청조는 프랑스의 적이 못된다는 것을 잘 알고 있었다. 따라서 시종일관 프랑스와 전면적인 대결을 피하고 타협과 양보로 두 차례에 걸쳐 화의를 성립시켰다. 이로 인하여 그는 청류당(清流黨)과 그 아류들로부터 엄청난 비난공격을 받게 된다.

청불전쟁은 일본의 조야를 흥분케 하였다. 일본은 1875년 마가리(Margary)사건으로 인한 청영 간의 분쟁을 이용하여 강화도사건을 도발했으며, 1879년에는 이리문제로 야기된 청러 분쟁의 틈을 타서 유구를 병탄하였다. 그래서 이번에는 청불전쟁을 이용하여 한반도에서 청조 세력을 축출하고 일본세력을 확대시키는데 이용하자는 것이었다. 야당인 자유당이 프랑스공사관과 조선독립 원조운동을 모의하자 일본정부는 조선의 독립당을 원조하여 쿠데타를 일으켜 정권을 잡게 하는 계획을 세우게 되었다. 이를 위해 청조와의 충돌도 불사한다는 것이었다.

한편 청조의 참패는 조선의 사대당에 큰 충격을 주었으나 독립당에는 희망을 주게 되었다. 특히 1884년 4월 이홍장은 프랑스군의 북양진공 위험에 대비하기 위해 오장경으로 하여금 서울에 3영의 병력만 남겨놓고 나머지 3영을 이끌고 요동 금주(金州)로 이동케 하였다. 이 사실은 사대당을 크게 불안케 만들었으나 독립당은 대담케 만들었다. 또 이때 청조가 멀지 않아 대원군을 석방 귀국시킨다는 소문이 서울에 나돌기 시작한다. 이 모든 것이 사대당의 사기를 소침하게 하고 독립당을 고무케 하였으며 고종의 태도까지 일본 쪽으로 기울어지는 듯하였다. 바로 이런 상황 하에서 1884년 12월 초 김옥균·박영효 등 독립당은 쿠데타를 일으키고 일본공사 다케조에 신이치로(竹添進一郎)가 공사관 경비병력과 장사들을 이끌고 참가하여 갑신정변이 일어났다.

청일천진협정: 갑신정변은 원세개의 과감 신속한 판단과 행동으로 독립당의 3일천하로 끝났다. 이해 4월 오장경이 회국한 후 원세개는 이홍장의 주천에 의해 조선영무총리(朝鮮營務總理)에 임명되어 사실상 주한 청군의 주도적 인물이 되었다. 사변이 발생하자 통령(統領) 오조유(吳兆有)와 주한상무총판(駐韓商務總辦) 진수당(陳樹棠)은 일본군과의 정면충돌을 피하기 위해 좀 더 사태추이를 관망하자는 의견이었다. 주한 각국 외교관들도 청군이 행동을 삼가해 줄 것을 요망하였다. 그러나 원세개는 이를 무시하고 우선 우의정 심순택(沈舜澤)으로 하여금 국왕을 난도들 수중에서 구출하기 위하여 청병이 출동해 달라는 공한을 보내게 한 다음 스스로 병사를 이끌고 왕궁에 진입하였다. 이어 왕궁을 점거하고 있던 일본군과 접전 끝에 격퇴시키고 국왕을 독립당 수중에서 구출하였던 것이다.

정변의 사후처리를 위한 한일 간의 교섭이 1885년 1월 초순 서울에서 개시되었다. 좌의정 김홍집이 조선을 대표하고 외무대신 이노우에 가오루(井上馨)가 일본을 대표하였다. 회담 벽두에 정변에 대한 일본공사 다케조에의 책임이 거론되었으나 양측의 비공식적 합의로 이 중요한 문제가 논의에서 제외되었다. 오히려 일본측이 적반하장격으로 주장한 일본인의 생명·재산 손실에 대한 책임만이 논의되었다. 결국 조선정부가 이에 대한 보상금을 지불하고 일본에 사죄사절까지 파견키로 하여 화의가 성립되었다. 이 한성조약(漢城條約)에서 조선측이 일방적인 양보만 하게 된 것은 물론 졸렬한 외교교섭 때문이었다. 그러나 그 결정적 이유는 회담이 시작되기 직전 천진에서 급파된 두 사람의 특사가 일본과의 정면 대결을 피하고 평화적인 해결을 강구해야 한다는 청조의 의사를 전달해 왔기 때문이었다. 청조의 의사는 바로 이홍장의 의사였던 것이다.

갑신정변 자체는 이로서 일단 해결되었으며 더 중요한 문제인 한반도에서 청일 간의 대립을 완화하기 위한 회담이 그 해 4월 천진에서 열렸다. 이홍장이 청조를 대표하고 총리대신 이토오 히로부미(伊藤博文)가 일본을 대표하였다. 여기서도 청조는 역시 일방적으로 양보하여 일본은 외교적으로 큰 성공을 이루게 된다. 즉 청일 양국은 모두 한반도에서 철병하고 군사교관을 조선에 파견하지 않는다고 약속하였다. 장래 한반도에서 중대한 변란이 일어나 양국 또는 일국이 파병할 필요가 있을 때는 상대방에 공식으로 통고를 해야 하며 사건이 종결되면 철병한다는 것이었다. 이는 이때까지 종주국인 청조만이 조선에 파병할 권리가 있다고 한 주장을 포기하고 일본에 대해 실질적으로 중국과 완전히 동등한 지위와 권리를 인정한 것이나 다름이 없었다.

이렇게 하여 이홍장은 한반도에서 청일 간의 대립을 해소하기는 고사하고 결과적으로 군사적 대결을 불가피하게 할 요인을 만들었다. 그 배경과 이유는 역시 청불전쟁이었다. 갑신정변이 일어난 1884년 12월에 대만과 복주에서 압도적인 승리를 거둔 프랑스함대가 봄에 해동되는 것을 기다려 북양으로 진공할 것으로 예상되자 청조는 불안과 공포에 빠져 있었다. 이 같은 위급한 상태에서 이홍장은 프랑스와의 담판과 일본과의 교섭을 동시에 추진하지 않으면 안되었다. 프랑스와의 담판을 성공시키자면 일본과의 대결을 피해야 했고, 일본을 도발하지 않으려면 프랑스와의 화평을 서둘러야 했다. 프랑스와 일본의 반중국 연합은 절대로 막아야만 했다. 바로 이 때문에 서울에 있는 원세개는 일본의 정치적 야심과 음모를 분쇄하기 위해 단호한 무력행사를 해야만 했고 또 할 수 있었다. 그러나 천진에 있는 이홍장은 다가오는 청조의 파국을 예방하기 위해 외교적 타협과 양보를 해야만 했고 또 하지 않을 수 없었다. 바로 이같은 처지에서 이홍장은 그해 4월 중순 일본과 청일 천진협정을, 6월 초순 프랑스와 청불 천진조약을 체결하였다.

V. 이홍장의 조선예속화 정책, 1885～1893

조러밀약설과 거문도사건: 청일 천진협정 조인 후 한달이 못된 1885년 4월 15일 영국해군이 거문도(巨文島)를 불법 점령하였다. 이것은 당시 유럽에서부터 동아시아에 걸쳐 전개되고 있던 영러 간의 세력경쟁과 각축의 일환이었다. 그러나 직접적으로는 이때 널리 전파되고 있던 조선과 러시아 간의 밀약설에서 유발된 것이다. 조선과 러시아는 1884년 7월 수호통상조약을 맺었다. 이때 외무협판 뮐렌도르프는 공이 컸다 하여 러시아정부로부터 훈장까지 받았다. 그는 조선의 외교에 대해 주견을 갖고 있었다. 즉 청조는 종국적으로서 일본의 야심으로부터 조선을 보호할 힘이 없고, 미국도 그렇게 할만한 군사력이 없으며, 영국은 오히려 친일적이니, 결국 조선은 그 자주와 독립을 유지하려면 강대국인 러시아의 보호를 받는 것이 최선의 길이라는 것이다. 묄렌도르프의 이같은 생각은 임오군란 이후 전례 없는 청조의 간섭과 압력에 불만을 갖게 된 고종과 그 측근의 공감과 지지를 얻게 되었다. 한편 갑신정변 후 한반도에서 청일 간에 다시 군사적 충돌이 발생할 위험이 사라지지 않고 있어 조선의 조야는 불안에 쌓여 있었다. 이때 고종은 묄렌도르프의 건의를 받아들여 청일 간에 전쟁이 발생할 경우 조선을 보호해 줄 것을 요청하고 그 대가로 한반도 내에 부동항을 제공하겠다는 의사를 러시아정부에 전달하려고 시도했던 것 같다. 이 소식이 알려지자 영국은 러시아의 기선을 견제하기 위해 거문도를 점령한 것이었다.

영국은 1880년대에 일관되게 조선에 대한 청조의 종주권을 인정하는 입장을 취하고 조선과의 외교통상사무도 주청공사관 관할하에 두었다. 또 이홍장에 대해 조선에 대한 청조의 통제를 강화하도록 권유하였다. 거문도점령에 관해 처음부터 청조당국과 연락 교섭하고 조선정부와는 일절 접촉하지 않았다. 영국의 이같은 친중국적 정책은 물론 청조와 연합하여 숙적 러시아의 남하, 특히 한반도에 진출하는 것을 저지하는 것이 목적이었다. 따라서 1886년 10월 이홍장이 러시아로부터 조선의 영토를 침범하지 않겠다는 보증을 받자 이듬해 2월 스스로 거문도에서 철수하였다. 이와 같은 영국의 정책은 1894년 청일전쟁이 발발하기 조금 전까지 변하지 않았다. 이것이 한반도에서 이홍장의 친영정책의 기반이었으며 그로 하여금 조선에 대한 청조의 예속화정책을 거리낌 없이 추진할 수 있게 하는 자신감을 준 것이다.

한편 이때 러시아정부는 영국이나 일본이 항상 의심하고 경계한 것과는 달리 거문도나 영흥만(永興灣)을 점령하거나 조차할 의사가 없었다. 따라서 조선국왕의 요청을 받아들일 생각도 없었다. 그 이유는 다음과 같다. 만일 러시아가 조선영토를 침범하면 영국과 일본이 반드시 대항조치를 취할 것이며, 그렇게 되면 결과적으로 러시아가 스스로 이들 국가의 세력을 한반도에 불러들이게 되는 셈이다. 그러나 동아시아 지역에 있는 러시아 군사력은 이에 대처하기에는 너무나 빈약하였다.

따라서 이 시기 러시아의 정책은 영국이나 일본에 한반도를 침범할 구실을 주지 않고 현상을 유지하기 위해 청조의 종주권 주장에 반대하지 않고 협조하는 것이었다. 이 때문에 러시아정부는 조선국왕의 밀약제안을 무시하였다. 뿐만 아니라 청조와 함께 조선국토의 안전을 보장할 용의까지 있었다. 양국 간의 합의가 정식 조약이 아니고 이홍장과 주청러시아 대리공사 간의 소위 '천진구두협의(天津口頭協議)'로 끝난 것은 청조가 한반도에서 종주국으로서 행동자유가 구속되는 것을 꺼렸기 때문이기도 하나, 조선영토를 침범한 적도 없고 또 침범할 의사도 없는 러시아가 마치 부당한 행동이나 한 것처럼 그런 서약을 문서로 할 수 없다고 주장하였기 때문이다. 이와 같은 러시아의 정책은 19세기 말년까지 계속된다. 이홍장은 바로 이러한 이유로 연아제일론(聯俄制日論)을 자신 있게 추진할 수 있었던 것이다.

청조에 대한 일본의 협조: 조러밀약문제와 거문도사건은 동아시아 국제정세에 또 하나의 큰 변화를 가져왔다. 그것은 일본의 대한반도 전략의 전환이다. 일본은 강화도조약 이후 일관되게 한반도에서 청조의 종주권을 부인하고 조선의 자주독립을 지지한다는 명분아래 사사건건 청조와 대립해 왔다. 그 결과 천진협정으로 한반도에서 실질적으로 청조와 동일한 지위와 권리를 확보하게 된 것이다. 그러나 영국과 러시아가 한반도에 진출하게 되면 일본의 대한정책은 중대한 난관에 봉착할 것인데, 일본은 단독으로 이를 저지할 만한 군사력은 갖지 못하였다. 바로 이 때문에 일본정부도 한반도에서 현상을 유지하기 위해 청조와 협조하기로 결정하였다. 이리하여 영국이 거문도를 점령한 직후인 5월 20일 주청일본공사 에노모토 다케아키(榎本武揚)가 이홍장을 방문하여 일본외상 이노우에 가오루의 이른바 「조선외무판법팔조(朝鮮外務辦法八條)」를 전달하였다.

이노우에 외상이 제출한 8항목 중 중요한 것은 1) 조선의 외교방침은 이홍장과 이노우에 외상이 협의하여 결정한다. 2) 조선정부의 대신임용은 이홍장의 승인을 얻고 이노우에 외상에 내시하여 결정한다.

3) 외무・국방・재무 등 중요 장관에는 김홍집・김윤식・어윤중 등을 임용한다. 4) 묄렌도르프를 파면하고 후임에는 유능한 미국인을 임명한다. 5) 청조상무총판 진수당을 경질하고 더 유능한 인물을 임명한다 등이었다. 이는 조러밀약문제 같은 일이 다시 발생하지 않도록 조선의 내외정을 청일의 공동관리 하에 두고 이홍장이 이노우에와 협의하여 주관케 하자는 것이었다. 이노우에는 이와 함께 이홍장에게 대원군을 석방하여 귀국케 하고 국정을 감시하게 함이 좋을 것이라고 권유하였다.

이홍장은 이들 8개 항목의 내용자체에 대해서는 큰 불만이 없었으나, 종래 관행을 깨뜨리고 조선의 내외정에 정식으로 간여하기 어렵다 하며 난색을 보였다. 종주국인 청조가 그 속방을 일본과 공동으로 관리할 수 없다는 것도 그의 생각이었다. 이노우에도 이를 이해하고 제안을 철회하였다. 그러나 이홍장은 그 후 실지로 그 대부분을 채택하였다.

이와같이 조러밀약문제와 영국의 거문도점령은 동아시아에서 한반도를 둘러싼 영・러・일 3국이 서로 견제하는 국면을 조성하였다. 이로 말미암아 3국은 각자 다른 이유로 당분간 한반도에서 현상이 유지되기를 원하였고, 이를 위해 청조의 종주권 수상을 반대하지 않기로 한 것이다. 또 천진협정에 의해 일본의 외교적 입장이 훨씬 강화되었음에도 불구하고 임오군란 이후 지속된 청일 간의 양극적인 대치국면은 일단 해소되었다. 그래서 이홍장은 3국의 동의와 협조를 얻어 청일전쟁이 일어나기 직전까지 근 10년 동안 조선정부에 대한 철저한 간섭으로 전통적인 종속체제 하에서 조선이 향유하던 자주를 침범하고 서구 제국주의적 예속화정책을 추진하였다.

'북양삼인방(北洋三人幇)'의 형성: 이홍장은 이노우에가 제출한 조항들을 실행하기 시작하였다. 우선 대원군의 석방 환국문제인데 이는 이미 전에도 고려된 바 있었으나 일본외상의 권유로 재검토되었다. 그 결과 조선왕실과 민씨 일파의 집요한 반대를 물리치고 그해 10월 초에 실행되었다. 이홍장의 의도는 대원군으로 하여금 국왕과 왕비를 감시하여 다시 러시아에 접근하지 못하도록 하자는 것이었다. 그러나 명성왕후 일파의 불안과 분노만을 불러일으켜 결국 재차 조러밀약문제를 초래하였다. 뿐만 아니라 조선왕실과 민씨 일파의 청조에 대한 불만, 불신, 반감을 계속 조장한 요인이 되었다.

이와 함께 취해진 또 하나의 조치는 원세개를 '조선총리교섭통상사의(朝鮮總理交涉通商事宜)'로 임명한 것이다. 이홍장 자신도 진수당이 조러밀약과 같은 어려운 문제를 현지에서 신속 적절히 다루기에 능력이 부족하다고 생각하고 있던 차에 이노우에 외상이 그의 경질을 권해 온 것이다. 이홍장은 고종으로부터 "조선 국속(國俗)에 밝고 시무에 숙달한" 원세개를 파견해 달라는 요청을 받고 그를 임명하기로 결정하였다. 이노우에 외상은 '국정대원'을 임명하도록 제안했으나 그렇게 하면 감국(監國)이나 다름없이 조선정부를 통제하는 뜻이 너무 분명히 나타나기 때문에 이를 피하였다. 그러나 진수당에 비해 원세개의 직책과 권한이 훨씬 확대 강화되어 외교까지 통제 관리하게 되므로 '교섭' 두 자를 첨가하여 '총리교섭통상'으로 한 것이다. 이리하여 원세개는 대원군을 서울까지 호송하고 돌아온 직후 10월 말 정식 임명되어 11월 하순 서울에 부임하였다. 이때부터 그는 이홍장의 조선정책의 현지 실행자로 그 직책과 권한은 감국이나 다름이 없었다.

한편 묄렌도르프는 고종의 신임을 계속 받았으나 청일 당국자들뿐만 아니라 서울에 있는 영미 외교관들로부터도 일제히 비난공격을 받았다. 그리하여 1885년 7월 말 외아문에서 완전히 축출당하고 10월 17일 해관 총세무사직도 박탈당했다. 그 후임은 묄렌도르프가 지니고 있던 직책을 외교와 해관 업무로 나누어 각 분야에 한 사람씩 두 사람을 임용하기로 하였다. 이홍장은 이노우에 외상이 제안한대로 미국인을 충당하기로 하고 그 인선에는 묄렌도르프의 전철을 밟지 않기 위해 신중을 기하였다. 그리하여 해관 총세무사에 중국해관에서 세무사로 있는 미국인 메릴(Henry F. Merrill)과 데니(Owen N. Denny)를 천거하였다. 두 사람은 조선정부에서 높은 관직을 받고 중책을 맡게 되었으나, 모두 이홍장의 지시에 따라 청조의 새 조선정책을 추진하기 위해 원세개를 중심으로 구성된 '북양삼인방'이었다.

조선해관에 대한 통제: 이와 같이 친영연아책(親英聯俄策)에 의거한 이홍장의 조선 예속화정책을 추진하기 위한 팀이 형성되자 맨 먼저 취해신 조치가 조선해관에 대한 중국해관의 통제를 확립하는 것이었다. 묄렌도르프는 조선해관을 창설함에 있어 모든 것을 자기 재량으로 결정하여 청조당국의 지시를 받지 않고 조선해관의 자주성을 유지하였다. 이에 대해 중국 해관장인 영국인 총세무사 하트(Robert Hart)는 항상 불만을 품고 있었다. 그는 이홍장으로부터 묄렌도르프의 후임 인선에 관한 상의를 받자 이 기회를 이용하여 조선해관을 중국해관의 통제하에 넣거나 그 일부로 편입·통합할 생각을 하였다. 이 목적을 위해 그는 자기가 가장 신임하는 부하 세무사의 한 사람인 메릴을 추천한 것이다. 메릴은 온건한 성격으로 하트 밑에서 10여년을 성실히 복무해 온 유능한 인물이었다.

하트와 이홍장은 원래 그다지 협조적인 사이는 아니었으나 조선을 청조에 예속시켜야 한다는 점에서는 의견이 완전히 일치하였다. 조선에 대한 청조의 전통적 종주권을 인정할 뿐만 아니라 이를 강화하는 것이 당시 하트의 본국인 영국의 동아시아 전략이었다. 따라서 하트는 청조의 성실한 공복이었으며, 영국의 충성스러운 국민이었다 하겠다. 이홍장은 메릴에게 보낸 서한에서 그대가 조선으로 부임한 이유는 오로지 조선이 청조의 속방이라는 것을 천하에 명시하는데 있다는 것을 잊지말라고 하였다. 또 그는 중국이 공공연히 대담하고 철저한 방법으로 조선을 통합하는 것이 현명한 일이라는 자기 의견을 분명히 말하였다.

한편 이홍장은 메릴에게 5개 항목의 훈령을 주었다. 그 주요 골자는 1) 메릴은 중국해관에서 파견되어 조선으로 가는 것이며 중국 총세무사는 북양대신의 승낙을 얻어 언제나 그를 중국해관으로 환임시킬 수 있으며, 2) 그는 북양대신과 총리아문의 지시하에 조선해관을 중국해관의 방식에 따라 운영 관리할 것이며, 3) 자기 직분 이외 일에 간여하거나, 청조가 조선을 속방으로 '보호'하는 뜻을 위해하거나 제3국의 견제를 받아서는 안된다는 것이었다.

메릴은 1885년 10월 초 대원군이 석방·환국할 때 배행하여 서울에 부임하고 10월 20일 정식으로 임명되었다. 취임 즉시 그는 이홍장과 하트의 뜻과 훈령에 따라 조선해관의 기구를 정비하고 용원(冗員)을 정리했는데, 모든 인사이동은 전적으로 하트의 지시에 따라 요원 전원을 중국해관 세무사로 충당하였다. 그가 취한 조선해관 예속조치 가운데 가장 상징적인 사례가 정기 해관업무 보고를 독자적으로 발간하는 것을 중지하고 이를 중국해관 업무보고의 일부로 편입 발간한 것이다.

이후 메릴은 조선의 자주를 함부로 유린·침범하는 원세개의 횡포와 자행을 비난·반대하게 되었으나, 끝까지 이홍장과 하트에 대한 신의를 지켜 정면으로 청조정책을 반대하는 것을 삼갔다. 그러나 뒤에 언급한 고종폐위밀모, 구미견사(歐美遣使) 문제, 평양개항 문제 등에서 원세개와 의견이 대립하여 입장이 난처하게 되자 결국 1889년에 자원하여 서울을 떠나 중국해관으로 복귀하였다. 그가 서울 재임중 수립한 조선해관에 대한 북양의 통제는 그 후 청일전쟁 발발 후까지 전후 10년이나 지속되었다.

고종의 폐위시도: 원세개는 실질적으로 감국이나 다름없이 행세하며 자주지향적인 고종의 폐위를 획책하였다. 러시아의 힘을 빌어 나라의 자주를 회복하려 한 조선정부의 기도는 묄렌도르프의 파면으로 일단 좌절되었다. 그러나 일본과 프랑스에 대해 계속 양보와 타협을 하게 되고 거문도로부터 영국군을 신속히 철퇴시키지 못하게 되자 종주국으로서의 청조의 권위는 크게 손상되었다. 한편 대원군을 석방·환국시키고 계속 그를 지지·보호하는 청조의 정책은 명성왕후와 그

일파를 불안과 공포속으로 몰아넣었다. 그 결과 연아자주(聯俄自主)를 목적으로 시작된 민씨정권의 러시아에 대한 접근책은 급속히 인아배청(引俄背淸)의 성격을 띠게 되었다. 이것은 1886년 6월에 있었던 사대친청파인 외무독판 김윤식의 파면이 가장 분명하게 보여주었다. 한편 조선의 자주를 지지하는 서울주재 러시아공사 웨베르(Karl Waeber)의 존재는 원세개에게 항상 불안 요인이었다.

이런 상황 아래에서 원세개는 1886년 초부터 친로적인 고종을 폐위하고 대원군의 장손인 이준용(李埈鎔)을 신왕으로 책봉하여 대원군을 재집권케 함으로써 왕실과 정부로부터 친러반청 세력을 일소할 것을 획책하였다. 이해 8월 초에 원세개는 이홍장에게 정식으로 이 계획을 건의하였다. 조선에 해군과 육상 병력 약간을 파견하고 대원군과 상의하여 계획을 추진하면 수일 내에 무난히 성사할 수 있다는 구체적 방법까지 제시하였다. 이로부터 약 1주일 후에 인아배청 음모의 장본인인 고종을 신속히 폐하자고 촉구하였다.

이때 원세개는 조러밀약 성립의 결정적인 증거로 내무총리대신 심순택(沈舜澤)이 고종의 명으로 러시아공사 웨베르에게 보냈다는 밀시라는 것을 공개하였다. 그는 이 밀서를 민영익으로부터 입수하였다고 하였다. 그 내용인즉 조선국왕은 천하 각국과 일률적으로 평등한 관계를 유지하고자 하는데, 만일 타국이 조선의 독립과 자주를 침범하는 일이 있으면 러시아가 병선을 파견하여 도와줄 것을 요청한 것이었다. 이 밀서의 진위에 관해서는 의심스러운 점이 있을 뿐만 아니라 웨베르와 러시아정부는 그런 밀서를 받은 적이 없고 앞으로도 받지 않을 것이라고 명언하였다. 사실 당시의 러시아정부가 그와 같은 조선의 요청을 수락했으리라고 생각하기는 어렵다. 그러나 이른바 밀서의 내용은 당시의 고종과 민씨 일파의 태도와 심정을 정확히 반영한 것이었음에 틀림없다.

이때 이홍장은 고종의 폐위에는 원칙적으로 이의가 없었으나 원세개에 비하여 사려가 깊고 국제관계를 다루는데 경험이 많았으므로 서방 열강의 비난을 염려하여 신중하게 대처하였다. 이때 한반도에 비상한 관심을 가졌던 일본정부도, 조러밀약설은 신빙성이 없는 풍설에 불과하니 조용히 사태의 추위를 관망하는 것이 좋다는 의견이었다. 이리하여 9월 초에 이홍장은 천진으로 자기를 찾아온 조선정부의 외교고문 데니와 이 문제를 여러 차례 상의하였다. 데니는 천진주재 미국영사로 재임했을 때부터 이홍장과 친분이 두터웠으며 바로 그의 천거에 의해 그해 4월 서울에 부임하였던 것이다. 데니는 조러밀약설은 조선정부내 몇몇 소인배들이 조작한 무근지설이라는 것을 강조하고 이와 같은 것으로 말썽을 일으킨 원세개의 언행을 비난하여 그의 해임을 요청하였다. 결국 이홍장은 데니의 의견을 받아들여 고종폐위 제안을 부결시켰으며 원세개의 해임요청은 거절하였다.

이리하여 원세개의 고종폐위 계획은 좌절되고 이미 본 바와 같이 이른바 제2차 조러밀약문제는 이홍장과 주청러시아 대리공사간의 '천진구두협의'로 해결되었다. 이에 따라 영국도 거문도에서 철퇴하게 되었다. 이 결과 이홍장과 원세개는 조선예속화정책을 더욱 자신있게 추진하게 되었는데 이를 뚜렷이 보여준 것이 조선정부의 해외사절 파견계획에 대한 간섭이었다.

구미견사 문제: 1887년 8월 조선정부는 박정양(朴定陽)을 미국에, 심상학(沈相學, 뒤에 趙臣熙)을 유럽 5개국에 공사로 파견하기로 결정하였다. 그 동기와 목적은 증대되는 청조의 간섭과 통제에 대해 불만과 반감을 지닌 조선의 왕실과 정부가 외교활동을 통해 조선의 자주와 독립을 과시하려는 것이었다. 원세개는 백방으로 저지하려 했으나 이홍장과 총리아문은 조건부로 허가하였다. 즉 조선사신이 방문국에 도착하면 1) 반드시 그곳 주재 청국공사에 보고하여 그와 함께 그 나라 외무부를 방문한다. 2) 모든 외교 행사에 참석할 때 서열상 청국공사에 선행할 수 없다. 3) 중요한 교섭안건은 반드시 청국공사와 사전 협의하여 그 지시를 받는다는 것이었다.

그해 11월 출국하여 연말 워싱턴에 도착한 박정양은 이들 조건을 무시하고 독자적으로 외교활동을 벌였다. 보빙임무만 끝내고 곧 귀국한다는 약속을 무시하고 약 1년 동안 그곳에 체류하다가 일본을 거쳐 1889년 4월에야 서울에 돌아왔다. 그 동안 원세개의 계속되는 엄중한 경고에도 조선정부 당국은 모든 것을 박정양이 자의로 처리한 것이라는 변명을 되풀이할 뿐이었다. 그가 귀국한 후에도 그의 처벌요구에 대해 차일피일 회답을 피하고 있다가 그해 12월 원세개가 휴가로 임시 귀국한 틈을 타서 그를 도승지로 승진 발령하였다. 이와 같이 조선정부는 끝까지 책임을 회피하고 말았다. 그러나 홍콩에서 사태를 관망하고 있던 조신희는 청조의 위협에 겁을 먹고 병을 구실로 유럽 방문을 포기하고 귀국하고 말았다.

조선정부의 외교활동에 대한 청국의 간섭과 방해는 근대 국제법상 있을 수 없는 시대착오적 책동이었음은 물론이다. 청한 간의 전통적 종속체제의 정신과 관행에도 배치되는 것이었다. 또 당초 이홍장이 조선에 대해 권도한 열국과의 입약정책과 모순되는 것이며 그 정책이 추구한 한반도에 열강 간의 세력균형을 조성한다는 목적과도 상반되는 것이었다. 청조는 이같은 간섭과 방해를 통해 조선 외교의 근대화와 발전을 저해하고 청미관계의 순조로운 발전을 저해했으며, 자체의 국제적 위신을 훼손시킨 것 외에 아무 소득이 없었다.

평양개항 문제: 이홍장과 원세개는 이 시기(1885~1893)에 조선의 내정에도 여러 차례 걸쳐 간섭, 압력, 통제를 가했다. 그 한 예가 평양개항 문제를 둘러싼 분쟁이었다. 이 시기 한반도 북부 서해안 일대에서 중국 해군과 상인들에 의한 밀수가 성행하고 있었다. 조선해관이 단속하려고 했으나 원세개의 방해로 여의치 못하였다. 이에 대한 대책으로 1890년 조선정부는 평양을 정식 무역항으로 개방하기로 결정했는데 원세개가 강경히 반대하고 나섰다. 이유는 이 지방에 일본상인들의 진출을 저지하고 만주 영구항(營口港)의 관세수입 감소를 방지하자는 것이었다. 그는 조선은 종주국인 청조의 허가 없이 함부로 개항할 수 없다고 주장하면서 이홍장에게 조선정부로 하여금 개항허

가 신청을 받도록 할 것과, 만일 청조의 의향을 무시하고 평양을 개항할 때는 군함을 파견하여 점령할 것을 건의하였다. 이홍장은 전자만을 채택하여 조선정부에 허가신청을 제출하라고 하였으나, 조선정부는 단호히 거절하였다. 이리하여 이 문제는 경제적으로보다 정치적으로 더 중요성을 띠게 되고 오래 해결되지 못하여 조선정부는 큰 손해를 보게 되었다.

데니의 「청한론(淸韓論)」과 그의 퇴진: 이 외에도 조선정부가 주화·전보·윤선·어업·광업 등 여러 분야에서 새로운 사업을 계획할 때마다 원세개는 소위 종주권을 명분으로 하여 이를 청조의 통제하에 두기 위한 간섭을 서슴지 않았다. 거의 모든 경우 일본과 미국을 제외하고는 영국이나 러시아가 그의 행동을 반대한 적은 없었다. 일본의 경우는 조선의 자주와 독립을 옹호하기보다는 청조의 부당한 간섭으로부터 자국의 이권을 보호하자는 것이 그 진의였다. 1889년에 발생하여 4년간이나 계속되었던 방곡령사건에서 취한 일본의 집요한 주장이 이것을 여실히 보여주었다.

이와는 대조적으로 이 시기에 진정하게 조선의 자주와 독립을 위해 청조의 부당한 간섭과 통제를 반대하고 나선 것은 메릴, 데니, 딘스모아(Hugh A. Dinsmore) 등 미국인 고문이나 외교관들이었다. 상술한 바와 같이 데니는 1886년 4월부터 4년 동안 외무협판으로 고종의 외교고문 직책을 성실히 수행하였다. 그는 고종 폐위모의, 구미견사문제, 평양개항 문제 등을 둘러싸고 번번이 원세개와 대립하였다. 1888년 그는 상해에서 「청한론(China and Korea)」이라는 장문의 논문을 통해 원세개의 횡포와 부당한 간섭행위를 폭로하여 그의 해임을 요구하는 국제여론을 환기시키려 하였다. 그러나 원래 친분이 있었던 이홍장의 격노를 사서 한국을 떠나지 않으면 안되게 되었다. 이들 미국인들의 선의나 노력과는 반대로 당시 미국정부는 청한관계에 대해 이른바 엄정중립과 불간섭원칙을 견지하여 사실상 청조를 지지하는 입장에 섰다. 그러나 메릴과 데니와 같이 이홍장의 신임을 받고 그의 천거로 서울에 부임한 사람들이 모두 그와 원세개를 반대하게 되었다는 사실은 청조의 조선예속화정책의 정체와 성격이 무엇이었던가를 시사하고도 남음이 있다고 하겠다.

VI. 파국: 동학기의와 청일개전

동학농민기의와 청일 양국의 출병: 1894년 2월 15일 전라도 고부에서 탐관오리의 탐학에 분노한 농민 1,000여명이 동학접주 전봉준(全琫準)의 지휘하에 고부군수를 축출하고 관아를 파괴한 다음 일단 해산하였다. 4월 하순 다시 집결한 이들은 그 수가 수천에 달했으며 각지를 전전하여 도처에서 관병들을 격파하였다. 중앙정부 당국은 이 동학농민군을 진압하기 위해 홍계훈(洪啓薰)을 양호초토사(兩湖招討使)로 임명하였다. 그는 신식병기로 무장한 경군 800여명을 이끌고 서울을 떠나 인천에서 원세개가 주선해 준 북양해군 경비선과 상선에 분승하여 현지에 도착하여 5월 11일 전주에 입성하였다. 그러나 관군은 도망병이 속출하고 사기가 부진하여 5월 말 동학군의 공격을 받자 전주성을 포기하고 패퇴하였다.

홍계훈은 이미 5월 23일 현지에서 상소를 올려 동학군을 진압할 자신이 없음을 고백하고 임오·갑신변란 때의 예를 따라 청조에 파병을 요청할 것을 건의하였다. 당시 그는 왕실과 민씨 일파의 신임이 가장 두터운 장령이었고 원세개가 평소 비호하는 인물이었다. 고종과 일부 신하들은 청조의 파병은 기필코 일본의 파병을 초래할 것이며 러시아 역시 이에 따를 것이니 섣불리 청병할 수 없다는 의견이었다. 특히 영돈녕부사 김병시는 난민이라도 자국의 백성인데 이들을 타국의 군대를 빌어 토벌한다면 그 결과가 어떻게 되겠느냐며 반대하였다. 그러나 전주 함락의 보고에 경악한 정부는 청병하기로 결정하고

6월 3일 원세개에게 정식으로 요청하였다. 바로 이 결정이 이홍장의 조선정책의 파국을 초래하고 청일전쟁의 도화선이 된 것이다.

원세개는 이미 이전에 병조판서 민영준(閔泳駿) 등 청병론 지지자들과 이 문제를 밀의해 왔다. 그는 조선정부가 정식으로 요청만 하면 청조는 언제든지 파병할 것이라고 확약하였다. 민영준 역시 원세개가 친밀한 관계를 유지해 온 세도대신이었다. 이로 미루어 볼 때 조선정부와 청병결정의 배후에는 원세개의 종용이 있었던 것이 틀림없다. 원세개는 청병이 동학군을 진압하여 다시 한번 종주국의 힘과 권위를 과시하자는 의도였다.

이때 서울에 있던 일본대리공사는 원세개에 대해 일본정부는 청조가 빨리 파병하여 동학군을 진압해 주기 바란다고 말하였다. 주천진 일본영사도 이홍장에게 같은 말을 하였다. 이홍장과 원세개 양인은 모두 이를 믿고 일본이 파병하더라도 그 수는 100여명에 불과할 것이고 공사관을 보호하는 것 외에 타의는 없을 것이라고 생각했으며 이것은 대세에 별로 영향을 주지 않을 것이라고 판단하였다. 이홍장도 원세개가 보고한 대로 조선정부가 자력으로 동학군을 진압할 능력이 없다고 생각하고 청조가 대신하여 빨리 진압하는 것이 동아시아 국제정세 안정에 기여하는 것이라고 믿었다. 그래서 청조는 6월 4일 조선정부가 파병요청을 하자 즉각 직예제독 섭지초(葉志超) 등에게 1,500명의 병력을 이끌고 출동하라고 명령하였다.

동학농민군의 봉기 시초부터 일본의 군부와 팽창주의자들은 이를 이용하여 한반도에 군사적으로 진출하기 위해 비밀리에 주밀한 준비를 추진하였다. 먼저 천진협정에 의거한 출병의 구실을 만들기 위해 교묘한 위장외교로 청조의 파병을 유도하는데 성공하였다. 이홍장이 조선에 파병키로 정식 결정한 다음날인 6월 5일 일본 군부는 벌써 전쟁수행을 위한 최고 전략작전기구인 대본영을 설치하였다. 7일에 청국 총리아문에 일본도 조선에 파병한다는 통고를 보냈고, 9일에 외상 무쓰 무네미쓰(陸奧宗光)가 주일 청국공사 왕봉조(王鳳藻)에게 일본은 조선을 청조의 속방으로 인정한 적이 없다는 것을 다시 언명하였다. 섭지초가 청병 700명을 이끌고 6월 9일 아산에 상륙하자, 10일에는 일본공사 오토리 게이스케(大鳥圭介)가 호위병 400명을 인솔하고 서울에 들어왔다.

이때 동학농민군은 전주를 점령한 후 엄청난 손해를 입고 사기가 저하되어 도망자가 속출하고 있었다. 이 기회를 이용한 정부군의 선무공작이 주효하여 전주성을 점령한지 불과 12일만인 6월 11일 스스로 성문을 열고 일제히 탈출, 사방으로 도망치기 시작하여 일제히 자연 붕괴되었다. 이때 청군과 일본군이 속속 도착하기 시작했으나 그들의 출병구실은 이미 완전히 무산되고 말았다. 그러나 청일 간의 충돌은 불가피하게 되었는데, 이를 막아 보려는 이홍장과 원세개의 숨가쁜 피전외교(避戰外交)가 시작되었다.

일본의 청일공동 조선내정개혁안: 예상치 않았던 일본의 대규모 출병에 경악한 원세개는 서울에 들어온 일본공사 오토리와 6월 12일과 13일에 걸쳐 회담하였다. 여기서 두 사람은 일단 양국이 모두 이미 도착한 병력을 제외하고는 더 이상 추가 파견하지 않기로 합의하였다. 15일 다시 만나 청군은 400명, 일본군은 250명만을 남기고 모두 철수시키고 잔류병력도 동학군이 신압된 후 철퇴시키기로 협의를 보았다. 청조측은 이를 무조건 수락하였으나, 일본정부는 청국공사의 항의에도 불구하고 거절하였다.

일본정부는 이때 한반도에서 출병목적을 달성하기 전에는 절대 철병하지 않기로 결심하였던 것이다. 그러나 서방 열강의 비난을 염려하여 외교적으로 소위 '피동적'인 입장에 서기 위해 「청일공동조선내정개혁안」이라는 것을 내놓았다. 그 내용은 조선에서 내란의 원인을 근절하기 위해 청일 양국의 공동으로 그 내정을 개혁하자는 제안이었다. 만일 청조가 거절한다면 일본은 단독으로 단행할 것이며, 이것이 실현될 때까지 절대로 철병할 수 없다는 것이었다. 청조측이 면박하고 양국 동시 철병을 주장하자, 일본정부는 6월 22일 소위 제1차 절교서라는 최후통첩을 보내고 조선내정개혁을 단독으로 추진하겠다고 선언하였다. 이때부터 청조는 일방으로는 일본과 교섭을 계속하면서 타방으로는 서방 열강의 조정을 모색하는 외교활동을 벌였다.

이 동안에도 양국은 계속 한반도에 병력을 증파하여 6월 하순에 청군은 약 2,500명, 일본군은 약 8,000명에 달하였다. 일본정부는 이같은 자국병력의 절대적 우세를 배경으로 더욱 고압적이고 도전적으로 되었다. 6월 26일 오토리공사는 고종과 알현하고 속히 위원을 임명하여 자기와 조선내정 개혁문제를 협의하도록 요구하였다. 28일에 외무독판 조병직(趙秉稷)에게 서면으로 조선정부는 자국을 청조의 속방이라고 인정하는 지의 여부를 다음날까지 명확한 답을 하라고 따졌다. 조병직은 30일 강화도조약 제1조에 조선은 자주지방(自主之邦)이라고 명기되어 있으며 이번에 중국에 청병한 것도 바로 이 자주권을 행사한 것이라는 애매한 회답을 보냈다.

이홍장의 피전외교(避戰外交): 이때 이홍장은 원세개로부터 병력증파를 요청받고도 전쟁준비보다 오히려 피전외교에 힘쓰고 있었다. 그는 러시아와 영국의 조정에 큰 기대를 걸고 러시아공사 카씨니(A. P. Cassini)를 통해 러시아정부와 교섭하였다. 그는 한반도에 대한 일본의 군사적 진출을 절대로 방관하지 않을 것이라고 믿고 비단 외교적 조정 뿐만 아니라 위급할 때는 군사적 간섭까지 기대할 수 있다고 생각했다. 러시아정부도 청일분쟁에 비상한 관심을 갖고 6월 30일 일본정부에 대해 청일 동시철병을 제의한 조선정부의 요구를 수락할 것을 권고하고, 만일 일본정부가 이에 대해 문제를 일으킨다면 중대한 책임을 져야한다고 경고하였다. 그러나 일본정부는 7월 2일 이를 거절하였다. 이때 일본정부가 러시아의 위협적인 권고를 거절할 수 있었던 것은 영국의 지지를 기대하고 있었기 때문이다. 결국 7월 9일 카씨니를 통해 이홍장은 러시아정부로부터 일본에 대해 우의적인 권유는 할 수 있으나 무력간섭까지는 하기 어렵다는 통고를 받고 크게 실망하게 된다.

한편 영국과의 교섭은 주청영국공사 오코너(Nicholas O'Connor)를 통해 총리아문이 주관하였다. 그러나 일본은 끝내 청일 동시철병안을 거절하여 영국정부의 조정노력도 성공하지 못하였다. 그 이유는 주로 이미 결정적으로 연일(聯日)로 기울어지고 있던 영국정부의 태도에 있었다. 일본은 이때 영국과 조약개정 교섭을 추진하고 있었는데 일본의 한반도 진출은 러시아의 남하를 방지하는 것이니 영국에도 유리한 것이라는 것을 강조하였다. 영국도 청일 간의 개전은 환영할 수 없으니 일본의 조치가 직접 또는 간접으로 러시아의 한반도 진출을 예방하게 되는 것이라면 이를 시인한다는 것이었다. 이후 7월 14일 일본정부는 소위 제2차 절교서라는 것을 총리아문에 보냈고 한반도에서 절대로 철병할 수 없다는 것을 거듭 언명하고 앞으로 청일양국간에 의외의 변란이 발생하더라도 그 책임을 지지 않는다고 선언하였다. 그 이틀 후인 7월 16일 영국은 일본과의 신조약에 조인하였다. 조인을 마친 후 영국외상 킴벨리(Kimberley)경은 "이 조약은 일본을 위해서는 청국의 대병을 패주시킨 것보다 더 큰 의의를 가진 것이다"라고 발하였다. 이같은 영국정부의 태도가 일본정부의 개전 결심을 결정적으로 만들었다.

미국과 이태리 등 다른 나라도 청일 간의 조정을 시도해 보았으나 영국과 러시아의 조정을 거절한 일본이 받아들일 리가 없었다. 영일신조약은 청일 개전을 결정적으로 만들었다. 이홍장의 친영전략은 이미 '부질없는 짝사랑'으로 되어 버렸다.

VII. 맺음말

19세기 중엽 동아시아에는 이른바 '서방의 충격'하에 중국을 중심으로 한 동아시아 세계질서가 붕괴하고 서방 열강이 도입한 서구적 국제질서가 이를 대치하였다. 이에 1870년대에 들어서면 이 지역의 국가와 민족이 구세계질서 하에서 오랫동안 유지해 온 상호 간의 전통적인 관계를 신국제질서가 요구하는 새로운 관계로 개편하는 과정이 시작된다. 이 과정에서 만청왕조와 명치일본은 이 지역내의 패권을 둘러싼 쟁패전을 전개하였다. 바로 이 쟁패전의 종결이 청일전쟁이었다.

역사적으로 동아시아 세계의 패권을 잡으려면 이 지역의 지리적·전략적 중추부인 한반도를 직접 지배하거나 최소한 이와 우호적 협조적 관계를 유지하지 않고서는 불가능하였다. 따라서 청일 쟁패전에서 한반도의 청조세력을 축출하고 자기 세력을 부식·확대하는 것이 일본의 지상 목표였다.

이홍장은 명치일본의 이같은 야심을 처음부터 감지하고 있었으며 청조를 위한 한반도의 전략적 중요성을 명확히 인식하고 있었다. 그는 청조에는 한반도가 전략적으로 중국남부의 여러 성보다 더 중요하다고 생각했으며, 이를 보호하기 위해 신강을 일시적으로 포기해서라도 해방(海防)을 강화하자고 주장하였다. 그러나 청조의 전통적 방위전략, 재정난, 정치적 부패 등으로 그의 해방계획은 대폭적으로 축소되고 그나마 계획대로 추진되지 못하였다. 이에 이홍장은 한반도를 외침으로부터 보호하기 위한 외교적 전략과 방법을 강구치 않을 수 없게 되었다. 이것이 그의 1870년대의 연일제서(聯日制西)전략이었다.

한반도에 대한 일본의 전략적 야심이 현실적인 위협으로 변하기 전에는 이같은 연일제서전략과 조선에 대한 전통적 종주권만으로 충분하였다. 그러나 이리사건과 유구병탄을 계기로 동아시아 지역에 조성된 국제적 위기는 좀더 현실적이고 실효성 있는 대책을 요구하였다. 이에 청조는 1879년 조선에 대해 서방제국과 수교 통상할 것을 권고하기로 결정하고, 이홍장으로 하여금 이를 실천에 옮기게 하였다. 이 입약권도책은 조선이 서방국가들과 입약하고 조약체제에 편입되는데 대하여 부정적 내지 소극적이었던 청조정책의 중요한 전환이었다. 이는 조약제도를 이용하여 조선을 보호하자는 좀더 적극적인 전략이었으나 조선을 종속체제에서 해방시킨다는 것이 아니었기 때문에 여러 가지 모순과 딜레마를 초래하게 되었다.

이홍장이 추진한 입약권도책은 1882년 여름 조선과 미·영·독 3국 간의 조약 조인으로 일단 궤도에 올랐다. 그러나 이 직후 돌발한 임오군란은 전례 없는 청조의 군사적·정치적 개입을 초래하였다. 이를 계기로 이홍장이 실시한 조선내정에 대한 간섭은 전통적 청한 종속관계를 본질적으로 변질시켰다.

주로 원세개를 통해 집행된 이홍장의 조선정책은 일관하여 내외정에 간섭함으로써 조선의 자주권을 부정하였다. 그는 중조상민수륙무역장정이라는 이름의 불평등조약을 통해 조선의 상권을 침해하였다. 이는 내외정 불간섭을 원칙으로 하는 종주권의 남용이었을 뿐이며 연장이나 확대였다고 할 수 없다. 불평등조약에 의한 특권의 행사는 제국주의적 수법을 모방한 '아류적 제국주의(secondary imperialism)'라고 낙인되어야 한다. 이 정책은 청조에 대한 조선 조야의 불만, 불신, 반감을 사게 되어 갑신정변을 초래한 요인이 되었다. 갑신정변은 친일적 정변이기 전에 반청적인 정변이었다.

청일 천진협정에 의해 일본은 한반도에 대해 청조와 동일한 파병권을 획득하였다. 이를 이홍장의 엄중한 외교적 실책으로 간주하는 것이 통설이다. 그러나 당시 프랑스함대의 북양진공의 위협, 일본의 군사적 도발의 가능성, 불일(佛日) 공수동맹설 등 엄청난 복합적 위협을 일시에 대처해야만 했던 이홍장으로서는 피할 수 없었던 현실적인 양보였다고 보아야 타당할 것이다. 9년 후 일본정부가 한반도에 출병하기로 결심했을 때 조약상으로 보장된 파병권이 없었더라도 파병하지 않거나 못하였다고는 생각할 수 없다.

갑신정변 직후 발생한 조러밀약문제와 거문도사건은 한반도에 영·아·일 3국 간에 일시적으로 일종의 완충지대를 조성하였다. 그 결과 3국이 모두 조선에 대한 청조의 종주권 주장을 지지 또는 묵인하는 태도를 취했는데, 이는 청조에 상당한 행동의 자유를 허용하게 되었다. 이홍장은 청조의 조선정책을 수립하고 집행하는 전기간을 통해 이때 가장 근본적인 중요한 과오를 범하게 된다. 그는 조선의 외교와 통상을 총관리하는 중책을 원세개에게 맡겼다. 원세개는 갑신정변 때에 보여준 바와 같이 기민한 판단력과 과감한 행동력을 갖고 있었으나 이 때 나이가 불과 26세인 경험이 부족한 청년이었다. 그는 당시 국제사회에 관한 지식이 거의 없었고 전통적 중국교육도 별로 받지 못한 인물이었다. 또 성질이 횡포하고 태도가 오만하여 권모술책을 좋아했다. 이런 청년에게 감국이나 다름없는 막대한 권한을 부여하여 조선에 파견했다는 사실 자체부터가 이홍장이 조선조정과 정부를 경시한 태도를 보여준 것이며 적절한 인사였다고 보기 어렵다.

원세개는 이홍장의 전폭적 신임과 지지를 받으면서 조선에서 근 10년 동안 내외정 각 분야에 걸쳐 온갖 간섭·압력·금제를 가하였다. 그의 유일무이한 목적은 청조의 종주권을 강화하여 그 권위를 높이는 것이었다. 그는 당시 조선이 절실히 필요로 했던 제반 개혁에는 무관심했으며 오히려 이를 견제하고 방해하였다. 이리하여 조선의 왕실과 정부인사들의 불만·불신·반감은 갈수록 커져서 표면상으로는 종주권으로서의 청조의 권위를 과시했으나, 실지로는 긴밀하고 원만했던 청한관계를 크게 약화 훼손시켰다. 그 결과 1894년 4월 청일전쟁의 도화선이 된 동학농민봉기가 일어났을 때 이에 대처하는 조선정부의 능력은 대원군집권 시대에 비해 오히려 저하되어 있었다. 그에 의해 농락·조종되고 있던 조정의 요인과 군관들은 '상국(上國)'에 청병하는 것을 당연지사로 생각하였다. 이들의 몰지각한 청조에 대한 파병요청은 일본이 오래 기다리고 있던 출병의 구실과 기회를 주게 되고, 원세개의 무지하고 오만한 판단은 청조의 조선정책의 파국을 초래하였다.

1870년대 초부터 4반세기에 걸친 한반도에 대한 일본의 침략을 막아 조선을 보호하고 청조의 종주권과 전략적 위치를 공고히 하기 위하여 이홍장이 추진한 정책은 중국의 전통적인 이민족 통어전략인 이이제이정책으로 일관되어 있었다. 그는 연일제서(聯日制西), 연서제일(聯西制日), 연아제일(聯俄制日), 친영제일(親英制日) 하는 식으로 항상 타방본원주의였다. 그의 조선정책은 논리와 일관성이 없고 전후 상반 또는 모순이 예사였으며 그의 행동은 현실과 타협이 특징이었다. 그의 시책은 국가 장래를 위한 대계라고 하기 보다는 당면문제를 처리하기 위한 실효성을 노린 것이 많았다. 그는 종속체제 하의 속방의 내외정에 대한 불간섭 원칙을 운운하면서 조선의 내외정에 부단히 간섭하였고 조선을 권도하여 서방제국과 평등 자주원칙에 의거하여 입약하도록 하여 놓고는 오히려 그 자주적 외교를 견제 방해하였다. 그리하여 조선이 근대적인 독립국가로 국제사회의 일원으로 등장하기 위해 결정적인 중요성을 가졌던 시기에 그 자주권을 침해하고 그 자치능력을 훼손시켰다.

물론 모든 것을 이홍장이나 원세개의 책임으로 돌리는 것은 아니다. 그러나 갑신정변 후 10년 동안 궁극적으로 조선의 근대화와 자주적 발전만이 일본의 침략적 야심을 견제하는 유일한 방도였다면 이들의 정책은 이 목적에 기여하기는 고사하고 오히려 방해했다는 결론을 내리지 않을 수 없다. 양계초(梁啓超)를 비롯한 많은 사가들이 이미 평한 바와 같이 이홍장은 40년에 걸친 장구한 시일동안 자기에게 주어진 모든 어려운 임무와 책임을 충실히 수행하려고 노력한 능리(能吏)였으나 청조의 운명을 구할 수 있는 정치가는 아니었다.

나의 책을 말한다

I. 머리말

누구나 그럴지 모르지만 내가 나의 저서에 대해서 말한다는 것은 무척 거북하다. 거기에는 몇 가지 이유가 있는데 그 중 하나는 내가 만학이며 같은 연배의 학자들에 비해 이렇다 할 만한 업적이 없다는 사실이다. 그런 내가 자신의 책을 말한다는 것은 격에 맞지 않는 일이다. 그러면서도 이 글을 쓰는 데에는 한 가지 변명은 있다. 나는 공부를 일찍 시작하지 못했다는 아쉬움은 있으나 늦게나마 한 것을 다행스럽게 생각한다. 만족할 만한 성취감은 없으나 큰 후회는 없다. 그래서 나와 비슷한 처지에서 공부를 할까 말까 망설이는 사람들에게 혹이나 참고가 될까 하여 이 글을 쓴다.

II. 중년의 대학원생

나는 중학교 시절부터 역사공부를 할 생각이었다. 그때는 한국사를 공부할 작정이었다. 왜정 시기에 태어나서 중학 때부터 동경에 가서 교육을 받은 나는 우리 역사와 문화를 말살하려는 일제에 반항하여 무슨 방법으로든 우리 역사를 공부하겠다고 다짐했다. 일본에서 일단 대학을 마친 다음 중국에 가서 역사 공부를 한다고 나름대로 단단히 결심하고 있었다. 그러다가 태평양전쟁 말기에 일본의 대학들이 폐쇄되고 한국인에게 징병제가 실시되는 와중에서 대학에 제대로 진학하지도 못하고 귀국하여 해방을 맞이했다. 그 후에 국내외 혼란과 주위 형편으로 나는 공부를 다시 시작하지 못했다. 그러다가 직장관계로 다시 일본으로 가게 되어 직장생활을 하면서 여가를 이용하여 대학에도 진학했다.

이런 가운데 우리나라에서는 6·25동란이 일어나 주위 사정이 격변했기 때문에 나는 대학을 마치고도 대학원에 진학하지 못했다. 그 후 직장생활을 계속하면서 그럭저럭 15년이 되어도 뜻을 이루지 못하여 한때는 공부를 거의 단념하기까지 했었다. 그 후 1967년 가을에 나는 마침내 20년에 가까운 직장생활을 청산하고 대학원에 입학하였는데 이때 나의 나이는 43세였다.

Ⅲ. 중국근대사를 전공

위에서 말한 대로 나는 원래 한국사를 전공할 생각이었지만 해방이 되고 나니 심경에 변화가 생겼다. 이제 우리 역사는 누구나 공부할 수 있게 되었으니 나는 중국 역사를 공부해야겠다는 생각이 들었던 것이다. 우리 역사와 문화를 깊이 이해하자면 우리 민족과 역사적·문화적으로 불가분의 관계를 가진 중국에 관해 지식과 이해를 높여야 한다고 믿었다.

이러하여 나는 미국 캘리포니아주 데이비스(Davis)에 있는 캘리포니아대학(University of California) 대학원에 입학했다. 그때 그곳에는 중국출신 교수 두 분이 계셨는데, 한 분은 유광경(劉廣京) 교수이고 또 한 분은 나영방(羅榮邦) 교수였다. 유 교수는 미국에서 중국근대사의 제1인자의 한 사람으로 손꼽히는 대가로서 팔순이 넘은 지금도 연구활동을 계속하고 있다. 나 교수는 내가 그곳으로 간 후에 작고하셨는데 명조사(明朝史)의 권위자였다. 이분들은 스스로가 저명한 학자

일 뿐만 아니라 근대 중국역사상에 큰 자취를 남긴 인물의 후손들이다. 유 교수는 19세기 후반 청조정계에서 명성이 자자했던 청류당(淸流黨)의 소장관료였으며 노년에는 선통황제(宣統皇帝)의 태사로 명망이 높았던 진보침(陳寶琛)의 외손자이다. 아편전쟁 때의 비운의 영웅 임칙서(林則徐)는 그의 외조부가 된다. 나 교수는 1898년 광서황제(光緖皇帝)를 도와 무술변법을 추진하다가 실패한 청말의 대학자이며 보수적 개혁가였던 강유위(康有爲)의 외손자다. 이와 같이 나는 늦게나마 남달리 훌륭한 스승을 만나 그 밑에서 공부하는 행운을 가졌다.

내가 늦게 공부를 시작할 때 물론 많이 망설였으나 한편으로는 어느 정도 자신감도 있었다. 그러나 막상 공부를 시작하고 보니 무척 힘들었다. 그 가장 큰 이유는 형편없이 허술했던 나의 학부교육이었다. 내가 일본에서 형식적으로 대학생활을 끝마친 것은 패전으로 일본의 교육이 극도로 황폐해져 있을 때였다. 때문에 나는 미국에서 알찬 대학교육을 받은 젊은 동기생들에 비하여 너무나 무식하여 자존심이 여지없이 무너지는 것 같았다.

대학원과정 2년째에 들어서면서 석사논문 제목을 정해야 했다. 유 교수의 조언에 따라 19세기 후반에 일어났던 중국 최초의 근대화운동인 자강운동에 대한 일본학계의 견해를 소개하는 논문을 썼다. 마침 유 교수는 1년간 휴직하고 연구차 하버드대학으로 떠났다. 나는 그로부터 서신을 통한 원격지도를 받으면서 논문을 썼다. 이리하여 2년만에 석사학위를 받았는데 나의 석사논문은 1974년 미시간대학 중국학연구센터에서 *Japanese Perspectives on China's Early Modernization* (『중국의 초기 근대화에 대한 일본인의 견해』)이라는 제목으로 발간되었다.

IV. 한·중·일 관계를 다룬 박사학위논문

1972년에 박사과정에 편입되는 동시에 동양 어언(語言) 및 역사 강사가 되었다. 공부와 직무로 눈코 뜰 여가 없는 나날이 계속되는 가운데 박사논문 제목을 결정할 때가 되었다. 나는 이왕이면 중국사의 주류를 이루는 분야에서 무게 있는 주제를 다룰 생각이었다. 그러나 유 교수는 19세기 후반에 한반도를 무대로 전개되었던 중일 쟁패를 다뤄보라는 것이었다. 그는 1894~1895년의 청일전쟁은 청일 양국뿐만 아니라 근대 동아시아 역사상의 일대 사건인데 이에 관한 종래의 연구는 거의 모두가 중국 또는 일본 연구자들이 각기 자기 나라의 입장에서 다룬 것이기 때문에 일방적 내지 편파적이라는 평을 면키 어렵다고 지적했다. 이런 문제점을 극복하고 공정하게 이 주제를 다루자면 관련된 모든 국가의 역사자료를 사용해야 한다는 것이었다. 이와 같은 '멀티 아카이벌(multi-archival)'적 연구의 대표적인 예로 그는 미·영·독 3국의 자료를 구사하여 제1차 세계대전의 외교 배경을 분석한 하바드대학의 메이(Ernest R. May) 교수의 명저 *The World War and American Isolationism* (『세계대전과 미국의 고립주의』)을 꼽았다. 한·중·일 3국의 자료를 골고루 이용할 수 있는 어학능력을 가진 학자가 극히 드물다고 하면서 그는 나더러 꼭 이 주제를 다뤄야 한다고 역설했다.

유 교수는 하바드대학의 고 페어뱅크(John K. Fairbank) 교수가 서지학의 천재라고 칭찬한 인물이다. 전형적인 내유외강형의 학자인 그는 제자들에 대하여 민망할 정도로 겸손하지만 학문에서는 절대로 타협이 없는 완벽주의자이다. 나는 물론 그의 권유에 따랐다. 그리고 논문 준비를 위해 펜실베이니아 대학의 콘로이(Hilary Conroy) 교수와 워싱턴 대학의 팔레(James B. Palais) 교수를 찾아가서 조언을 구했다. *The*

Japanese Seizure of Korea (『일본에 의한 한국병탄』)의 저자인 콘로이 교수는 자기는 일본사료만을 사용했지만 결코 일본의 침략행위를 정당화하려는 의도는 없었다고 자기 책에 대해 해명했다. 그러면서 그는 좋은 연구 성과가 나오기를 바란다고 나를 격려해 주었으며 그 후 나의 논문에 대하여 매우 고무적인 평을 해주었다. 이와 대조적으로 팔레 교수는 내가 다루려는 문제는 이미 많이 연구되었는데 또 하나의 "한·중·일 관계사"를 쓸 필요가 있겠느냐 하면서 다소 부정적인 태도였다. 그러나 그는 나중에 출판하기 위해 수정된 나의 논문에 대하여 치밀하고 예리한 논평을 가하여 많은 도움을 주었다.

처음에 나는 한반도에서의 중일 간의 각축을 분석할 생각이었다. 그러나 점차 서구열강의 압력하에 전통적 동아시아 세계질서가 무너지고 새로운 서구식 국제질서가 형성되는 과정에 초점을 맞추게 되었다. 나는 우선 일본이 한일 간의 전통적 대등관계를 부정하고 스스로 서열상의 우위를 주장하였기 때문에 양국간의 새로운 관계정립이 좌절되었음을 지적했다. 그 다음 나는 근대적 국제관계에서 서열상의 우위라는 것이 현실적으로 무의미하다는 것을 깨달은 일본이 서구 열강을 모방하여 한국에 대하여 불평등조약을 요구하고 나섰음을 지적하고 이에 대응하여 청조는 이러한 일본의 야망을 견제하기 위해 조선에 대하여 서구열강과 조약을 체결하라는 이른바 입약권도책(立約勸導策)을 세웠다는 것을 밝혔다. 그리하여 1882년에 이르러 조선은 미·영·독 3국과 조약을 체결하고 그 문호를 개방하였으나 조선에 대한 서구열강의 '무관심'으로 결국 한반도에서 중일 양국간의 대립형국이 형성되었음을 설명했다. 끝으로 나는 그 결과 한반도에서 전개된 양국간의 쟁패과정에서 중일 양국은 다같이 한국에 대하여 '아류제국주의'를 추구하게 되고 이에 따라 전통적 동아시아 세계질서는 무너지고 서구식의 새 국제질서가 확립되었다는 결론을 내렸다. 이것이 논문의 주지(主旨)였다.

내가 나의 논문제목을 "동아시아 세계질서의 종막"이라고 정한 것은 서방세계에 대한 한국의 개방이 동아시아 국제관계가 구질서에서 새로운 국제질서에로 이행하는 과정을 가장 뚜렷하게 보여주었다고 생각했기 때문이다. 여기서 내가 통감한 것은 장구한 세월에 걸쳐 폐관자수(閉關自守)하여 온 조선왕조가 동아시아 천지에서 일어나고 있던 이와 같은 대전변에 능동적으로 대응하지 못하고 끝까지 소극적이고 수동적인 자세로 일관했다는 사실이다. 이 사실에서 우리는 외부세계에 대한 무지와 자주정신의 결여가 국가와 민족에 얼마나 비참한 결과를 초래하는가에 대한 역사적 교훈을 찾아야 할 것이다.

V. 단행본으로 간행

이렇게 나는 대학원 공부를 시작한 지 8년 만인 1975년에 박사학위를 취득하고 조교수가 되었다. 이 과정에서 시종일관 유 교수와 나 교수는 물론 여러 교수님의 따뜻한 지도와 도움을 받았다. 유 교수는 내가 석사학위를 취득하자 아예 딴 곳으로 떠날 생각을 말고 모교에 남아있으라고 하면서 모든 것을 돌봐주셨다. 덕분에 나는 학위를 받은 후 직장을 구해야 하는 걱정이 없었다. 그러나 당장 다른 한 가지 난관에 봉착했다.

미국대학에서는 조교수에 임명된 지 6년 이내에 대학이 요구하는 수준의 업적을 올리지 못하면 그곳을 떠나야 한다. 그런데 나는 조교수가 되기 전에 이미 같은 곳에서 6년이나 강사로 근무했기 때문에 앞으로 2년 내에 부교수로 승진하지 못하면 재임용이 안된다는 것이었다. 승진에 필요한 업적을 올리는 가장 확실한 방법은 일류대학 출판부를 통해 학술서를 출판하는 것이다. 나는 불철주야 박사논문을 대폭 수정하여 이듬해 1976년 10월에 캘리포니아 대학 출판위원회에 제출했다. 그랬더니 다음 해 4월에 이를 단행본으로 간행하겠다는 통보가 왔다. 이리하여 나는 1977년 여름에 아슬아슬하게 부교수로 승진하고 교수로서 신분보장을 받게 되었다.

VI. 나의 책에 대한 서평

대학 출판부의 재정사정 때문에 책이 실제로 세상에 나온 것은 1980년 초였다. 그러자 미국, 영국, 캐나다, 대만, 싱가포르 등 여러 나라 학자들의 서평이 나오기 시작했는데 그 중에는 저명한 학자들의 것도 있었다. 다행히 대부분 긍정적인 평이었다. 유독 일본에서만 아직까지 서평이 하나도 나오지 않았다.

여기서 여러 서평 중에서 하나만을 소개하고 이 글을 끝맺기로 한다. 미국역사학회 기관지 *The American Historical Review* (『미국역사평론』) 1981년 2월호에 나의 책에 대한 하바드대학의 이리예(Akira Kriye, 入江昭) 교수의 서평이 실렸다. 이리예 교수는 근대 동아시아 국제관계사 분야에서 세계적 권위자이며 이 분야에서 일본의 견해를 대변하는 학자로 지목되고 있다.

그는 나의 책을 감정과 편협한 애국주의 그리고 독단적인 주장에서 벗어난 이정표적인 저술이라고 칭찬해 준 다음 "저자가 사용한 일정한 명사와 형용사는 그가 누구를 동정하고 있는가를 보여준다"라고 뼈있는 말을 덧붙였다. 즉, 내가 주로 한국 사람들에 대하여는 듣기 좋은 수식어를 사용하고 타국인들에 대하여는 부정적인 수식어를 사용했다는 주장이다. 그리고 서방과 일본제국주의를 '악질적'이라고 규정한 것은 성급한 처사라고 부언했다.

나는 전체적으로 호의적인 이리예 교수의 평에 대하여 구태여 반박할 생각이 없었다. 그러나 주위 사람들의 종용을 받고 그에 대해 반론을 쓰기로 했다. 나는 먼저 내가 한국인들보다 오히려 외국인들,

특히 일본인들에 대하여 많은 찬사를 사용했음을 숫자를 들어 논박했다. 그리고 서구열강이나 일본이 19세기 후반에 한반도에서 추구한 외교정책을 어찌 약탈적이 아니었다고 말할 수 있겠느냐고 반문했다. 이에 대하여 이리예 교수로부터는 다음과 같은 취지의 짧은 답이 있었다.

"김 교수의 훌륭한 책에 대한 나의 서평에서 내가 지적코자 했던 것은 만약 김 교수가 서방과 일본제국주의를 약탈적이었다고 설명하는 데서 한 걸음 더 나아갔더라면 그의 책은 더욱 훌륭했을 것이며 그의 학문적 공헌은 더욱 컸을 것이라는 점이다."

Korea's Entry into the Modern International Community: The Establishment of New Foreign Relations

Introduction

Despite intermittent East-West contacts throughout its history, East Asia and its adjacent lands had remained a self-contained world of its own until the early nineteenth century. Home of the venerable Chinese civilization, it had been affected but little by Western power and influence, power that had been intruding steadily into the region since early modern times. Within this East Asian world, Korea occupied a unique place. Culturally, it was most Confucian of all East Asian societies outside the Chinese heartland. Its ruling literati embraced wholeheartedly the ancient Chinese notion that the world was a universal empire centered around China. Regarding their close cultural affinity with China, the Middle Kingdom, as a mark of distinction, they were proud of the place their country occupied within the Sino-centric world. For their part, successive dynasties in China regarded the peninsular kingdom as their model tributary and accorded it the foremost place among all their dependencies and tributaries. Strategically, the Korean Peninsula occupied a pivotal position sitting astride a crossroads of culture, trade, and war among the major fonts of power in the region.

During the middle decades of the nineteenth century, the existing order in East Asia faced two unprecedented challenges, one external and the other internal. The former consisted of the massive new waves of Western expansion into the region and the other the rise of Meiji Japan. After almost three centuries of steady commercial intrusion the Western powers, led by industrialized Great Britain, succeeded by the early 1860s in imposing upon China, Japan, and the rest of East Asia their system of international commerce and diplomacy. Only Korea remained outside the new system. Following closely upon this unprecedented change in East-West relations was the rise of a new Japan with a resurgent interest in continental East Asia and a zeal for Western-style reform and modernization. Korea, the nexus of northeast Asia, became almost immediately a target of Japan's ambition in its efforts to expand its influence to the Asian continent and of China's resolve to maintain its traditional suzerainty over the peninsular kingdom and hegemony in the East Asian world. Korea's eventual entry into the new international system and its transition from a tributary of the Chinese empire to a member of the modern international community were events of great importance in not only its own modern transformation, but also that of the entire East Asian region.[1)]

I. A HERMIT KINGDOM: MID-NINETEENTH CENTURY KOREA

Until the 1870s, Korea, called the "Hermit of the East" by the Westerners, was a tightly secluded land, more so than the neighboring Tokugawa Japan celebrated for its national seclusion (sakoku). Its external relations were limited to those with its two immediate neighbors: China and Japan. Though dating from early times in history, Korea's relations with the two neighbors achieved institutional maturity only in the early fifteenth century with the founding of the Chosŏn Dynasty (1392～1910) under the tribute system of the Chinese empire that governed interstate relations in traditional East Asia.

Tributary Relations with China

Korea's premodern relations with China were defined as "serving the superior" (sadae). The rise of the Ming dynasty (1368～1644) in China in the second half of the fourteenth century, which followed a century of Mongol rule, represented a restoration not only of Han Chinese rule in the Chinese

1) This chapter is based largely on the author's *The Last Phase of the East Asian World Order: Korea, Japan, and the Chinese Empire, 1860-1882* (Berkeley and Los Angeles: University of California Press, 1980).

mainland, but also of the Sino-centric Confucian order in East Asia. In response to this historic change, Korea readjusted its relations with China by overthrowing the decrepit Koryŏ Dynasty ruled by a corrupt Buddhist aristocracy dominated by the Mongols. In its place the architects of the new dynasty founded what they conceived to be a model Confucian state and named it, with Chinese approval, Chosŏn ("the Land of Morning Calm"). In spite of the subsequent dynastic change in China from Ming to Ch'ing in the middle of the seventeenth century, the pattern of Sino-Korean relations remained basically unchanged for some five centuries until the 1880s.

Korea's tributary relations with China during this period were limited to a ceremonial exchange of envoys, the performance of symbolic rituals and observances, and attendant trade. Its most important duty was to send tributary embassies to the Chinese imperial court whenever the occasion demanded it. Korea's tribute consisted of certain local products. In return, the Chinese imperial court bestowed gifts upon members of the Korean royal family and its tributary envoys. During most of the Ch'ing period, Korea sent one regular embassy to Beijing a year, usually at the time of the winter solstice. In addition, it sent special embassies and missions on various occasions—such as the accession or death of an emperor or an event of national importance in China—or when the Korean court wished to report the accession or death of a king or wished to request imperial investiture for a king or queen.

When a Korean ruler ascended to the throne, he had to request investiture from the Son of Heaven (emperor) in

China. The latter thereupon dispatched envoys to Korea with an edict designating its new Korean ruler formally as "king." Imperial investiture was required also of a Korean queen and his heir-designate. Edict-bearing envoys were the only Chinese officials to set foot on Korean soil and they spent no more than three or four days in the Korean capital. In a symbolic act of submission, the Korean ruler dated all his communications to China by the Chinese imperial calendar and stamped them with the royal seal of office given him by the Chinese court.

While in the Chinese capital—where they remained for some forty days—members of the Korean tributary embassy were allowed to conduct limited trade at a designated market place. In addition, fairs were held at regular intervals at three towns along the Korean-Manchurian border for merchants of the two countries to carry out barter trade under official supervision. No other contact, official or private, was permitted between the two countries.

The most important principle of Sino-Korean tributary relations was a clear status distinction between the two countries. China's superiority as the suzerain was absolute in theory and Korea seldom challenged it. It is highly important, however, to bear in mind that Chinese suzerainty did not go beyond the realm of ceremonial ritual and symbolic observances. China fully recognized and respected the fundamental premise that though tributary in status, Korea was completely and fully autonomous in the conduct of its own affairs, such as "administration, religion, prohibitions, and decrees." It was neither China's intention nor its practice to interfere in substantive Korean affairs, internal or external. Nor was Korea, its ceremonial submission notwithstanding, ever willing to submit itself to actual Chinese interference or control in substantive matters. While Chinese imperial investiture constituted the final step in the legitimation of a Korean monarch's rule, it neither created nor enhanced his authority. He was a ruler in name as well as in fact even without it. Under the traditional Chinese tribute system, Korea was thus master of its own house and functioned as a fully independent state.[2] While ever assertive of their autonomy under this system, Koreans considered their ties with the Middle Kingdom familial in nature and moral in obligation, and as such could not and should not be broken by human will. Looking to China for leadership in culture and learning, they were eager to maintain close relations with China. Even when the Middle Kingdom came under non-Chinese alien rule, as during the Ching period when they persistently harbored anti-Manchu sentiment, Koreans identified themselves with China culturally and generally remained loyal to the Middle Kingdom.

2) For details regarding the Sino-Korean tributary system, see Hae-jong Chun, "Sino-Korean Tributary Relations in the Ch'ing Period" in John K. Fairbank, ed., *The Chinese World Order: Traditional China's Foreign Relations* (Cambridge, Mass.: Harvard University Press, 1968), pp. 90-111.

"Neighborly Relations" with Japan

In contrast to its tributary relations with China, which were hierarchic, Korea's relations with Japan, termed "neighborly relations" (kyorin), were based strictly on the principle of mutual equality. It was also during the early fifteenth century that official relations between the two countries were regularized institutionally. In 1403—a year after King T'aejong (Yi Pang'wŏn) became the first Chosŏn ruler to receive formal investiture from the Ming court—Ashikaga Yoshimitsu, the third shogun of the Muromachi bakufu, received official Ming investiture as "king of Japan" for the first time in the history of Sino-Japanese relations. The formal incorporation of both Korea and Japan into the Chinese tribute system no doubt facilitated the formalization of relations between the two countries. Thereafter, in spite of Japanese piracy that continuously plagued the Korean coast, the pattern of formal Korean-Japanese relations established at that time endured until they were rudely disrupted by the Hideyoshi invasions of Korea in 1592. They were restored shortly thereafter with the founding of the Tokugawa bakufu (1603~1868) in Japan. An agreement signed in 1609 known as the Kiyu Convention remained the sole legal basis for formal relations between the two countries until 1876. Under its provisions Korea conducted its relations with Japan on two levels: with the bakufu or the central government and with the domain of Tsushima.

Korean relations with the bakufu, purely ceremonial in nature and practice, were limited to infrequent visits by Korean embassies to Edo (Tokyo), the seat of the shogunate. Their mission consisted solely and exclusively of exchanging messages and gifts between the Korean king and the Japanese shogun on ceremonial occasions. Denoting the equality of the two countries, the Korean embassy was called "communications embassy." During the seventeenth and the eighteenth centuries a total of eleven Korean embassies visited Edo. In 1811 another Korean embassy went to Tsushima to meet with the shogun's emissaries from Edo. Thereafter the Japanese proposed, for reasons of economy, that in the future Korean embassies be received somewhere other than Edo with less pomp and ceremony. The Koreans rejected the proposal; thereafter, direct contact between the two governments ceased altogether.

The Tokugawa bakufu wished to send envoys to Korea as its predecessor the Ashikaga bakufu had. Distrustful of the island neighbor who had invaded their country without cause, the Koreans refused to permit any Japanese, official or private, to visit their capital. They insisted that the bakufu conduct all its business with Korea through Tsushima, which had traditionally acted as intermediary between the two countries. Accordingly, throughout the Tokugawa period the bakufu was obliged to transact its business with Korea either with the visiting Korean embassy in Edo or through Tsushima.

A tiny island domain in the Korea Strait, Tsushima had from early times maintained close ties with Korea. Its hereditary lord was one of the feudal barons of southwestern Japan who received official titles or seals from the Korean court. The recipients of such titles or seals put themselves in a semi-vassal position vis-à-vis the Korean court and were in return granted certain commercial privileges in Korea. The arrangement was a device originally instituted by Korea as a means of checking Japanese piracy in Korean waters. It was revived with minor modifications under the Kiyu Convention (1609). During the following centuries, Japanese holders of Korean titles and seals, except the daimyo and certain hereditary officials of Tsushima, terminated their official ties with the Korean court. By the late eighteenth century Tsushima thereby acquired a complete monopoly of diplomacy and trade with the peninsular kingdom.

Korea sent only low-level emissaries to the island domain at irregular and infrequent intervals, on such occasions as the accession of a new lord or when it wished to investigate conditions in the domain. During the 230-year period from 1631 through 1860 only fifty-four missions were sent to Tsushima. Composed of a few minor officials and interpreters these missions stayed on the island only briefly and did not engage in trade while there.

Tsushima, On the other hand, sent envoys and messengers to Korea frequently on every pretext. Whenever the daimyo or other Tsushima officials sent envoys or messengers, they presented token tribute to the Korean court. In return, they were granted generous largesse in grain and cloth. In their communications with Korea, Tsushima officials were required to date them by the Chinese imperial calendar and stamp them with their Korean seals of office. Tsushima envoys, messengers, and merchants who visited Korea never exceeded 1,000 a year. The Korean government, prohibiting any visiting Japanese from travelling beyond Pusan, housed them in a large factory called Japan House (Waegwan) and spent some 3,000 bags of rice a year to feed them.[3)]

As we have seen, Korean relations with Japan were dual in structure: those with the bakufu were strictly equal in organization and purely ceremonial in function; those with Tsushima were strictly hierarchical in organization and substantive in function. Though Tokugawa Japan opted to stay outside the Chinese tribute system, it nevertheless remained a bona fide member of the East Asian world, linked indirectly with China through its relations with Korea and its overlordship over the tiny island kingdom of Liu-ch'iu (present-day Okinawa).[4)]

In traditional East Asia, Korea served as a bridge in the

---

3) For a study of Korean-Japanese relations during the Tokugawa period, see George M. McCune, "The Exchange of Envoys between Korea and Japan during the Tokugawa Period," Far Eastern Quarterly 5.3 (May 1946), pp. 308-325.

4) For the dual status of Liu-ch'iu as a Japanese feudatory and a Chinese tributary, see Robert K. Sakai, "The Ryukyu (Liu-ch'iu) Islands as A Feaf of Satsuma," pp. 112-134, and Ta-tuan Ch'en, "Investiture of Liu-ch'iu Kings in the Ch'ing Period," pp. 135-164, respectively, in Fairbank, ed., The Chinese World Oder.

transmission of continental culture to Japan. Proud of such a role the Koreans viewed their island neighbor as a cultural inferior. During the middle ages they suffered incessant Japanese piracy and intrusion, which culminated in the devastating Hideyoshi invasions of 1592-98. This historic experience left in the hearts of Koreans a lasting sentiment of aversion and distrust. Although it was considerably mitigated by peaceful relations between the two countries during the Tokugawa period, Koreans never ceased to view their island neighbor as morally depraved and untrustworthy. They preferred to keep their relations with Japan strictly contractual in nature and to keep them to a necessary minimum.[5)]

On its part, due largely to its insular isolation, Japan never fully or wholeheartedly identified itself with the Sino-centric order in East Asia. While its geographical proximity to the continent enabled Japan to adopt advanced continental culture with ease, its insularity shielded it from continental pressure or attack. This enabled the Japanese to remain free of Chinese control or domination and to regard themselves as equal in status, if not in culture, to the Chinese and superior to the Koreans. This self-image of the Japanese nurtured and in turn was sustained in part by an indigenous Japanese monarchical institution called the *tennō* (emperor) system.

---

5) For traditional Korea's contrasting attitudes toward China and Japan, see George M. McCune. "Korean Relations with China and Japan, 1800-1864" (Ph.D. dissertation, University of California, Berekeley, 1941).

Though stripped of all substantive power for centuries since the late twelfth century, the *mikado* (emperor) remained the de jure sovereign of the land and sometimes posed as a rival claimant for the position of Son of Heaven in the East Asian world. While the shogun, the *de facto* ruler of Japan, ruled the island nation by the preponderant military power he commanded, in theory he did so by the mandate he received from the *mikado*. Since the shogun was considered equal in status to the Korean king, this put the latter below the Japanese *mikado* in titular precedence. This was a serious matter for Korea, for status was all-important in the conduct of interstate relations in traditional East Asia. As will be shown, the restoration of imperial rule in Japan in the late 1860s created a major problem in Korean-Japanese diplomacy.[6)]

With regard to contact with the West, late Chosŏn Korea presented a truly unique case. Even in the days when there was a general ban on open interstate contact and maritime trade in the East Asian world, Ch'ing China engaged the Canton trade system whereby it conducted a considerable volume of trade with Western nations. During the same period Tokugawa Japan possessed the Nagasaki system, which provided limited but highly useful cultural as well as commercial contact with the West. Korea the Hermit Kingdom, however, had no contact whatsoever with the

---

6) For more details, see Kim, *The East Asian World Order*, pp. 15-25.

Western world. Ideologically and culturally it was more rigidly committed than China to Neo-Confucian orthodoxy and physically more tightly insulated than Japan.

The Growing Threat of Western Intrusion

In East Asia the decade of the 1860s dawned with an incident as shocking to the Koreans as it was devastating to the Chinese: the pillage of Beijing, the Ch'ing imperial capital, by an Anglo-French expeditionary force and the flight in October 1860 of the Manchu court beyond the Great Wall to Jehol, Manchuria. When the news reached Seoul, waves of shock swept through its officialdom. The restoration of peace in China and the return to Beijing of the Manchu court in the following year eased the initial panic that had seized the Korean capital. But the sense of crisis engendered by China's abject humiliation at the hands of the hitherto despised Western barbarians remained in the hearts of Korean officials. The threat of Western armed intrusion, which had seemed vague and remote in the past, now appeared real and imminent.

Within the Hermit Kingdom, growing popular discontent and social unrest broke out in spontaneous peasant riots and uprisings in various regions in the early 1860s. Widespread popular hardship, caused by chronic misgovernment and famine, led to the rise of an indigenous religious movement called Tonghak ("Eastern Learning") in the early 1860s. It was inspired in part by nativist opposition to Catholicism or Sohak ("Western Learning"), which had initially seeped into the Confucian kingdom through the medium of the written word. With its egalitarian appeal to the lower classes, Tonghak posed a potential threat to the hierarchical sociopolitical order of the dynasty.[7)]

In December 1863, when the kingdom seemed to face a dual threat of internal subversion and external invasion, the reigning King Ch'ŏljong died without male issue. Selected to occupy the vacant throne was the second son of Prince Hŭngsŏn (Yi Ha'ŭng), an impoverished second cousin of the deceased king. Since the new king, posthumously known as Kojong, was a boy less than twelve years of age, Queen Dowager Cho, the most senior in status among the three surviving dowagers in the royal family, assumed the regency. Not interested in the day-to-day excercise of power, she invited Hŭn'gsŏn to assist her. The latter was given the title of Taewŏn'gun (Prince of the Great Court), an honor traditionally accorded the un-enthroned father of a Choson king. Although Queen Dowager Cho retained the regency until March 1866, it was the Taewŏn'gun who exercised full authority as *de facto* ruler of the kingdom for the next ten years. Suddenly catapulted to a position of near absolute power, the once obscure and much-derided prince turned out to be one of the strongest royal personalities in the history

7) For the Tonghak movement, see Benjamin B. Weems, *Reform, Rebellion, and the Heavenly Way* (Tucson: University of Arizona Press, 1964).

of the Chosŏn dynasty. Determined to rejuvenate a decaying Confucian dynasty, the Taewŏn'gun initiated a wide range of domestic reforms.[8)]

First, Armed Clashes With the West

The Taewŏn'gun's domestic policy was designed chiefly to shore up the enfeebled Yi monarchy. But it ran into determined opposition from the conservative literati. But his foreign policy, which was staunchly conservative and exclusionist in character, enjoyed solid support from the literati. Like virtually all his fellow countrymen, the Taewŏn'gun had only a limited and mostly faulty knowledge of the outside world. Largely ignorant of the Western world, he judged it solely on the basis of the secondhand information he obtained from China or a few confidants in contact with the dozen French missionaries operating in the country illegally. The Taewŏn'gun shared with the conservative literati a cultural aversion to the West and regarded its religion as an intolerable evil and a challenge to Eastern civilization and Confucian

---

8) The most authoritative study of the Taewŏn'gun's policies during his rule during 1864-1873 is James B. Palais, *Politics and Policy in Traditional Korea* (Cambridge, Mass.: Harvard University Press, 1975). See also Ching Young Choe, *The Rule of the Taewŏn'gun, 1864-1873: Restoration in Yi Korea* (Cambridge, Mass.: East Asian Research Center, Harvard University, 1972).

culture. He distrusted Japan, for he was convinced that Japan was colluding with the Western powers to open Korea.

Anti-Catholic Purges and A French Invasion

During the early 1860s, while the danger of Anglo-French armed intrusion facing the Hermit Kingdom appeared to have receded, Korean authorities grew fearful of Russian encroachment upon their northeastern frontier. In particular, they were concerned over the flight of Korean peasants across the border into Russian territory, apparently enticed by Russian officials anxious to utilize their farming skills in the agricultural development of maritime Siberia. Fearing collusion between these "renegade" Koreans and Russians, the Korean government tightened border security and ordered frontier officials not to allow any Russians to enter the country. Despite these measures from 1864 to 1865 dozens of Russians showed up at the border town of Kyŏngwŏn on several occasions to demand trade. Turning down their requests, the Korean authorities executed a number of local inhabitants who had allegedly conspired with the Russians. They also repeatedly appealed to Chinese authorities to check Russian activities along the Sino-Korean-Russian border.[9)]

---

9) Mary C. Wright, "The Adaptability of Ch'ing Diplomacy: The Case of Korea," *Journal of Asian Studies* 17.3 (May 1958), pp. 373-374.

In 1865 several prominent Korean Catholics reportedly approached the Taewŏn'gun, probably through his wife—who is said to have embraced Catholicism—with the suggestion that Korea enter into an alliance with France and Great Britain as a means of warding off the Russian threat. They allegedly proposed that certain Catholic missionaries in the country act as intermediaries in negotiations with France. In return for their proffered services, the Catholics requested that the existing ban on their faith in Korea be lifted. The Taewŏn'gun's initial response is not precisely known. Neither he nor any other high official seem to have been in direct contact with the French missionaries in the country. Months went by without further word from the Catholic leaders, who were apparently unable to follow up their words with action.

In February 1866 the Taewŏn'gun suddenly ordered the arrest of all foreign priests and native converts in the country, thereby touching off waves of bloody persecution in which allegedly some 8,000 Catholics were to perish, including nine French Jesuit missionaries, in the following years. The Taewŏn'gun never fully explained the reasons behind his action. But it is not difficult to conjecture that as *de facto* ruler of a Confucian kingdom, he could not tolerate an alien faith that challenged its ideological orthodoxy.[10)]

---

10) For accounts of early Catholic proselytism in Korea, see Allen D. Clark, *A History of the Church in Korea* (Seoul: The Christian Literaturte Society of Korea, 1971), pp. 48-58 and William Elliot Griffis, Corea: *The Hermit Nation* (reprint) (New

By the end of March nine of the dozen French missionaries in the country, including Bishop Simon-Francois Berneux, and some forty native converts had been arrested. When the missionaries refused to leave the country they were executed along with the native converts. Of the three surviving missionaries, Father Felix-Clair Ridel escaped to China and reported the incident to French officials there. Upon hearing the report Henri de Bellonet, French chargé d'affaires in Beijing, decided, without authorization from Paris, to send a punitive expedition to Korea.

Bellonet notified the Chinese Tsungli Yamen (foreign office) of his decision, saying that he was doing so because Korea was a tributary of China. He declared sweepingly that "the same day on which the king of Korea laid his hands upon my unhappy countrymen was the last of his reign." He added that, in view of its past disclaimer of responsibility for Korea, China had no right to intervene in the French dispute with the peninsular kingdom.[11]

Neither refuting Bellonet's argument nor accepting responsibility for the Korean action, the Yamen ministers replied in a soothing tone that since war between France and Korea would adversely affect both countries, they felt obliged to mediate. Since Korea had always acted with propriety in the past, they stated, had Korea indeed executed the mission-

---

York, N.Y.: AMS Press, 1971), pp. 347-376.

11) William Elliot Griffis, *Corea: The Hermit Nation*, 9th edition (New York, N. Y.: AMS Press, 1971), pp. 377-78.

aries, it would be best first to inquire about the reasons for its action and there was no reason for a hasty resort to arms. The Chinese authorities, meanwhile, sent a note to Seoul warning it of the French decision.

The Korean government was startled by the Chinese note, which they received in mid-August. Replying to Beijing promptly, it stated that the missionaries had fully deserved their punishment because they had entered Korea illegally and engaged in propagation of a proscribed heresy. Refusing to admit any wrongdoing the Koreans termed the French decision incomprehensible and asked for Chinese guidance in dealing with the French.

The Chinese warning failed to moderate the Koreans. On the contrary, it brought disastrous consequences upon Korean Catholics. Korean authorities concluded that the French were able to learn of the missionaries' fate because they had maintained secret contact with the Korean Catholics. This revived their old belief that the Korean Catholics were not merely heretics, but also traitors serving a hostile foreign power. After sending off its reply to Beijing, Seoul ordered all provincial governors and military commanders to arrest and execute anyone trying to contact foreign vessels or engaging in suspicious activities along the coast. To make matters worse, the *General Sherman* incident—which will be presently discussed-occurred within weeks, further inflaming anti-Western sentiment among Koreans. In September the court issued a royal edict expounding the "evils" of Catholicism.

At Bellonet's request Rear Admiral Pierre-Gustave Roze,

commander of the French Far Eastern Squadron, left China on October 11 on a "punitive" expedition to Korea with seven warships and 600 men. He had no authorization from Paris. Three days later the French landed on Kanghwa Island near the estuary of the Han River leading to Seoul and captured its principal town with little resistance from its defenders. On October 19 Roze received a bristling letter from the commander of the local garrison, protesting the unprovoked French intrusion and warning of an impending counterattack. Roze countered with a reply demanding punishment for those responsible for the "murders" of the French priests and the dispatch of a plenipotentiary to commence negotiations. He warned the Koreans of the dire consequences they would face should they refuse his demand.

The Koreans rejected Roze's demand outright, branding it as arrogant and threatening to China as well as Korea. They reported the matter to China. Meanwhile, under the Taewŏn'gun's direction, some 20,000 troops were deployed on Kanghwa Island and in adjacent coastal areas. But only minor skirmishes took place between the two sides. On November 9, when a detachment of 160 French troops attempted to seize a fort at the southern end of the island, it was ambushed and routed, suffering nearly fifty casualties while the defenders suffered only man killed and three wounded. Realizing the inadequacy of his strength in the face of the determined Korean resistance, Roze prudently decided to call off the invasion. After more burning and looting, the

French withdrew from the island on November 18, carrying off as booty valuable books and documents from a royal library on the island.

The French withdrawal gave the Koreans an exultant sense of victory. Reporting their "victory" to China with obvious pride, they declared that "our humble country, though small in size and weak in military strength, defended itself from the barbarians by the unity of its people and by adhering to the rules of propriety." Convinced that the French invasion came as a result of traitorous collusion by the native Catholics with the French, Seoul authorities ordered officials throughout the kingdom to hunt down "heretics" relentlessly. Anyone catching more than twenty heretics were promised appointment as an officer of the border guard in a good district.

While implementing these measures at home, the Korean government preferred to leave the troublesome burden of diplomacy with the French in the hands of the Chinese. Professing its ignorance in the art of international diplomacy, it appealed for continued Chinese guidance and protection so that "Korea may live in eternal peace and reverentially fulfill its tributary duties to China." Their profession of gratitude notwithstanding, the Koreans in fact had no intention of following Chinese advice. For its part, the Chinese government, while trying to protect Korea by diplomacy, steadfastly refused to intervene in the dispute directly. The Tsungli Yamen consistently maintained that although Korea was a Chinese tributary, China could neither accept responsibility for its actions, nor force it to accept French demands.[12]

America's "Little War" with Korea

Its rigid exclusion from its shores of all foreigners notwithstanding, the Korean government always treated with kindness foreign sailors and fishermen in distress. Except for the Japanese, who were handed over to Tsushima officials at Pusan, such aliens were delivered to Chinese authorities in Manchuria for repatriation to their respective homelands. In June 1866 when the American merchantman *Surprise* was wrecked off the coast of P'yŏng'an province, its crew was rescued, treated kindly, and delivered to Chinese authorities. Two months later, however, an incident occurred which seemed to depart sharply from this humane practice. Early in August 1866—when Chinese authorities in Beijing were engaged in diplomatic exchange with the French over the executions of French missionaries by the Koreans—the *General Sherman*, an armed American merchantman, left north China for Korea with a mixed crew of Americans, English, Chinese, and Malays. Also aboard was an Anglican missionary named Robert Thomas, who had a smattering knowledge of the Korean language. The purpose of the jour-

12) For brief accounts of the French expedition, see *ibid*, pp. 377-387 and Ching Young Choe, *The Rule of the Taewŏn'gun*, pp. 91-108.

ney was to open trade with the Hermit Kingdom. In mid-August the vessel reached the coast of P'yŏng'an province and sailed up the Taedong River, in defiance of the local officials who repeatedly tried to turn it back, pleading that foreign commerce was forbidden by the imperial law of China. Ignoring their pleas, the *General Sherman* continued its journey and reached the provincial capital of P'yŏng'yang on August 27.

Late that afternoon, when the ship's crew forcibly detained a Korean officer who had boarded the vessel for inquiry, a hostile crowd gathered on the shore and demanded his release. The vessel's frightened crew fired into the crowd and burned several small Korean junks anchored nearby. This angered Pak Kyusu, governor of the province. An enlightened scholar and ordinarily a man of tolerant disposition, Pak ordered the intruding vessel destroyed. When the ship was caught in a receding current and ran aground, the crowd set it afire and killed all of its twenty four-man crew in a fierce exchange of fire. The presence of Reverend Thomas among the crew led the Koreans to believe that they had destroyed a British vessel and so reported to China.

For several years the *General Sherman*'s fate remained a mystery among American and Chinese officials. In late October 1866 the Tsungli Yamen, in response to an inquiry from the American legation in Beijing, carefully scrutinized the Korean report on the destruction of a British vessel at P'yŏng'yang. The Yamen suspected that the vessel in question might have been the *General Sherman*. Fearing that

Korea might be embroiled in a dispute with the United States as well as Britain, the Chinese government sent a note to Seoul advising it to act with circumspection to avoid trouble with these powers.

Exulted with what they considered a great victory over the French and convinced of the justness of their action, the Taewŏn'gun and his advisers were in no mood to heed Chinese advice. In its reply to Beijing in December, the Korean government reiterated that the destroyed vessel was British and that there were absolutely no Americans involved. As for the American demand for indemnity and trade, the Koreans declared that "the temper and feelings of the people of our humble country are such that they will never accept it, no matter how many years they may suffer at the hands of the Western barbarians." Repeating the customary expression of gratitude for Chinese concern, they asked for continued Chinese guidance and protection.

Anti-Western sentiment in Korea was exacerbated by the piratical activities of one Ernst J. Oppert, a Prussian merchant based in Shanghai, China. Oppert contrived a bizarre scheme to steal the bones of Prince Namyŏn, the Taewŏ n'gun's father, from his tomb and use them to blackmail the Korean government into accepting Western trade and Christianity. In May 1866, Oppert raided the tomb, located in Taedok county, Ch'ungch'ŏng province, with a motley gang of some one hundred Chinese and Filipinos. But the structure was too large and solid for them to demolish quickly; when Korean troops arrived on the scene they fled and sailed north. Landing briefly on Yŏngjong Island off Inch'ŏn, Oppert told local officials that he had desecrated the tomb of the royal ancestor in retaliation for the "murders" of the French missionaries. Oppert and his gang were driven off by the outraged officials. More than anything else, the incident deeply offended the sensibilities of the Confucian Koreans who revered their ancestors, convincing them of the "moral depravity" of the Western barbarians and of their Christian faith.

By early 1870 the United States government abandoned its effort to rescue the *General Sherman*'s crew alive. Instead, it decided to send a naval expedition to Korea to seek a shipwreck convention and, if possible, a commercial treaty. Frederick F. Low, newly appointed American minister to China, was selected to lead the mission. The selection was dictated by the consideration that "political relations between China and Korea are such as to make it desirable to first obtain the goodwill and possibly the good offices of the Chinese government."

Upon his arrival in Beijing, Low sought Chinese assistance for establishing initial diplomatic contact with Seoul. In February 1871 he notified the Tsungli Yamen of his planned mission to Korea and requested its good offices. The Yamen turned down his request, saying that though a Chinese tributary, Korea was wholly autonomous in the management of its own affairs and that China could not interfere. At Low's persistence, however, the Yamen eventually relented. In March, at the Yamen's request, the throne ordered the Board of Rites to forward a letter from Low to Seoul. In its own cover letter, the board stated that with regard to the American request, "Korea was to free to make whatever decision it deemed appropriate." Moreover, unhappy with the intermediary role it was made to perform, the board informed the throne that it would not forward any more American letters to Korea in the future. The throne approved.

The Korean government received Low's letter on April 10. Low explained that he was proceeding to Korea in order to ascertain the *General Sherman*'s fate and to make necessary arrangements with Korean authorities for the protection of American sailors and merchants shipwrecked in Korean waters. He did not wish the Koreans to be alarmed by his arrival with warships, saying that since he was coming in peace, he would be received in peace. Informing that he would arrive in Korea within a few weeks, Low requested that the Korean government appoint a plenipotentiary to negotiate with him.

Though disturbed by Low's letter, the Taewŏn'gun was confident that he could repel the Americans as he had the French before. He decided, without hesitation, to reject the American request, but did not wish to communicate directly with Low, for to do so would set an undesirable precedent. Accordingly, the Korean government sent a note to the Chinese Board of Rites, asking the latter to convey the message to the American envoy. The note stated that since Korea had always treated shipwrecked aliens kindly and that it had little surplus products to trade, there was no need for either a shipwreck convention or a commercial treaty with any country. As for the *General Sherman*, the vessel brought destruction upon itself by its own piratical activities. Meanwhile, in anticipation of a possible American invasion, the Taewŏn'gun ordered a beefing up of coastal defenses throughout the kingdom.

Low and Rear Admiral John Rodgers, commander of the US Asiatic Squadron and co-leader of the expedition, left China in early May 1871 with five ships and over 1,200 men. Low did not receive the Korean reply before his departure from China. The American squadron reached the waters near Kanghwa Island in late May. It was contacted by local Korean officials, who seemed to be friendly. Low, however, was unable to contact any official of sufficient rank to commence negotiations.

Upon receiving the report of the arrival of the American squadron, the Taewŏn'gun ordered Chŏng Kiwŏn, prefect of Kanghwa, to send a note to the Americans to demand their immediate departure. He also ordered a reinforcement of the forces guarding Kanghwa and adjacent districts. On June 6 Low received a note from Chŏng demanding his prompt departure. It declared that non-intercourse with foreign countries was Korea's ancestral with Chinese imperial sanction. Chŏng rejected Low's request for a meeting, saying that there was no reason for them to meet since what Low wished to negotiate was not negotiable.

Faced with a difficult choice between use of force and peaceful withdrawal, Low and Rodgers considered the possible effect of a hasty withdrawal upon not only Korea, but also China. Like his mentor Commodore Matthew C. Perry —who had opened Japan by threat of force some twenty years before—Rodgers was a firm believer in the efficacy of gunboat diplomacy in dealing with non-Western nations. Accordingly, they opted for use of force, without realizing they had little chance of cowing the Koreans. After waiting for a few more days in the vain hope for a Korean change of heart, Rodgers ordered his men into action on June 10. The Americans bombarded the town of Kanghwa and destroyed several forts, killing or wounding more than a hundred Koreans and capturing a few. The Korean soldiers "fought with desperation," Low reported later, "rarely equaled and never excelled by any people." In one fierce engagement, the Koreans inflicted over a dozen casualties upon their intruders.

The American attack stiffened rather than weakened the Korean authorities' resolve. An outraged King Kojong exclaimed in indignation: "How can we make peace with the likes of dogs and sheep?" The Taewŏn'gun ordered stele erected in major cities and towns throughout the kingdom with an inscription reading: "the Western barbarians have invaded our land. Either we fight or make peace. Advocating peace is treason."

In the face of determined Korean resistance, Low and Rodgers realized that they had neither the authority nor the means with which to pursue further military action. Moreover, there was little likelihood that further American military action would bring the Koreans to terms. They decided, therefore, to end military action and take a more conciliatory approach. During the following weeks Low exchanged several letters with local officials, imploring them to convey American goodwill and peaceful intentions to Seoul, but all to no avail. Realizing the futility of further contact, Low and Rodgers left Kanghwa with their men on July 13 and returned to China.

The Americans inflicted several hundred casualties upon the Koreans, including 243 dead, while suffering only about a dozen casualties of their own. In spite of fearful Korean losses, the American withdrawal convinced the Taewŏn'gun and his advisers that they had once again won a "great victory" over the Western barbarians. America's "Little War with the Heathen," as the expedition was labeled in a New York newspaper, ended without achieving any of its stated objectives. Unable to convince the Koreans either of the might of American arms or of the advantages of American commerce, the expedition only further convinced the Koreans that the Western barbarians were all piratical in nature and conduct, but could be repelled if Koreans remained firm in their resolve and united in their action. As they grew more confident of their own ability to expel Western intrusion, the Taewŏn'gun and his followers became more convinced than ever of the moral rectitude and feasibility of the exclusionist policy. They also became more critical of Ch'ing China's "unprincipled accommodation" and Meiji Japan's "treasonous collaboration" with the Western barbarians.[13]

Even after its next-door neighbors, China and Japan, had become members of the modern international community, Korea refused to join it. In ideology and practice, it remained as firmly committed as ever to the traditional Confucian order in East Asia. Combined with the lingering ambivalence of both China and Japan toward the new order in the region, this created a duality in the way interstate relations were conducted in East Asia: while East Asian countries had little choice but to deal with Western nations by Western rules of international commerce and diplomacy, they preferred to continue traditional East Asian interstate diplomatic usage among themselves.

II. NEW RELATIONS WITH JAPAN

The Meiji Restoration of 1868 ended seven centuries of military (shogunal) rule and restored civil (imperial) rule in Japan. This called for adjustment in the conduct of Japan's external relations. Accordingly, in early February 1868 the

13) For an analytical study of the *General Sherman* incident and the consequent American naval expedition to Korea, see Robert Swartout, Jr., "Cultural Conflict and Gunboat Diplomacy: The Development of the 1871 Korean-American Incident," *Journal of Social Science and Humanities* 43 (June 1976), pp. 117-169.

new imperial government created an office to handle all foreign relations. A sole exception to this new arrangement was the management of relations with Korea. For the time being, it was decided Tsushima should, according to traditional practice, continue to handle Korean relations. The decision was an expediency necessitated by the new regime's inability to take over Korean affairs immediately. More fundamentally, the decision reflected the aforementioned duality of East Asian diplomacy during this transitional period. Meiji Japan followed, as did China, a dual approach in international diplomacy. This duality became the principal cause of a diplomatic impasse with Korea that followed the restoration of imperial rule in Japan.

A Korean–Japanese Diplomatic Impasse

On February 2, 1869 — more than a year after the restoration of imperial rule in Japan, An Tongjun, chief Korean interpreter at Pusan, received one Higuchi Tesshirō, envoy of Lord Sō of Tsushima. Higuchi brought two official letters from Sō, one addressed to the Vice Minister of Rites in Seoul and the other to prefect of Tongnae, the highest official in charge of Japanese affairs at Pusan. The letters were the first official notification of imperial restoration in Japan. Identical in content, they began with a brief reference to Japan's "unbroken imperial line." During the Middle Ages, Sō explained, the management of military and diplomatic affairs was entrusted to the shogun by the emperor. Upon ascending the throne, the reigning emperor decided to personally conduct affairs of state. "It is his majesty's sincere wish," Sō stated, "to further our long-standing friendship with your honorable country so that it may last 10,000 generations." Signifying a break from the past, Sō dated his letters by Japan's own imperial reign title and signed them with the new title and seal of office he had received from the Japanese court, instead of the Korean seal of office he had used in past official communications to Korea.

The letters had been prepared with great care by Tsushima officials in accordance with instructions from the Japanese imperial court. The court decided earlier, in the spirit of imperial restoration, to establish Japan's titular superiority over Korea in diplomacy by upgrading the status of its own monarch to that of the Chinese emperor while downgrading that of the Korean ruler vis-à-vis the Japanese ruler. Though he may not have fully grasped the significance of the political change in Japan, An Tongjun correctly read the Japanese intentions behind Sō's letters. Pointing out that it was preposterous for Sō to use, in reference to the Japanese ruler, such terms as "emperor" and "imperial edict"—terms reserved solely for the Chinese Son of Heaven in traditional East Asia—An refused to accept the letters. He was further outraged by Sō's characterization as "private" of the past relations between the Korean court and the Japanese bakufu and by Sō's unilateral discarding of his Korean seal of office. He angrily demanded Higuchi's immediate departure from Pusan.

His lowly position notwithstanding, An Tongjun spoke with authority. He had earned by intelligence and ability the trust of the Taewŏn'gun. His superiors in charge of Japanese affairs at Pusan—Chŏng Hyŏndok, prefect of Tongnae, and Kim Seho, governor of Kyŏngsang province—had been handpicked by the Taewŏn'gun for their key posts. These men faithfully represented the Taewŏn'gun's attitude toward the new Japan: a scornful disdain for Japan's Western-style reforms and an indignant rejection of its imperial pretensions toward Korea.

The Korean-Japanese diplomatic impasse thus created lasted through 1869 and into 1870. Desperately in need of normal Korean trade for economic survival, Tsushima eventually offered to remove from Sō's letters terms objectionable to Korea and to restore the use of the Korean seal of office. Early in June 1870, tentatively agreeing to the Tsushima's proposal, An Tongjun promised a formal reply within a few weeks, pending new instructions from Seoul. The agreement, however, was foredoomed by a totally unexpected, minor incident.

On June 1—a few days before the tentative agreement was reached—Maximilian von Brandt, German chargé d'affaires in Tokyo, arrived at Pusan aboard a German warship on a side trip during a tour of southwestern Japan. Among his retinue were several Japanese, including a Tsushima native named Nakano, who had previously served at Japan House in Pusan as interpreter and was well known in the local officials' community. At a time when they were growing increasingly fearful of Western intrusion, the

Koreans were alarmed by the arrival of a Western warship without warning. Even more, they were angered by the presence of the Japanese, especially Nakano, among the unwelcome visitors, which they regarded as evidence of Japanese-Western collaboration against Korea. The Koreans demanded Brandt's immediate departure; he left Pusan the following day without protest.

Upon receiving report of the incident, the Taewŏn'gun angrily ordered the Ministry of Rites to send a stern warning to Tsushima about its collusion with the "Western barbarians" against Korea. He further ordered the ministry to report the incident to China. In a note to the Board of Rites, the ministry stated that there was reason to believe that the Japanese were conspiring with the Western barbarians against Korea. A few days later, An Tongjun notified Tsushima officials at Japan House that the authorities in Seoul had turned down the Tsushima compromise proposal. Trivial though it may seem in retrospect, the Brandt incident stirred in the hearts of Korean authorities fear of anti-Korean collusion between the distrusted Japanese and the uncanny Westerners.[14)]

The Brandt incident marked the end of Tsushima's traditional intermediary role between Korea and Japan. The Foreign Ministry in Tokyo finally took over business at Pusan. It was at this time — the fall of 1870 — that the Japanese government made a major tactical shift in its Korea policy without changing

14) For details regarding early post-Restoration Japanese diplomatic contacts with Korea at Pusan, see Choe, *The Rule of the Taewŏn'gun*, pp. 144-154.

its strategic goal: it decided to seek from China, Korea's suzerain, a treaty based on mutual equality as a means of establishing Japan's titular superiority over Korea. Once this were achieved, the Japanese government reasoned, Korea would have no choice but to recognize Japan's titular superiority in diplomacy.

The Japanese decision led to the signing of a treaty with China in September 1871. In conducting negotiations with China, Japan made a determined effort to obtain a treaty that would not only establish its diplomatic equality with China, but also secure for itself the same rights and privileges in China as enjoyed by China's Western treaty partners under its "unequal" treaties. Nearly all Chinese officials at this time, however, were opposed to a treaty with Japan, which they considered tributary to China in status. They feared that a treaty with Japan might set a precedent for bonafide tributaries, such as Korea and Vietnam. A few pragmatic statesmen, such as Tseng Kuo-fan and Li Hung-chang, realized that a treaty with Japan was an inevitability. While willing to grant Japan substantially the same treatment as accorded Western treaty powers, these officials were determined not to grant the Japanese ruler's titular equality with the Chinese emperor or the most-favored-nation status Japan was seeking for itself in China.

Li Hung-chang, governor-general of Chihli and imperial commissioner for the northern treaty ports, served as chief Chinese negotiator. He wished to use the proposed treaty as a device for shielding Korea from Japanese ambition, thereby safeguarding Chinese suzerainty and strategic interests in the peninsular kingdom. For this purpose, he secured the inclusion in the treaty of a mutual pledge of non-aggression against each other's "states and territories." By "states" Li meant China's "tributary states." Without so specifying, Li intended the term specifically to cover Korea.

The 1871 Sino-Japanese Treaty of Amity was the first Western-style treaty ever signed between two East Asian states. It was a major diplomatic triumph for Japan. For the first time in history, Japan, a bona fide East Asian state and one-time Chinese tributary, achieved a status equal to that of China. Yet, this epoch-marking diplomatic breakthrough by Japan failed to impress Korea, the very neighbor whose attitude Japan hoped to influence. The Taewŏn'gun and his advisers did not fully grasp the historical significance of the treaty in East Asian diplomacy. More surprisingly, the treaty failed to satisfy Japan's own top leadership whose ambition for East Asian hegemony was growing.[15]

In Korea, meanwhile, a predictable rift began to develop as early as 1866 between the Taewŏn'gun, a *de facto* ruler bent on enhancing royal power, and the *yangban* elite, a jealous defender of aristocratic privilege and the self-appointed guardian of Confucian morality. The Taewŏn'gun's foreign policy—intransigence with Japan and exclusionism toward the West—continued to enjoy broad public support at home.

15) For more details, see Kim, *The East Asian World Order*, pp. 136-156.

But his domestic programs—such as the reconstruction of Kyŏngbok Palace, the closure of private Confucian academies, and a curtailment of *yangban* privileges—inevitably provoked bitter and determined opposition from the *yangban* elite and the Confucian literati. The resultant power struggle between the Taewŏn'gun and his foes grew more complex and entangled as King Kojong's youthful ambition for personal rule and his clever and strong-willed queen's appetite for power began to grow. The situation ultimately led to the Taewŏn'gun's ousting from power and Kojong's assumption of personal rule at the beginning of 1874.[16)]

During the summer and fall of 1873, precisely when the Taewŏn'gun's critics and foes were plotting his ousting from power in Seoul, a major controversy known as the *sei-Kan* ("conquer Korea") debate was raging in Tokyo. It split top leadership of the Meiji government down the middle: on one side was a chauvinistic group led by Saigō Takamori, the foremost leader of the restoration movement, which clamored for an armed confrontation with Korea in order to "chastise" it for its "insolence" toward the "imperial" Japan; on the other side was a "realist" group led by Ōkubo Toshimichi, the ablest architect of the new regime, which opposed hasty armed action against Korea, contending that Japan's top priorities were self-strengthening and internal consolidation at home against the Western threat. In late

16) For circumstances leading the Taewŏn'gun's fall from power, see Palais, *Traditional Korea*, pp. 176-201.

October, the debate was settled with the victory of the Ōkubo group, thereby averting war with Korea. Saigō and his followers promptly left the government. Though the upheaval in Tokyo was completely unknown of in Seoul, the simultaneous fall from power of the militant in both countries paved the way for an eventual rapproachement between the two.[17)]

Although the redoubtable Taewŏn'gun would remain a potent political force even in retirement, his involuntary withdrawal from the government made possible a reversal of its Japan policy. To be sure, there were no fundamental differences of opinion over foreign policy in general among those concerned. Like the Taewŏn'gun and his followers, Kojong and his ministers, possibly with the single exception of Pak Kyusu — the governor of P'yŏng'an province at the time of the *General Sherman* incident and now third State Councillor — had no intention of opening the kingdom to Westerners or significantly alter its existing relations with Japan. Their disagreement concerned mainly the assessment of Korea's internal and external circumstances and the question of approach and execution, not of philosophy or goal, in foreign policy.

Korea's experience with Catholic missionaries and converts, in the absence of any other Western contact, convinced the Taewŏn'gun and the literati that the principal threat from the

17) For Japan's *sei-Kan* controversy, see Marlene Mayo, "The Korean Crisis of 1873 and Early Meiji Foreign Policy," *The Journal of Asian Studies* 31:4 (August 1972), pp. 793-819.

West was its culture, especially its religion, rather than its commercial intrusion or military aggression. Hence, no Westerners should ever be allowed to set foot on Korean soil if its land and people were to be protected from contamination by the "evils" of Western culture. Moreover, experience with French and American invasions led the Taewŏn'gun and the literati to believe that Korea was capable of expelling any Western military invasion. To them strict exclusionism was not only a righteous and correct, but also practical and feasible, policy if Korea was to avoid the fate of Manchu China or Meiji Japan. While not essentially disagreeing with this general assessment of the Western threat, Kojong and his ministers were not sure that Korea had sufficient military strength to withstand Western military pressure indefinitely. Hence, they believed that while the Western religion must be rejected, the Western demand for trade might be accommodated.

As for Japan, the Taewŏn'gun and the literati distrusted the Japanese, viewed their Western-style reforms with distaste and scorn, and were convinced that Japan was in collusion with Western powers to open Korea to foreign cultural and commercial penetration. Moreover, they found Japan's new imperial pretensions preposterous and insulting. Hence, they absolutely rejected compromise with Japan and would accept only a restoration of traditional relations with the island neighbor. While essentially not disagreeing, Kojong and his ministers nevertheless believed that Japan could be mollified and made to behave correctly if Korea treated it with Confucian propriety and sincerity. A few enlightened and pragmatic men, such as Pak Kyusu, regarded Japan's long-standing imperial pretensions as insignificant within new international diplomacy and considered it unwise and ill-advised for Korea needlessly to antagonize Japan when it itself was facing an unprecedented, serious threat from the West. Viewing the Taewŏn'gun's intransigence as the principal cause of the current discord with Japan, Kojong and his ministers believed friendly relations with Japan could be restored if Korea simply changed its attitude from one of hostility to friendliness, without necessarily compromising on substantive issues. On the basis of this rather naive assumption, they proceeded to institute a new policy of reconciliation with Japan.[18)]

A Conciliatory Approach toward Japan

The transition from the Taewŏn'gun's *de facto* rule to Kojong's *de jure* rule was the result of a palace coup engineered by men bitterly opposed to the Taewŏn'gun's domestic policies, which these men regarded as encroaching upon their *yangban* privileges and interests. The change in Korea's Japan policy by Kojong's government, planned and executed by the Taewŏn'gun's foes and critics, was not merely a repudiation of the Taewŏn'gun's policy *per se*, but

18) For the debate over accommodation with Japan, see Palais, *Traditional Korea*, pp. 252-271.

also a personal vendetta against him and his followers. The implementation of the new policy, therefore, began with sweeping changes among principal officials in charge of Japanese affairs. In the spring of 1874 Kim Seho, Chŏng Hyŏndok, and An Tongjun were dismissed from their posts. Kim and Chŏng were charged with negligence of duty and misconduct in office. An was charged with willful obstruction of communication with Japan, thereby causing a breakdown of the otherwise harmonious relations between the two countries.

When the Korean government pondered how to punish these men further, it received on August 4 an urgent note from the Chinese Board of Rites informing it of the Japanese invasion of Taiwan launched in the previous May and of the Japanese seizure of Liu-ch'iu that had preceded it.[19] The board explained that the invasion was a diversionary act by the Japanese government to siphon off widespread samurai discontent caused by the defeat of the sei-Kan proposal in the previous fall. It further stated that upon withdrawing its expeditionary force from Taiwan, Japan might send an armed expedition to Korea and that France and the United States, still holding grudges against Korea, might join in such an undertaking. Startled by the note, the Seoul government hastened the liquidation of the Taewŏn'gun's Japan policy. Kim and Chŏng were stripped of

19) For the Japanese expedition to Taiwan, see Grace Fox, *Britain and Japan, 1858-1883* (London: Oxford University Press, 1969), pp. 280-312.

their respective official ranks and permanently barred from office-holding. An was singled out, obviously for his lowly birth and status, for blatant and cruel political retaliation: he was executed in April 1875 for his alleged crimes. His execution marked the end of the Taewŏn'gun's Japan policy.[20]

In Tokyo, meanwhile, the Japanese government embraced more fully the contemporary Western position vis-à-vis non-Western nations in the conduct of foreign relations: though all states, large or small and strong or weak, were equal in status, Western nations were culturally "enlightened." This "parity in civilization" among nations made uniform application of international law not only impractical, but even undesirable. It was now the position of the Japanese government that Meiji Japan, as a result of the reforms it had carried out since the imperial restoration, had become sufficiently enlightened as to deserve the same status and treatment in international relations as Western nations. Other East Asian states, such as China and Korea, still remained "backward" and did not, therefore, deserve the same treatment. Accordingly, in late 1871 Tokyo launched a major drive for diplomatic reform whose ultimate goal was to win for Japan full equality with the Western nations in international affairs. The dispatch of the Iwakura embassy to the United States and Europe marked the inauguration of

20) For the debate over the inauguration of the new Japan policy, see Martina Deuchler, *Confucian Gentlemen and Barbarian Envoys: The Opening of Korea, 1875-1885* (Seattle and London: University of Washington Press, 1977), pp. 11-23.

this new policy. Specifically, Japan decided to seek revision of the existing unequal treaties with Western powers inherited from the bakufu. At the same time, it decided to seek the same diplomatic privileges and commercial rights in China and other East Asian countries as enjoyed by Western treaty powers. Japan thus embarked upon a policy of "parting with Asia" (datsu-A) and of joining the ranks of European nations.

With regard to Korea in particular, Japan's diplomatic goal was no longer the titular superiority it had sought since the restoration of imperial rule, but a treaty that would guarantee for itself extraterritorial rights and privileges in the peninsular kingdom. Preoccupied with more pressing business—such as the dispatch of the Iwakura embassy, the *sei-Kan* controversy, and the Taiwan expedition—Tokyo relegated the Korean question to the backburner during the following two years. It was in 1874—several months after it had learned of the fall of the Taewŏn'gun from power—that the Japanese foreign office ordered Moriyama Shigeru, a middle-level official, to go to Pusan to study the situation firsthand. Moriyama arrived at Pusan in mid-June.[21)]

The Korean government was totally unaware of this important change in Japanese policy toward Korea. The sweeping purge of officials at Pusan was not accompanied by any significant change in diplomatic strategy vis-à-vis

---

21) For Japan's shift to *datsu-A* diplomacy, Kim, *The East Asian World Order*, pp. 155-158.

Japan. It still wished to restore, not to reform, the antiquated diplomatic and commercial arrangement with Japan with Tsushima still acting as intermediary. The only change made was tactical: it decided to treat the Japanese with courtesy, in order to win their goodwill and persuade them to accept the Korean position.

Hyŏn Sŏg'un, the new chief interpreter at Pusan, received Moriyama cordially. He told Moriyama that during the Taewŏn'gun's rule a handful of Korean interpreters at Pusan had willfully distorted Japan's friendly intentions, thereby causing the rupture of official relations between the two countries. Hyŏn and his colleagues assured Moriyama that they would do everything in their power to speed up reconciliation. In September no less a figure than Cho Yŏngha, commander of the Royal Guard and Queen Dowager Cho's close relative and confidant, wrote a confidential letter to Moriyama from Seoul. Expressing regrets over the breakdown of official contact between the two countries, Cho conveyed the Korean court's sincere wish for an early restoration of relations with Japan. Cho no doubt wrote the letter with Kojong's knowledge and approval. The king was apparently so anxious to have formal relations with Japan restored that he was willing to bypass the regular, official channel of communication. He could not trust the regular bureaucracy, which was almost solidly opposed to any concession to Japan.

The Japanese Response: Gunboat Diplomacy

Moriyama knew or could easily have learned the identity of his correspondent and the importance of his message. Yet, he casually dismissed it with a perfunctory reply, thereby missing a valuable opportunity that may have led to an early settlement between the two countries. He was convinced that the uncustomary Korean cordiality and friendliness were signs of uncertainty stemming from the discord and confusion that had followed the Taewŏn'gun's ousting from power within the Korean officialdom. Although he had recommended compromise with Korea before his departure from Tokyo, Moriyama now changed his mind. Upon his return to Tokyo in October, he recommended that Tokyo should accept absolutely no compromise, arguing that it could accomplish everything it wished in Korea simply through a little show of force. Approving his recommendation, the Japanese Foreign Ministry elevated Moriyama's rank and appointed him to head a mission to Korea. As subsequent events would prove, the new Moriyama mission marked Japan's shift to gunboat diplomacy toward Korea.

Before launching the new diplomacy Tokyo made careful preparations. With the aim of forestalling possible intervention in the Korean Peninsula by Russia—the power which Japan feared and distrusted the most—Tokyo initiated talks with Russia, which would lead to a diplomatic settlement of the territorial dispute with Russia over Sakhalin Island by the Japanese cession of its claim to the southern half of the island in June 1875. Before leaving Tokyo for Pusan, Moriyama met with British Minister Harry Parkes, apparently to secure British support, which would be crucial for checking Russian intervention. Likening his mission to America's Perry expedition to Japan two decades before, Moriyama told Parkes that it would be difficult for Japan to "open Korea peacefully" if Japanese expectations in Korea were not fulfilled.[22]

Moriyama returned to Pusan in late February 1875 with his assistant Hirotsu Hironobu. He brought two notes, one from the Japanese Foreign Minister to the Korean Minister of Rites and the other from former Tsushima Lord Sō, now Assistant Foreign Minister in charge of Korean affairs, to the Korean Vice Minister of Rites. Departing from past practice, the notes were written in mixed Sino-Japanese script instead of classical Chinese—the traditional diplomatic language of East Asia. Moreover, the notes contained the terms "emperor" and "imperial edict" in reference to the Japanese ruler, which Tokyo had refrained from using since 1872 in deference to the Koreans. This deliberate reversion to the suspended earlier practice indicated the non-compromise stance taken by Tokyo, in order to exploit what it perceived as signs of weakness in Seoul.

All top officials in Seoul recommended rejection of the new Japanese notes with the sole exception of Pak Kyusu. Urging their acceptance, Pak argued that Korea must secure

22) Kim, *The East Asian World Order*, pp. 216-219.

Japanese friendship even if it had to compromise on substantive issues. Leaning toward Pak's views, Kojong took the position that while "errors" in the Japanese notes must be pointed out, it would not be an act of goodwill to reject them outright. Accordingly, the prefect of Tongnae was instructed to schedule a formal banquet for receiving the Japanese notes. Kojong certainly was not for the unconditional acceptance of the Japanese demand, but only for practical expediency.

Almost immediately, however, a dispute broke out at Pusan over a petty protocol issue of no significance: while Moriyama wished, among other things, to wear the Western-style Japanese ceremonial dress at the scheduled reception, Hwang Chŏng'nyŏn, prefect of Tongnae, insisted that he wear the traditional Japanese ceremonial attire worn formerly by Tsushima envoys. When the matter was referred to Seoul, Kojong called an emergency court conference. All those attending recommended rejection of Moriyama's demand, but once again Pak Kyusu argued that the Japanese envoy should be received in whatever dress he wished to wear. He warned that if the notes were rejected, the Japanese might resort to arms. The whole ludicrous affair would make some sense only if viewed against the backdrop of a Korea averse to any change in relations with Japan and of a Japan bent on flexing its growing military muscles against Korea.

When Kojong took over the reigns of government from his father, he did so with youthful self-confidence, ready to put into practice those Confucian precepts and principles of government which had been drilled into his head day and night by his tutors and high officials for a decade. His naive approach to governance, however, caused a fiscal crisis and compounded bureaucratic inefficiency and corruption. His refusal to adopt measures recommended by the literati alienated them. His policy of reconciliation with Japan, based as it was on naivety and simple goodwill, failed to appease the Japanese while arousing strong domestic opposition. All this shook the youthful monarch's faith in the efficacy of the Confucian precepts of government and in his own ability to rule. Faced with divided counsel from his ministers, the inexperienced king was unable to decide the issue himself. He ordered top ministers to discuss the matter further and recommend a solution. In the absence of effective royal leadership and amid growing xenophobia in the country, the hard-liners prevailed. Overwhelmingly, they recommended cancellation of the scheduled reception for Moriyama and rejection of the Japanese notes.[23]

While this was going on, Moriyama concluded that renewed Korean intransigence stemmed not from strength, but from fear of the Taewŏn'gun's resurgent popularity and that the best way for Japan to deal with the situation was a simple show of force. In April he sent Hirotsu to Tokyo to request a dispatch of Japanese warships to Korean waters for an intimidatory demonstration of force. In late June, he

23) For Kojong's early education and his inability to decide how to deal with the dress controversy, see Palais, *Traditional Korea*, pp. 32-35 and 235-236, respectively.

again sent Hirotsu to Tokyo with the same recommendation, this time coupling it with a request for withdrawal of his mission from Pusan, in order to put additional pressure on Seoul. In response, the Japanese navy began sending warships to Korean waters. One of the warships was the *Unyō*.

In late August the Korean government made one last effort to persuade Moriyama to change his mind by dispatching a senior language officer as special emissary to Pusan, with instructions to accept the Japanese notes without a formal reception. But having decided to break off the negotiations, Moriyama refused to meet him, thereby missing another opportunity for peaceful settlement. On September 20, he received orders from Tokyo to break off the talks and return home. Rejecting a Korean plea for postponing his departure for a few days, Moriyama left Pusan the following day.

The *Unyō* (Kanghwa-do) Incident

On September 21 — the same day when Moriyama left Pusan — the Japanese warship *Unyō*, which had reached Kanghwa Bay the day before, sailed into the narrow strait leading to the Han River estuary. Commander Inoue Yoshika, skipper of the *Unyō*, knew fully well that the area was off-limits to foreign shipping. But he set off for the shore on a small boat, ostensibly in search of potable water, but in fact in a deliberate act of provocation. Predictably, the boat was fired upon by shore batteries. The *Unyō* promptly returned fire and silenced the shore guns. It then left the area for the open sea.

On its way out, the *Unyō* attacked a small fort on Yŏngjong Island under the pretext of "retaliation." Marines and sailors from the craft quickly overran the fort, killing about three dozen garrison troops and wounding scores more. Taken by surprise, the defenders offered little effective resistance. Yi Mindŏk, commander of the fort, fled with his men. After burning and looting, the *Unyō* headed home, reaching Nagasaki a week later on September 28 without, it may be noted, a new supply of fresh water.

Historians generally agree that the *Unyō* incident was a Japanese plot to "kill two birds with one stone," planned and executed by the faction led by Ōkubo Toshimichi in the post-*sei-Kan* Japanese government. Of its twin aims one was to break the diplomatic impasse with Korea and effect a settlement by use of force precisely as had been recommended by Moriyama. The other was to squelch political opposition at home in the name of national unity in the face of a foreign crisis. As will be shown, Ōkubo succeeded brilliantly in achieving both objectives.

Authorities in Seoul had been informed of the presence of a foreign vessel off the west coast, but it was not until September 23 that they learned of the *Unyō* incident. The following day they received a report from Yi Mindŏk, the defeated commander of the Yŏngjong fort. It is most unlikely that they did not know the *Unyō*'s identity, but Yi did not identify it and the Seoul authorities feigned ignorance of its nationality. Except for the dismissal of Yi and an alert issued to the commanders of all coastal defense installations, the Korean government did little more to deal with the incident.

Unlike the Taewŏn'gun's decisive and resolute stand during the French and American invasions, Kojong's response to the *Unyō* incident was a study in contrast: confused, timid, and tardy. During the preceding spring and summer, Pak Kyusu continued urging the king to accept the Japanese demand. When this proved futile, he turned in desperation to the Taewŏn'gun, imploring him to come out of retirement, if only temporarily, to provide leadership and direction in steering the ship of state, but this too proved futile.

There followed further Japanese outrages. In the following December, some sixty Japanese marines illegally stationed in Pusan marched out of Japan House for a demonstration. When stopped by Korean guards, they opened fire and charged into a crowd with fixed bayonets, wounding a dozen Koreans. Yet, no effective Korean protest followed. Meanwhile, growing uneasy over Tokyo's continued silence on the *Unyō* incident, the Korean government, reversing its earlier decision, belatedly decided to follow Pak Kyusu's recommendations. Accordingly, new instructions were sent to Pusan to accept the Japanese notes.

In Tokyo, throughout the summer of 1875, the Japanese government was continuously harassed by internal opposition demanding that it implement promised governmental reform that would forbid imperial councilors from holding ministerial posts concurrently. The planned reform was designed chiefly to curtail the power of Ōkubo, who as Imperial Councillor and concurrently Minister of Home Affairs was dominating the government. Upon receiving the report on the *Unyō* incident, Ōkubo decided, according to a prearranged plan, to use the incident as a pretext for shelving the promised reform. Accordingly, the government announced in early October that in view of "a grave external crisis" created by Korea's "wanton attack" on the *Unyō*, it would indefinitely shelve the government reorganization plan, for, if implemented, it would seriously undermine the government's administrative efficiency during a national crisis. This led to the prompt resignation in protest of Itagaki Taisuke and Shimazu Hisamitsu, Ōkubo's principal opponents, from the governing coalition. With internal opposition thus disposed of, Ōkubo proceeded with deliberation to deal with "the Korean crisis" precisely as he had planned.[24)]

A Rapprochement With Japan: The Treaty of Kanghwa

In early December 1875, the Japanese government appointed Imperial Councillor and Lieutenant General Kuroda Kiyotaka

---

24) For details on the Japanese government's plan for the *Unyō* incident and its actions immediately following it, see Kim, *The East Asian World Order*, pp. 225-237.

and former Vice Minister of Finance Inoue Kaoru to head a mission to Korea as chief and deputy chief, respectively. At the same time, it decided to send Mori Arinori, a former envoy to the United States, to China as Japan's first Resident Minister in that country. Mori was to seek Chinese good offices or, at least, to forestall outright Chinese intervention in Japan's planned diplomatic showdown with Korea. In late December—a full three months after the *Unyō* incident—the Kuroda mission left for Korea, escorted by a powerful naval squadron consisting of six warships and 800 men, which was modeled after America's Perry mission that had opened Japan in 1854.

At Pusan, meanwhile, having been instructed by Seoul to accept the Japanese notes without conditions, Hyŏn Sŏg'un met with Hirotsu Hironobu on December 19, who had just arrived there with the advance notice of the Kuroda mission. Informing him of Seoul's decision, Hyŏn requested that Hirotsu forward the message to Kuroda and ask him to call off his mission. By this time, however, no Japanese would even consider such a request.

The Kuroda mission arrived in the Kanghwa Bay in late January 1876. Though formidable in appearance, it was essentially peaceful in intent. Kuroda and Inoue had been instructed to seek a diplomatic settlement. Should the Koreans ultimately refuse to negotiate, they were to warn them in strong terms and withdraw to Tsushima and await for further instructions from Tokyo.

When contacted by local officials, the Japanese declared their intention to land on Kanghwa Island and to proceed to

Seoul, if necessary, in order to settle the *Unyō* incident and other issues pending between the two countries. Confronted by the formidable Japanese armada in Kanghwa Bay, the Korean government had little choice but to accept the Japanese demand for talks. It appointed General Sin Hŏn, commander of the Royal Guard, as chief negotiator, and Yun Chasŭng, Minister of Rites, as his deputy. Formal negotiations commenced on February 11.

After lengthy but inconclusive arguments, during which each side blamed the other for the *Unyō* incident, the Japanese delegation produced a draft treaty for regulating future relations between the two countries. The Korean delegation stated that since Koreans did not like change, the best thing for both countries would be to continue on with the existing trade arrangement at Pusan without change. Should Korea refuse to sign a treaty, Kuroda threatened, there might follow an invasion of Korea by Japanese soldiers and civilians whom the Japanese government would not be able to control. Sin Hŏn admonished him for threatening an invasion when he should be discussing how to restore the old friendship between the two neighbors.

Even as they faced the bluffing Japanese from abroad, the Korean authorities faced the redoubtable Taewŏn'gun and militant literati at home. For the first time since his involuntary retirement, the Taewŏn'gun publicly expounded his views in a lengthy letter to the State Council. Charging that the government's weak-kneed stand had invited the Japanese outrages, he asserted that submission to the Japanese demand would surely bring national ruination to Korea. After submitting a fiery memorial imploring Kojong to reject the Japanese demand, Ch'oe Ikhyŏn, the Taewŏn'gun's erstwhile foe now turned spiritual comrade, led a group of fifty literati in a vigil in front of Kyŏngbok Palace. Each carried an ax on his back in a symbolic gesture to demonstrate his readiness to be beheaded if his action incurred royal displeasure. The government hastily exiled Ch'oe again to a remote island, but others were ready to follow his example in public protest.[25)]

In spite of vehement opposition from the Taewŏn'gun and the literati and of divided counsel among top officials, the government opted for accommodation with Japan, for it feared that its refusal would invite instant Japanese invasion. Another less obvious but equally significant factor behind its decision was the attitude of China, Korea's suzerain whose views, though not binding, carried great weight in any official Korean decision, especially one concerning external relations.

In Beiging, meanwhile, since his arrival there in early January 1876, Japanese Minister Mori held a series of talks with the Tsungli Yamen and Li Hung-chang. Demanding a clear definition of the Sino-Korean relationship under the tribute system, Mori asked if China would take responsibility for Korean action. Refusing to give a straight answer, both the Yamen and Li insisted ambiguously that Korea was not

25) For the Korean court's response to the Kuroda mission and public opposition to accommodation with Japan, see *ibid*, pp. 244-248.

sovereign and independent because it was a tributary of China, but that China could not interfere in Korea's affairs because it was wholly autonomous. But Li made it abundantly clear that should Japan attack Korea, China certainly would not acquiesce and Russia would not remain idle. Through informal channels, meanwhile, the Yamen and Li counseled Seoul in no uncertain terms that it should avoid trouble with Japan.[26] This undoubtedly reinforced the Korean government's resolve in braving the wrath of the Taewŏn'gun and the literati.

On February 17, 1876, Korea signed its first modern treaty with Japan. The treaty began with a preamble expressing the desire of both countries to restore their centuries-old friendship. The controversial terms "emperor of Japan" and "king of Korea" in the Japanese draft were replaced at Korean insistence by "government of Japan" and "government of Korea," respectively. Article I declared that Korea was an "autonomous state enjoying the same rights as does Japan." Inserted by the Japanese, the article was intended not so much a declaration of Korean-Japanese equality in status as a repudiation of Chinese suzerainty over Korea. The treaty formally abolished the traditional system of Korean-Japanese diplomacy and trade, especially Tsushima's intermediary role. It set forth provisions whereby Korea agreed: (1) to open two more ports in addition to Pusan; (2) to grant Japan consular jurisdiction over its nationals at the open ports in Korea; and

26) For Mori's talks in Beijing and the Chinese position regarding the Korean-Japanese negotiations at Kanghwa, see *ibid*, pp. 248-252.

(3) to permit Japanese vessels to survey Korean coastal waters. The Koreans rejected the Japanese demand for a most-favored-nation clause, saying that it would be meaningless since "Korea would not sign treaties with any other countries." The Japanese accepted the argument, perhaps with the hope of monopolizing Korean trade. As the Japanese wished, the treaty contained no tariff provisions.[27)]

The day after the signature of the treaty, Kojong sent a formal report to the Chinese Board of Rites. In a subsequent communication, the king explained that in view of Japan's use of unacceptable terms in reference to its ruler, Korea decided that business between the two countries be conducted in the name of their respective governments, not their rulers. Expressing gratitude for Chinese concern for Korea, Kojong made a special mention of Li Hung-chang's efforts for the defense of Korean interests, adding that even a Korean could not have done more for his own country.

Throughout the course of negotiations, the Japanese delegation held the initiative, conducting discussions on the basis of its own prepared drafts and proposals. It accomplished nearly everything it had set out to. An avid student of the contemporary West, Japan, while not yet fully shedding its premodern imperial pretensions toward Korea, succeeded in imposing upon it what it had learned from Western powers: the unequal treaty. The Treaty of Kanghwa was the first major victory for Japan's *datsu-A* diplomacy in East Asia.

---

27) Deuchler, *Confucian Gentlemen*, pp. 45-48.

In contrast, the Korean delegation's conduct was marked by passivity, ignorance, and confusion. Still operating under the premodern concept of a hierarchic world order in East Asia, its major preoccupation was to secure the Korean ruler's titular equality with the Japanese ruler. It readily granted Japanese extraterritorial rights and other privileges in Korea, without asking for reciprocal benefits for Koreans in Japan. The result for Korea was a treaty that combined the worst features of the unequal treaties Western treaty powers had imposed upon China, Japan, and other East Asian nations earlier.

In signing the treaty, Kojong and his ministers acted in the mistaken belief that they were restoring, with some modifications, the old friendship and harmony with Japan, without fundamentally altering the traditional relations between the two countries. In fact, however, the treaty created entirely a new type of relationship between them based on the principles and rules of modern international law. Far from the intentions of the Korean leaders, the treaty brought, though only partially, the Hermit Kingdom into the modern system of international trade and diplomacy imposed upon East Asia by Western powers. Though neither Korean nor Chinese officials clearly realized it, the treaty was an institutional wedge driven into the traditional Sino-Korean tributary relationship in defining, by implication, Korea's status as equal to China as was Japan.

In practice, however, the treaty seemed to have little immediate effect on the existing Sino-Korean relationship.

Japan intended the declaration of Korean-Japanese equality to be a clear pronouncement of the principle that all nations, including China and Korea, were equal. But China and Korea regarded it merely as a reaffirmation of Korean-Japanese equality that had been an unquestioned historical fact in traditional East Asia. Increasing contact with Japan, however, would inevitably bring, as will be shown, far-reaching changes in Korea's internal and external affairs and an end to its centuries-old isolation from the outside world and to its ancient tributary relations with China.

Broadening Relations with Japan

The Treaty of Kanghwa did not immediately lead to the establishment of full and regular diplomatic contacts between Korea and Japan. As has been noted, the Koreans regarded the treaty as no more than a step toward restoring old relations with Japan. Apart from this misconception, the unabating literati protest and popular xenophobia in the country made it extremely difficult, if not impossible, for Seoul to broaden relations with Japan even if it wished to.

After signing the treaty, the Japanese delegation invited Korea to send a goodwill mission to Japan. Such a mission, it explained, would help Korea gain a better understanding of the new Japan, especially the progress it had made in modern armament and agriculture. Impressed by the argument, Sin Hŏn recommended acceptance of the invitation to Kojong.

Sin was interested mainly in Japan's new armaments. Accordingly, in March Kojong appointed Kim Kisu, third Minister of Rites, to head a goodwill mission to Japan. The king dutifully reported his decision to China.

Kim and his party of some eighty men left Pusan aboard a Japanese steamship and reached Tokyo by the end of May 1876. In appearance and function, the Kim Kisu mission was little different, except in size, from the old Korean communications embassy to the Tokugawa bakufu. Unlike the communications envoy, who had been denied any contact with the imperial court, Kim was granted an imperial audience. Uneasy over protocol, Kim at first declined the honor, but accepted it only after it had been agreed that he would perform the same form of obeisance toward the Japanese monarch as he did toward his own ruler at home. Kim was received by numerous high Japanese officials, including Chancellor Sanjō Sanetomi. He and his party were given an extensive tour of government offices and industrial, educational, and military facilities. But they showed little interest and even less understanding. The party left Tokyo in mid-June and returned to Seoul in late July.

Although they enjoyed lavish Japanese hospitality, Kim and his aides learned little about Japan's new institutions. A conservative Confucian scholar with little knowledge of the outside world, Kim viewed the West with disdain, disapproved of Japan's Western-style reforms, and avoided contact with Westerners while in Japan. Before his departure for home, Japanese Foreign Minister Inoue Kaoru told him that Korea, like Japan, should adopt Western weaponry and train a modern army, in order to cope with the growing threat from Russia, which was eager to secure an ice-free port in Korea for its naval fleet in the Far East. Kim proudly replied that "Korea would always adhere to the way of the Sage and would never seek excellence in evil arts and clever skills." Upon his return home, when Kojong asked him about Japan's new industrial and military facilities, Kim answered that he had seen a few but could not understand them well.[28)]

Within a week of Kim's return home, Miyamoto Okazu of the Japanese Foreign Ministry arrived in Seoul. The first Japanese official to visit the Korean capital since the Japanese invasions of 1592-98, he came to negotiate a supplementary treaty and trade regulations as stipulated in the Treaty of Kanghwa. Kojong received him in audience, in return for the courtesy extended to Kim Kisu in Tokyo. The king and Yi Yuwŏn, former chief state councillor, afterward expressed the hope that the Japanese envoy would not stay in Seoul too long. Kojong reluctantly appointed Cho Inhŭi, Vice Minister of Rites, as Miyamoto's counterpart to conduct negotiations.

Miyamoto formally requested Korean consent to the opening of a Japanese legation in Seoul as stipulated in the new treaty. He also requested that Japanese diplomatic and consular personnel in Korea be granted access to the interior and the right to travel from Seoul to Beijing by land. Cho

28) Deuchler, *Confucian Gentlemen*, pp. 51-53.

flatly rejected them both. He said Japanese envoys were free to stay in Seoul as long as they wished, but they could not reside there permanently or bring their families with them. They also must travel to and from the Korean capital by a officially specified route. As for Seoul-Beijing land travel, Cho said the question was a moot one, for there would be no Japanese personnel stationed in Seoul permanently. Moreover, it was not a matter that Korea could decide alone without consulting China.

After three weeks of hard bargaining, a supplementary treaty was signed, which fell far short of the initial Japanese demands. As for trade regulations, however, the Koreans readily accepted the Japanese draft without change. They agreed to the Japanese proposal that both countries levy no import or export duties for several years "in order to promote trade" between them. They also accepted the use of Japanese currency in all business transactions at the open ports in Korea. With virtually no domestic industry, Korea thus left itself wide open to an unrestricted inflow of goods from and through Japan.[29)]

Realizing the difficulty of reaching agreement on the resident minister issue, the Japanese Foreign Ministry took, in November 1876, an interim step by appointing Kondō Masuki as its chief representative in Korea, to be stationed at Pusan, with the authority to handle both diplomatic and consular affairs. The Korean government responded by

29) *Ibid*, pp. 54-57.

elevating Hyŏn Sŏg'un's rank to serve as Kondō's counterpart. Unlike his predecessors, Hyŏn was authorized to handle affairs on his own at Pusan without regular supervision by the prefect of Tongnae. Thus, the new treaty notwithstanding, during the following several years, Korea and Japan continued to conduct their business with each other essentially in the same fashion as before: by and through their respective representatives at Pusan. Regarding Kondō not as modern consul, but rather as successor to the Tsushima factor of Japan House, the Korean government deemed the new arrangement quite satisfactory.[30)]

During the following year, the Japanese government, preoccupied with the Satsuma Rebellion at home, was unable to pay sufficient attention to Korea. In September 1877 the Foreign Ministry appointed Hanabusa Yoshimoto, a career foreign service officer and advocate of an aggressive policy toward Korea, chargé d'affaires in Seoul. Hanabusa arrived in Seoul in late November. As his title indicated, the Japanese government was determined to settle the resident minister issue. The Korean government was, however, equally determined not to allow a permanent Japanese legation in Seoul. Before his arrival, some officials in Seoul argued that Hanabusa should not be allowed to enter the capital. However, since that would obviously jeopardize the new relations with Japan, the government decided to receive him. It appointed Hong Uch'ang, former prefect of Tongnae, as chief negotiator to meet with Hanabusa.

---

30) Kim, *The East Asian World Order*, pp. 259-264.

As the first of the two Korean ports to be opened under the Treaty of Kanghwa, Hanabusa proposed Munch'ŏn—which the Russians called Port Lazareff—in the Yŏnghŭng Bay on the northeast coast. Japan's choice of Munch'ŏn was dictated in part by a desire to preempt a suspected Russian plan to seize it. The Koreans, however, rejected the proposal on the grounds that there were tombs of the dynastic progenitors in the vicinity of Munch'ŏn.

Koreans again turned down the Japanese demand for a permanent legation in Seoul. Moreover, they proposed that future negotiations between the two countries be conducted either by correspondence or through their respective representatives at Pusan, pleading that "frequent visits to Seoul by Japanese envoys are costly and bothersome." Warning that Korea was becoming a target of growing attention from Western powers such as Britain and Russia, Hanabusa argued that should a crisis develop between Korea and one of these powers, a resident Japanese minister in Seoul could help nip the trouble in the bud. The Koreans were not convinced.

Before leaving Seoul, Hanabusa made one last effort to persuade his hosts. In a letter to Minister of Rites Cho Yŏngha, he explained the differences between the traditional Korean-Japanese system of diplomacy and trade and the new system based on international law. Pointing out that even China now subscribed to international law, He presented to Cho two copies of *Wan-kuo kung-fa*, W. A. P. Martin's Chinese translation of Henry Wheaton's *Elements of International Law*, published by the Tung-wen Kuan, the Chinese government interpreters' college in Beijing, in 1876. Not persuaded, Cho merely promised further discussion on the resident minister issue in the future. The Japanese envoy, however, gained a valuable concession: Japan was granted the right to build coaling stations on the Korean coast for Japanese vessels. With this limited achievement, he left Seoul for home on December 20.[31)]

Although it had readily accepted the mutual tariff moratorium, the Korean government soon realized its mistake as it gained experience in foreign trade. Instead of seeking a remedy through negotiations with Japan, it unilaterally introduced a new tax, to be levied from Korean merchants engaged in Japanese trade at Pusan. Since the tax applied to Korean traders only, the Koreans assumed, there would be no reason for Japan to object. When the tax went into effect in September 1878, it instantly brought Japan's trade at Pusan to a standstill. In response to an urgent appeal from Japanese traders, the Japanese Foreign Ministry ordered Hanabusa to proceed to Pusan immediately aboard a warship.

Should the Koreans refuse to cancel the tax, Hanabusa was instructed, he should seek compliance by "an appropriate use of the warship." Upon his arrival at Pusan in mid-November, Hanabusa sent a blunt note to Yun Ch'ihwa, prefect of Tongnae, demanding immediate repeal of the "illegal" tax.

---

31) For more details, see Hilary Conroy, *The Japanese Seizure of Korea: 1868-1910: A Study of Realism and Idealism in International Relations* (Philadelphia: University of Pennsylvania Press, 1960), pp. 89-95.

Surprised by the vehemence of the Japanese protest, Yun backed down and repealed the tax in late December with approval from Seoul. Before leaving for home, a triumphant Hanabusa sent off a letter to the Minister of Rites in Seoul, informing him that the question of compensation for damages suffered by the Japanese traders would be taken up by a Japanese representative in Seoul at a future date.

Hanabusa returned to Seoul in June 1879 to seek, as he had promised, compensation for aggrieved Japanese traders and an agreement on the port and other issues. With regard to the tariff question, the Japanese government indicated its willingness to consider the Korean demand for an agreement. As for the port issue, having its initial choice of Munch'ŏn rejected, it chose Wŏnsan in the same Yŏnghŭng Bay and Inch'ŏn in the Kanghwa Bay on the west coast. The Koreans at first rejected both ports—the former because it too was too close to tombs of royal ancestors and the latter because it was too close to the royal capital. After weeks of talks, they finally realized that if they were to keep the intruding Japanese away from the strategically more important Inch'ŏn, they would have to give in on Wŏnsan. Accordingly, they agreed to open Wŏnsan sometime after May 1880. Despite Hanabusa's persistent demand, however, they refused to open Inch'ŏn.

Wŏnsan was opened to Japanese trade in May 1880. The Korean government granted permanent leases on large tracts of land in Pusan and Wŏnsan as special concessions where Japanese nationals would enjoy extraterritorial rights and privileges. With the opening of Wŏnsan, Japan secured two major footholds in the Korean Peninsula, which were highly important strategically as well as commercially.[32] It may be noted that even while making these unilateral concessions to Japan in a piecemeal fashion, it never seemed to have occurred to the Korean government either to let Korean traders go to Japan or to seek for them reciprocal benefits in Japan.

In the years following Kojong's assumption of personal rule, Korea witnessed a resurgence of "rule by consort clans"—domination of the bureaucracy by male relatives of a queen. Regarding it a root cause of all evil in government, the Taewŏn'gun did his utmost to put an end to it. But unlike his father, Kojong was an irresolute and ineffectual ruler, easily influenced by those close to him, especially his queen. Under his personal rule, decision-making authority was gradually devolved upon the State Council, which was nominally presided over by Chief State Councillor Yi Ch'oeŭng. In fact, however, the Council was manipulated from behind the scenes by Queen Min, Kojong's strong-willed consort, and her favorite relatives such as Min T'aehoe and Min Kyuho. Yi was the Taewŏn'gun's elder brother, but he had been ignored by his more gifted younger brother while the latter had been in power. Though mediocre in endowment, his position as the reigning king's uncle made Yi useful to the queen and her relatives in their power struggle against the Taewŏn'gun. Exploiting his

32) Deuchler, *Confucian Gentlemen*, pp. 59-61.

sibling resentment against the Taewŏn'gun, the Mins gave Yi the trappings of high position but little substantive authority, using him merely as a figurehead.

Queen Min and her relatives had no positive and clearly defined policy toward Japan or the West. Nor did they have a consistent domestic program for dealing with the kingdom's growing social and economic maladies. Their foremost concern was the perpetuation of themselves in power; their only policy was expedient and unprincipled accommodation with reality. With neither conviction nor vision, the Korean government under the queen's manipulation vacillated and drifted in its dealings with Japan. Unable and unwilling to come to grips with the changing reality of the world, it accepted change only under pressure or threat of force.

III. CHINA AND THE OPENING OF KOREA

As has been noted, contrary to the Japanese hope, the Treaty of Kanghwa did not immediately bring noticeable changes in Sino-Korean tributary relations. If anything, in the face of growing Japanese presence in the peninsula, Korea seemed to draw itself closer to China. It never questioned or challenged Chinese suzerainty. Nor did China depart, so far, from its non-interference tradition in dealing with the tributary kingdom.

Li Hung-chang's New Korea Strategy

Following the signing of the Treaty of Kanghwa, Li Hung-chang, who had informally counselled the Koreans to accept the treaty, remained concerned over what he perceived as a continuing and growing threat to Korea both from Japan and Russia. As the principal official responsible for diplomacy, trade, and defense in the Chinese metropolitan region and southwestern Manchuria, Li considered Korea his ward. He thought the peninsula was strategically more important to the Chinese empire than some of its own provinces in the south. He was therefore determined to prevent Korea from falling under Japanese or Russian influence or control by whatever means necessary.

In early January 1876, Li Hung-chang received a personal letter from Yi Yuwŏn, former Korean Chief State Councillor, who was returning home from a visit to Beijing as a Korean tributary envoy. He immediately replied to Yi, for he was anxious to convey his concern for Korea's safety in the face of the Japanese threat. Emphasizing that exclusionism was no longer tenable for either Korea or for China, Li urged that Korea accept a treaty with Japan, in order to avoid trouble. Although war had been averted between Korea and Japan by the subsequent signing of the Treaty of Kanghwa, Li's concern for Korea's safety remained. He began to formulate a long-term strategy which would safeguard Chinese suzerainty and interests in the peninsular kingdom from the Japanese and Russian threats.

China was at this time was engaged in an exhaustive military campaign for the reconquest of Sinkiang, otherwise known as Chinese Turkstan, from a rebel Muslim regime led by Yakub Beg. Consequently, Li was compelled to rely chiefly upon international diplomacy rather than military means to protect Korea from external dangers. Working under these constraints, Li and his associates gradually developed the idea that Korea could best ward off the Japanese and Russian threats by entering into treaty relations with friendly Western powers—powers interested in trade rather than territory. They believed that the commercial interests such powers would develop in Korea could serve as a countervailing force against aggressive Japanese and Russian ambitions. The concept which might be termed a "treaty-system" strategy, was a combination of the ancient Chinese strategem of "checking barbarians with barbarians" (i-i chih-i) and the European balance of power doctrine.

In view of China's traditional non-interference in Korean affairs, Li decided to utilize his personal correspondence with Yi Yuwŏn as an informal channel for communicating his views to Korean officials. In the following years, Li wrote several personal letters to Yi in which he expounded the advantage to Korea of having treaty relations with Western powers in coping with the Japanese and Russian threats. In September 1878—when China and Russia were locked in a territorial dispute over the Ili region in Sinkiang—Li wrote Yi warning that with the anticipated termination of its war with Turkey, Russia might turn next to Korea. Expressing the suspicion that Russia was trying to isolate Korea with the aim of seizing it for itself at an opportune moment, Li advised that Korea open Wŏnsan to Japanese trade and accept British overtures for a treaty as a means of warding off the Russian threat. Although he still enjoyed Kojong's personal confidence, Yi was not at this time as influential as Li thought he was. Moreover, Yi was personally not quite persuaded that Korea should open its doors to Western nations. Consequently, Li's letters failed to produce the desired effect upon Yi or his associates.

In April 1879 Japan seized Liu-ch'iu and incorporated it into Japanese administration, renaming it the Okinawa prefecture. Since 1873, China and Japan had been in dispute over the tiny archipelagic kingdom. While the former insisted that Liu-ch'iu's traditional dual status as a Chinese tributary and a Japanese feudatory be preserved, the latter claimed exclusive jurisdiction over it. The arbitrary and unilateral Japanese action was timed to coincide with China's armed confrontation with Russia over Ili. If left alone, Li feared, Korea would follow Liu-ch'iu's fate.[33] This led to the Chinese court's decision in late August 1879 to have Li

33) For the Sino-Japanese dispute over Liu-ch'iu (Ryūkyū) and Li's role in it, see Edwin Pak-wah Leung, "Li Hung-chang and the Liu-ch'iu (Ryūkyū) Controversy, 1871-1881" in Samuel C. Chu and Kwang-Ching Liu, eds., *Li Hung-chang and China's Early Modernization* (Armonk, New York, and London, England: M. E. Sharpe, 1994), pp. 162-175.

Hung-chang undertake an assignment unprecedented in the history of Sino-Korean tributary relations: to persuade and guide Korea to enter into treaty relations with Western powers. In view of China's traditional non-interference in Korean affairs, the Chinese court cautiously stated in its edict to Li: "the court finds it inconvenient to indicate explicitly its intentions to Korea." Accordingly, Li was instructed to present the decision as "his own personal idea."

Upon receiving his extraordinary assignment, Li immediately wrote a long letter to Yi Yuwŏn in which he painstakingly explained why it was imperative for Korea to establish treaty relations with Western powers. Citing Liu-ch'iu as an example of Japanese aggression, Li expressed the fear that Korea, a nation of literary tradition, would be no match in war for Japan, a nation of martial tradition. Expounding that global intercourse was an irresistable trend of the time, he stated that since Korea already had a treaty with Japan it should sign treaties with Western powers as well so that their combined commercial interests would check Japan's aggressive designs on Korea. Li argued that treaties with Western nations such as the United States, Britain, and Germany would be the best guarantee for Korea's safety from Japanese and Russian aggression. He asked Yi to present his letter to the king and top ministers for their consideration.

Yi received Li's letter in October. Korea's domestic political situation at this time was still not favorable enough to accept Li's advice. Ch'oe Ikhyŏn, released from exile, and his followers now joined forces with the Taewŏngun in attacking the government's Japan policy and in opposing treaties with Western nations. With the death of Pak Kyusu in 1877, there was no one in the government with sufficient rank or stature who could positively respond to Li's advice. Moreover, before receiving Li's letter Yi Yuwŏn had incurred Kojong's displeasure and antagonized his colleagues by publicly trying to disassociate himself with the government's Japan policy. Consequently, he was in no position to initiate a major shift in foreign policy. In two separate replies, one short and the other longer and more detailed, Yi explained that traditional exclusionism and aversion to Christianity were the two principal reasons for which Korea did not wish to establish intercourse with Western nations. Professing his faith in China, Yi stated obsequiously that whatever might happen, Korea could and would always rely upon Chinese protection.[34)]

Yi's replies reached Li Hung-chang in March 1880. Reporting them to the Tsungli Yamen Li ruefully observed that, imprisoned in tradition, Korea could not appreciate the thoughtful plans made on its behalf by China. He lamented that leading Korea into the arena of modern international life was "a task that cannot be accomplished overnight."

Half a decade after the signing of the Treaty of Kanghwa, Korea thus remained essentially outside the new international system in East Asia. Although diplomatic contact and trade

---

34) For the Li-Yi correspondence, see Kim, *The East Asian World Order*, pp. 284-289.

with Japan increased, Kojong and his ministers had little intention of opening the country to Western nations. The Taewŏn'gun and the literati, growing more militant and chauvinistic, adamantly opposed intercourse with the West. In spite of all this, Li Hung-chang would not have to wait long before he would have an opportunity to put his new Korea strategy into execution.

The Kim Hongjip Mission to Japan

Following the signing of the Treaty of Kanghwa, Japanese trade increased rapidly as more and more Japanese traders arrived and settled in Pusan. It was expected to grow more rapidly after the scheduled opening of Wŏnsan. As the volume of trade increased, the Korean government, ever hungry for revenue, became anxious to tap this promising new source of wealth. Subsequent to the tariff dispute at Pusan, the Japanese government indicated its willingness to accept a reasonable tariff. Accordingly, shortly after the opening of Wŏnsan in May 1880, the Korean government decided to send a mission to Japan to negotiate a tariff agreement. Kojong appointed Kim Hongjip to head the mission.

Kim was an able and conscientious rising official not yet forty years of age. Though not quite convinced that Korea should open its doors to Western nations, he was open-minded and willing to learn about the outside world. He and his party of some sixty men, little different in appearance from the Kim Kisu mission four years earlier, left Seoul in July 1880 and arrived in Tokyo in August. In the Japanese capital, diffident over protocol, Kim at first declined an audience with the emperor, but accepted it when he was told that his refusal would hurt relations between the two countries.

The main purpose of Kim's mission was, as has been noted, to negotiate a tariff agreement. But upon his arrival in Tokyo it was discovered that he had brought neither a letter of credence nor a draft agreement. He blandly told his Japanese hosts that once the two governments reached general agreement, details could be worked out by their respective representatives at Pusan. But Japanese officials disagreed. Kim then suggested that the two countries sign an agreement identical in content with the existing Sino-Japanese tariff agreement, but the Japanese again disagreed.

After further discussions Kim was ready to accept a five-percent *ad valorem* duty on all imports and exports. At this point Ho Ju-chang, Chinese minister in Tokyo, informed Kim that Japan was negotiating with Western treaty powers for a higher tariff. He advised Kim not to sign an agreement in haste. Following his advice, Kim decided not to sign any agreement while in Japan.

Kim avoided discussing either the port or the resident minister issue while in Tokyo. When he was about to leave Tokyo, Japanese Foreign Minister Inoue informed him that a Japanese envoy would leave for Seoul within a fortnight to discuss these issues. The Japanese government was extremely anxious at the time to consolidate its position in Korea by taking advantage of the on-going Sino-Russian confrontation over Ili. Japan was also eager to have Korea sign treaties with Western powers friendly to itself—such as the United States and Great Britain—in the belief that such treaties would check Russian designs on Korea. Inoue warned that should Russia decide to seek an ice-free port for its fleet assembled at Vladivostok for naval action against China, Korea would be a logical place to do so. Since Korea had no treaties with these powers, Inoue counseled, it would be difficult for them to intervene in the event of a Russian attack upon Korea. He advised that should one of them approach for a treaty, Korea should respond in a friendly manner.

Given the deep-seated Korean distrust of the Japanese, it is unlikely that Kim was convinced of Inoue's sincerity. But there is little doubt that Kim was deeply impressed by similar counsel given him by two Chinese diplomats in Tokyo who were close contact with Li Hung-chang: Minister Ho Jo-chang and Counselor Huang Tsun-hsien. When Ho was leaving for Tokyo as China's First Minister to Japan, Li asked him to keep Korea in mind and take timely action on its behalf in order to forestall any trouble between Korea and Japan. In his capacity as imperial commissioner for the northern treaty ports, Li regularly received reports from Ho and other Chinese diplomats in Japan.

During his month-long sojourn in Tokyo, Kim Hongjip met with Ho and Huang more than half a dozen times to seek their advice; the latter were delighted to comply. Ho and Huang told Kim that Russia posed the greatest threat to Korea. Arguing that the contemporary world situation was "without precedent in 4,000 years," they stressed that Korea must adopt the "balance of power" strategy which Li Hung-chang had been urging upon it for years. Before Kim's departure from Tokyo, Huang presented him with a booklet, entitled *A Strategy for Korea* (Chao-hsien ts'e-lueh), saying that he had put down in writing for Kim's perusal Ho's as well as his own views on problems facing Korea. Thanking him profusely, Kim promised to present the booklet to the king upon his return home to Seoul.

Opening his treatise with a brief reference to the history of Russia's eastward, expansion Huang argued that its pivotal geographical position made Korea a prime target for Russian territorial ambition. As a strategy for meeting the Russian threat, Huang said Korea "must remain intimate with China, unite with Japan, and ally with the United States." Korea must overcome, Huang added, its misgivings about Japan and cooperate with it in order to cope with the Russian threat. Since the United States "always upholds justice and never permits European powers to perpetrate evil deeds," Korea should sign a treaty with it as means of warding off the Russian threat.

Upon his return to Seoul in early October, Kim Hongjip presented the booklet to Kojong along with his own report, which contained a detailed account of his talks with Ho and Huang. Kojong asked all his top ministers to study them both carefully. At a court conference on October 11 when the king asked for comments on Huang's treatise, Chief State Counsellor Yi Ch'oeŭng stated that many of Huang's ideas coincided with his own and that some of them might be adopted. The conference recommended that while the Japanese demand for opening Inch'ŏn and a permanent legation in Seoul must be rejected, final decision on these matters should be deferred until after the arrival of a Japanese envoy. As for treaties with Western nations, while the "evil" Western religion must be firmly rejected, this should not necessarily lead to quarrels. Should the United States approach again for a treaty, a friendly reply should be given. Thus, Kim's report on his mission to Japan and Huang Tsun-hsien's treatise proved decisive in changing the attitudes of Kojong and his ministers toward both the West and Japan.[35] But when the public learned of them, they immediately became a target of scathing literati condemnation.

In mid-December Hanabusa arrived in Seoul for the third time. He was now elevated to the rank of full Minister. He brought a letter of credence from the Japanese emperor and requested a royal audience to present it to King Kojong. In the letter the Japanese ruler called himself "great emperor of Japan" and the Korean ruler "great king of Korea." The

35) On Kim Hongjip's mission to Japan and his talks with Ho and Huang, see *ibid*, pp. 289-299.

terminology provoked a heated debate among top officials, which led to the resignation of two ministers of rites in three days. After several days of inconclusive arguments, on December 24 an irate Kojong announced he would personally accept the Japanese ruler's letter. He did so in an audience three days later. Hanabusa and his staff thereafter proceeded to settle down in Seoul, thereby establishing their legation in the capital. Without formally acknowledging it, the Korean government simply acquiesced to the Japanese action.

Although the Japanese might have loathed to admit it, it was neither their perseverance nor their arguments, but rather China's benign influence that enabled Japan to achieve this major diplomatic goal. While Japanese officials made a sincere effort to warn the Koreans of the danger of Russian encroachment upon Korea, it was Chinese officials with their traditional political and cultural rapport with the Koreans who convinced them of its gravity.

Chinese-Negotiated Western Treaties

For several years after its unsuccessful expedition to Korea in 1871, the United States made no further effort to seek a treaty with Korea. In 1878 the U. S. Department of the Navy ordered Commmodore Robert W. Shufeldt to undertake a diplomatic mission to a number of countries around the world. Embarking on his mission in December that year, he arrived in Japan in April 1880 after visiting several countries in Africa and the Middle East. In order to establish initial diplomatic contact with Korea Shufeldt twice had the Japanese Foreign Ministry forward his letter to Seoul. Both times Korean authorities refused to accept the letter. When asked for the third time Foreign Minister Inoue refused to comply, saying that another Korean rebuff would not only further displease the Americans, but might even jeopardize Japan's own position in Korea, which he considered still tenuous. This made Shufeldt suspect that the Japanese were not acting in good faith because they wanted to monopolize Korea's foreign trade.

When Shufeldt's activities were reported to him by Chinese diplomats in Japan, Li Hung-chang was disturbed. Although Li had for years been trying to persuade Korea to sign a treaty with the United States, it was definitely not his inention to have Korea do so through Japanese good offices. Li therefore sent an invitation to Shufeldt to visit him; the latter promptly accepted the invitation. Shufeldt arrived in Tientsin in August 19 and was cordially received by Li the following day.

During the several meetings that followed, Li and Shufeldt discussed, among other things, Korea's strategic position relative to China, Japan, and Russia. Happy to discover that his guest shared his own misgivings about the Russian threat to Korea, Li readily volunteered to "use his influence with the Government of Corea to accede to the friendly request of the United States." Abandoning his earlier caution, Li thus decided to take steps which would amount to unsolicited intervention, rather than mere advice, in Korean affairs. Pleased with the result of his visit, Shufeldt left for home for new instructions. In the meantime, Li sent word to Seoul requesting the dispatch of a plenipotentiary to China to negotiate with the Americans.

In late November, Ho and Huang in Tokyo received word from Kim Hongjip that the Korean government had decided to sign a treaty with the United States. Reporting the news to the Tsungli Yamen, Minister Ho recommended that China take over the conduct of Korean foreign policy by dispatching to Seoul an able Chinese official experienced in diplomatic matters to supervise Korean negotiations with Western nations. He warned that if China permitted Korea to negotiate treaties with foreign countries on its own, Chinese suzerainty over Korea would disappear. He further recommended that the Chinese court order the Korean king to state in all future treaties that Korea sign them at Chinese imperial command. But Li Hung-chang rejected both recommendations on the ground that they would put Korea at a disadvantage in negotiations with Western countries by restricting its freedom of action. As regards Chinese suzerainty over Korea, Li was confident that mere treaties with Western countries would not affect Korean loyalty to China.

Meanwhile, Li's influence on Korea was further enhanced. Though still reluctant to end their exclusionist policy in external affairs, Korean authorities were not completely unaware of the growing need for modernizing their military in coping with mounting external dangers. In the summer of 1879, the Korean government took unprecedented steps to train personnel in the manufacture of Western-style weapons at the Tientsin Arsenal, which was under Li's control. With Li's active assistance, some forty Korean students and apprentices were sent to the arsenal in late 1881. The group was led by Kim Yunsik, a moderate reformer and erudite disciple of the late Pak Kyusu's.

Earlier, the Korean government had carried out major institutional reform for the modernization of internal administration and external relations: it created early in 1881 a new office called the Office for the Supervision of State Administration (T'ongni kimu amun). Modeled on China's Tsungli Yamen, it was to assume far broader responsibilities in foreign as well as domestic affairs. Key positions in it were filled by many of the young officials who had visited Japan the previous year as members of the Courtiers' Observation Group (Chosa silch'al-tan).[36]

These incipient reforms and attendant changes further excited the xenophobia of a literati unhappy with the growing Japanese presence in the country and the proposed intercourse with Western powers. The first organized protest occurred in March 1881, when the literati of Yŏngnam (Kyŏngsang province), the kingdom's leading center of Confucian learning, submitted a fiery collective memorial to

36) For Korea's early reforms for modernization, see Deuchler, *Confucian Gentlemen*, pp. 92-104.

Kojong. Popularly labeled "the 10,000-man Memorial of Yŏngnam," it branded Huang Tsun-hsien an apologist for Japan and a faithful servant of the Catholic church. The memorialists implored Kojong to burn Huang's booklet and punish Kim Hongjip for bringing it home. Condemning concessions to Japan and the proposed American treaty as betrayals of the *wijŏng ch'ŏksa* ("defend orthodoxy and reject heterodoxy") doctrine, they called for a return to the exclusionist tradition. This touched off waves of similar literati protest throughout the kingdom.[37)]

While the Taewŏng'un's popularity among the literati boosted the morale of his followers, it spread fear among members of the Min faction and government officials. In the summer of 1881, convinced that public protest and agitation alone would not restore the Taewŏn'gun to power, a group of conspirators led by An Kiyŏng, a former royal secretary, plotted to seize power by deposing Kojong. The discovery of the plot led to the swift arrest and punishment of its leaders. While the Taewŏng'un's position as father of the reigning king saved him from open investigation and punishment, Yi Chaesŏn, his eldest son and the king's half-brother and the conspirators' alleged candidate for the throne, was put to death.

Intimidated by these developments, Kojong and his ministers were unable to take further action regarding the proposed American treaty. When Shufeldt returned to China late in

---

37) *Ibid*, pp. 104-107.

the summer of 1881, despite the several reminders he had sent to Seoul, Li Hung-chang still received no definite word from Korean authorities. Finally, in January 1882, Kim Yunsik, who arrived in Tientsin as the head of the aforementioned Students and Apprentices Mission (Yŏngsŏnsa), brought Li a confidential message from Seoul. After briefing Li on the political situation in Korea Kim suggested that, in order to help Kojong and his ministers weather the anticipated storm of literati protest, the Chinese court order the king to sign a treaty with the United States. Li rejected the proposal on the same grounds as he had opposed a similar recommendation from Ho Ju-chang: that such an order would restrict Korea's freedom of action in negotiations. Li asked Kim to send another request to Seoul for the dispatch of a duly authorized plenipotentiary to China. In fact, there was at this time a Korean emissary en route to China, with a message from Chief State Councillor Yi Ch'oeŭng asking Li to negotiate with the Americans on Korea's behalf. Unaware of this, Li decided on his own in late March to commence negotiations with Shufeldt. Although Kim Yunsik was in Tientsin and available for consultation, he did not officially participate in the negotiations because he lacked official authorization from Seoul.

In the month-long negotiations that followed, Li and his lieutenants were able to obtain for Korea terms more favorable than those in China's own treaties with the Western nations and Korean's Treaty of Kanghwa with Japan. A major disappointment to Li was his failure to persuade Shufeldt to accept a clause formally acknowledging Chinese suzerainty over Korea. Shufeldt insisted that as far as the United States was concerned, Korea was a sovereign and independent state and that whatever its relations with China, it had nothing to do with the United States. Li proposed a compromise whereby the Korean king would address a letter to the American president acknowledging Chinese suzerainty over his kingdom. Shufeldt merely agreed to forward such a letter to Washington.

With the draft treaty thus negotiated, Shufeldt left China for Korea and reached Inch'ŏn on May 11, 1882. There he was joined by the two Chinese officials sent by Li to render assistance in treaty signing: Ma Chien-chung, Li's foreign affairs adviser, and Admiral Ting Ju-chang, commander of the Peiyang Fleet. The Korean government appointed Sin Hŏn and Kim Hongjip as chief and deputy chief negotiator, respectively. It proposed no change in the draft treaty except for a ban on the export of rice through Inch'ŏn, which Shufeldt readily accepted. The Chinese mediators, joined by Korean negotiators, made one last effort to include in the treaty an article confirming Korea's tributary relationship with China but Shufeldt firmly rejected it. The Korean-US Treaty of Amity and Commerce—the Hermit Kingdom's first treaty with a Western power—was signed at Inch'ŏn on May 22, 1882.

Article I of the treaty declared that should either contracting party be treated unjustly or oppressively by a third party or parties, the other would extend aid and services in mediation. Inserted by Li Hung-chang, the article was intended as a check on Japanese and Russian designs on Korea. Article II provided for the mutual exchange of fully empowered diplomatic representatives between the signatories. Article III, while granting American citizens extraterritorial rights and privileges, stipulated that these rights and privileges would be withdrawn when necessary judicial reforms were effectively instituted in Korea. Other provisions guaranteed Korean tariff autonomy, limited trade at open ports, and banned opium traffic. The treaty contained a most-favored-nation clause for the United States.

After signing the treaty the Korean delegation handed Shufeldt a short note from their king to the American president stating that though it had been a tributary of China from ancient times Korea had always exercised full sovereignty. Korea and the United States, it went on, "in establishing a treaty by mutual consent, are dealing with each other upon a basis of equality." As regards "Korea's duties as a state tributary to China, they have nothing whatever to do with the United States." The letter had been drafted by Ma Chien-chung, but it was totally ignored by the US government.[38]

On May 27 — five days after the signing of the American treaty — Vice Admiral George O. J. Willes, commander of

---

38) For a comprehensive study of the treaty, see Young-Ick Lew, "The Shufeldt Treaty and Early Korean-American Interaction, 1882-1905" in Sung-joo Han, ed., *After One Hundred Years: Continuity and Change in Korean-American Relations* (Seoul: Asiatic Research Center, Korea University, 1982), pp. 3-27.

Britain's China Station, arrived at Inch'ŏn to sign a treaty with Korea on behalf of his government. Ma Chien-chung, who was still in Korea, mediated between Willes and Korean negotiators. Ma again tried in vain to persuade Willes to accept a provision formally confirming Korea's tributary status vis-à-vis China. The Korean-British treaty was signed on June 6 and was identical in content to the American treaty. Before returning home two days later, Ma told the Koreans that should other countries approach Korea for a treaty, they should tell them to go to China first and ask the commissioner of the northern treaty ports to dispatch Chinese officials to Korea to supervise negotiations. In late June Ma returned to Korea with German minister to China, Maximilian von Brandt, in order to mediate the signing of a Korean-German treaty. The treaty, also identical in content to the American treaty, was signed on June 30. Dissatisfied with what they considered to be too liberal provisions, both Britain and Germany negotiated new treaties in 1883 more favorable to themselves than the first ones.[39)]

The signing of these treaties in rapid succession was the climax of the long and difficult effort to bring, by persuasion and force, Korea into the modern international community. "The Hermit of the East" thus became, appropriately enough, the last of the East Asian nations to join the new system of international commerce and diplomacy which Western powers

---

39) For the British and German treaties, see Deuchler, *Confucian Gentlemen*, pp. 122-125.

had imposed upon East Asia. The event was bound to adversely affect the moribund Sino-centric world order in East Asia and the Chinese tribute system that sustained it. Yet, ironically, it was China who masterminded the signing of these treaties. In the process China virtually took over the conduct of Korean external relations, thereby irreversibly altering the nature and spirit of traditional Sino-Korean relations.

IV. THE AFTERMATH : A GROWING SINO-JAPANESE RIVALRY ON THE KOREAN PENINSULA

Early in 1879, when the Sino-Russian dispute over Ili threatened to explode into open armed conflict Japan, as has been noted, unilaterally annexed Liu-ch'iu by taking advantage of China's predicament. In the face of the twin challenges, one from Russia and the other from Japan, Li Hung-chang, as we have seen, almost singlehandedly pursued the task of persuading a reluctant Korea to abandon its traditional exclusionism and enter into treaty relations with Western nations. During the same period Japan took full advantage of its position as Korea's sole treaty partner and quickly expanded its influence and interest in the peninsular kingdom. The situation inevitably set the stage for a historic power rivalry for its control between China and Japan.

A Rise of Japanese Influence and Incipient Reform

In December 1880—nearly five years after the signing of the Treaty of Kanghwa—Japan established its permanent legation in Seoul, though still without formal consent from the host government. Early in 1881, Wŏnsan was opened to Japanese trade. With three major diplomatic and commercial bases in Korea—a legation in Seoul and a consulate each in Pusan and Wŏnsan—Japan's diplomatic position and commercial interests in the peninsular kingdom were greatly strengthened. The situation would lead to a commensurate increase in Japanese influence in the country, which was without precedent in the long history of Korean-Japanese relations.

The first two Korean goodwill missions to Japan following the signing of the Treaty of Kanghwa accomplished little as far as learning about Japan was concerned. Korea's first serious effort to study the new Japan was the dispatch in 1881 of the aforementioned Courtiers' Observation Group, otherwise known as the Gentlemen's Sightseeing Group (Sinsa yuramdan). The idea of sending such a mission to Japan originated with a small group of young officials who were stirred by the fresh air brought in through growing Japanese contact. The idea won approval from Kojong and his queen, whose youth may have inspired them to share the enthusiasm of the young officials. In the face of growing anti-Japanese sentiment in the country, however, the final decision on the project and the selection of its members were made in secret by Kojong and a few select members of the Min faction. Neither any senior officials nor even Japanese Minister Hanabusa were consulted in advance.

The group, consisting of young officials and their assistants totaling some sixty men, was led collectively by a dozen middle-ranking officials, such as Pak Chŏngyang, Hong Yŏngsik, Ŏm Seyŏng, and Ŏ Yunjung. Assembled in secret at Pusan to avoid public attention, the group left for Japan in early May 1881. After visiting several places en route, it arrived in Tokyo late that month. Members of the group then toured in several separate units numerous government offices, educational institutions, and industrial and military facilities. They also met Japanese government leaders and high officials, including Chancellor Sanjō and Foreign Minister Inoue. The group left Tokyo for home in early August. Two junior member, Yu Kilchun and Yun Ch'iho, stayed behind in Tokyo as students, thus becoming the first Koreans ever to study in Japan. Upon their return home, members of the group submitted voluminous reports, which showed that, unlike members of the two previous official missions, they had studied Japan's new institutions with great interest and been impressed by what they had seen. Despite the cordial, official hospitality they had enjoyed in Japan, most of them remained distrustful of the Japanese. They were convinced that only a strong Korea would be safe from Japanese aggression. The tour made them aware of an urgent need for reform and modernization in their own country. Kojong appointed a number of them to key positions in the Office for the Supervision of State Administration when it was created in January 1882 as part of an incipient self-strengthening program. Others would play an active role in a military reform program undertaken subsequently. A few, such as Hong Yŏngsik, became leaders in the radical reform movement, which would engineer the abortive Kapsin coup in 1884.[40)]

Meanwhile, ever since his first visit to Seoul, Japanese Minister Hanabusa never lost an opportunity to impress upon his hosts Korea's need for military modernization and Japan's readiness to assist. By his tireless effort, Hanabusa prevailed upon Kojong and the Mins to establish in May 1881 a small Western-style military unit called the Special Skills Force (Pyŏlgigun) with Japanese assistance. Its training was entrusted to a Japanese Army second lieutenant named Horimoto Reizō. Although consisting of no more than eighty men, the unit became the most prestigious and pampered unit in the entire Korean military establishment.

The preferential treatment it enjoyed would soon become a major source of discontent among the old-line soldiers. Along with these technical innovations, sweeping structural reforms were undertaken chiefly on the basis of recommendations made by officials sent to Japan to study its military system and by members of the Courtiers' Observation Group mentioned

---

40) On the Courtiers' Observation Group, see *ibid*, pp. 101-102.

before. In 1882 the Three Military Council (Samgunbu) and the Five Military Commands (Owi) under the traditional military system were abolished, and in their place two enlarged modern battalions were created in early 1882.[41]

These Japanese-inspired reforms were made possible by a change in the attitudes of Kojong and Queen Min, who gradually began to view Meiji Japan, rather than Ch'ing China, as the model for Korea to follow in reform and modernization. Queen Min, in particular, may have been inclined to cultivate Japan as a potential ally in her on-going power struggle against the staunchly anti-Japanese Taewŏn'gun. This further exacerbated the wrath of the Taewŏn'gun and his literati supporters, as was clearly demonstrated by the An Kiyŏng plot in 1881.

The Soldiers' Riot and Chinese Intervention

With the creation of the Special Skills Force, it was assumed that the old-style units would be abolished sooner or later. Beginning in 1881, soldiers of these units did not receive their pay and rations for thirteen consecutive months. In July 1882, when a shipment of tribute rice arrived in the capital from Chŏlla province, the government decided to use it to pay arrears to the soldiers. But clerks at the Tribute Bureau adulterated the rice with chaff in order

41) *Ibid*, pp. 103-104.

to make up what they had embezzled. This provoked a violent riot among the angry soldiers. Having destroyed the residence of Min Kyŏmho, director of the Bureau and the queen's relative, the rioting soldiers turned to the Taewŏn'gun for protection. This instantly transformed what had begun as a spontaneous riot by disgruntled soldiers into a political coup by the Taewŏn'gun and his followers.

There is no extant record of what the Taewŏn'gun told the riot leaders. But there is little doubt that the soldiers made their next bold moves under his direction. On July 23 the rioters, now joined by mobs in Seoul, sacked several Min residences, killed Yi Ch'oeŭng, Min Kyŏmho, and a number of other Min partisans, and attacked the Japanese legation. The following day they stormed the royal palace. Although the soldiers mistakenly believed they had eliminated Queen Min, she managed to escape unharmed. Also killed during the riot were several Japanese, including Lieutenant Horimoto. On July 25, unable to handle the situation, Kojong asked his father to suppress the riot and restore law and order in the capital. The Taewŏn'gun quickly accomplished the task. By royal edict he was given full powers as informal head of the government. A decade after his involuntary retirement, the Taewŏn'gun again became the *de facto* ruler of his son's kingdom by riding on a surging tide of literati protest and popular discontent.

When attacked by a mob, Japanese Minister Hanabusa and his staff set fire to their legation building and fled to Inch'ŏn, where they were rescued by the British surveying ship *Flying Fish.* Reaching Nagasaki on July 29, Hanabusa cabled his first report on the incident to Tokyo. Upon learning of the incident on July 31, Li Shu-ch'ang, the new Chinese minister in Tokyo, immediately cabled the news to Chang Shu-sheng, who was acting as Governor-General of Chihli and Imperial Commissioner for the Northern Treaty Ports. The incumbent, Li Hung-chang, was on leave in Anhwei province mourning his mother's death. Reporting the Japanese government's decision to dispatch troops to Korea, Minister Li urged the Chinese government to do the same.[42)]

Chinese authorities feared that the xenophobic Taewŏn'gun might wreck China's new Korea strategy by abrogating Korea's newly signed treaties with three Western powers and provoke an armed clash with Japan. Acting with dispatch, they decided to send Chinese troops to Korea to restore Kojong's personal rule and to forestall Japanese military retaliation by removing the Taewŏn'gun from power. They consulted Ŏ Yunjung and Kim Yunsik—the two Korean officials who happened to be in Tientsin at this time. Convinced that the Taewŏn'gun was the ringleader of the riot in Seoul, Ŏ and Kim urged swift Chinese military intervention in order to remove him from power. Chang Shu-sheng and his associates, however, made their decision unilaterally, without any request from the Korean government—a step unprecedented in the history of Sino-Korean tributary

42) Kim, *The East Asian World Order*, pp. 316-318.

relations. Accordingly, 3,000 men from the Anhwei Army arrived in Korea in late August under the command of General Wu Ch'ang-ching, a commander close to the army's untitled leader Li Hung-chang. General Wu was accompanied by Admiral Ting Ju-chang and joined in Seoul by Ma Chien-chung, who had preceded him there by a few days.

Acting according to prearranged plans and without consultation with Korean authorities, Ma and General Wu abducted the Taewŏn'gun and shipped him off to China—also without precedent in the history of Sino-Korean tributary relations. The Taewŏn'gun was subjected to humiliating interrogations by the Chinese in Tientsin for "having defied" the authority of "a king whose rule had been duly sanctioned by Chinese imperial investiture." He was thereafter remanded to Pao-ting, the seat of Li's provincial headquarters, for confinement. In Seoul, meanwhile, the political status quo ante was quickly restored by the Chinese: Kojong resumed his personal rule; Queen Min presently returned to Seoul from her country hideout; and her relatives reestablished themselves in position of dominance within the bureaucracy. The Chinese troops mapped up the Korean soldiers who had participated in the riot and executed their leaders.[43)]

Hanabusa returned to Korea from Japan in mid-August, accompanied by a formidable force of four warships, three transports, and an infantry battalion. Brushing aside a Korean plea for delay, he entered Seoul with a large

43) Deuchler, *Confucian Gentlemen*, pp. 132-134.

military escort. In an audience with Kojong on August 20 Hanabusa, in disregard for protocol, presented a seven-point ultimatum directly to the king. He demanded, among other things, punishment of those responsible for the attack on the Japanese legation, compensation for the Japanese lives and property lost during the riot, new commercial concessions, and a formal apology. Afterward, Hanabusa met briefly with the Taewŏn'gun. The latter told him that, in view of the changing times, the Korean government would not necessarily return to the old exclusionist policy. But his apparent gesture fo compromise was ignored completely by the Japanese envoy.

Although they had earlier decided not to deal with or through the Chinese in Korea, in the presence of a numerically superior Chinese force, the Japanese retreated from their hard-linc position and accepted Chinese mediation. Thanks mainly to Ma Chien-chung's energetic efforts, the Korean and Japanese negotiators quickly reached agreement and signed the Treaty of Chemulp'o on August 30. Under the treaty, Korea agreed to pay Japan a 500,000-*yen* indemnity for the loss of lives and property and granted it the right to station up to one battalion of troops in Seoul for the protection of its legation. By a separate agreement it granted Japan the right for its diplomatic and consular personnel to travel to the interior in Korea and a promise to open within a year Yanghwajin near Seoul, in addition to the three ports already opened.[44)]

Hanabusa was justifiably boastful of his diplomatic feat

in gaining these important new strategic and commercial concessions in Korea. But it was Ma Chien-chung who deserved a major share of the credit for the quick and peaceful settlement. From the Chinese and Korean standpoints, however, he also deserved an even larger share of the blame for the excessive new concessions to Japan. It was he who masterminded the negotiations, advising the Koreans what they should accept or reject and urging the Japanese to restrain their demands. Most of all, by allowing Japan to station troops in the Korean capital, Ma made a continued Chinese military presence there a virtual necessity, thereby turning what was intended as a quick and short Chinese armed intervention in Korea into a prolonged occupation. This in turn, this, as will be shown, intensified the growing rivalry in the peninsula between China and Japan, thereby making an armed clash on the peninsula inevitable—all at Korea's expense.

Metamorphosis of Chinese Suzerainty

The 1882 Soldiers' Riot had far-reaching consequences in Korean domestic politics and foreign relations. It put in jeopardy China's treaty-system strategy in the peninsula before it had been properly instituted. Although it forestalled a possible Korean-Japanese armed clash, Chinese military

---

44) For details concerning the new treaty, see *ibid*, pp. 134-138.

intervention led to a virtual Chinese takeover of Korean foreign policy. The Chinese-masterminded Treaty of Chemulp'o resulted in strengthening the Japanese position, thereby intensifying the Sino-Japanese rivalry in Korea—precisely the situation Li Hung-chang had labored for years to prevent. Finally, the Chinese military intervention altered fundamentally the traditional Sino-Korean relationship by violating one of its most important underlying premises: mutual non-interference in each other's affairs.

The change began to manifest itself in various ways. In September 1882—shortly after the signing of the Chemulp'o Treaty—a Ch'ing imperial edict announced that Chinese expeditionary force would remain in Korea indefinitely and that the Taewŏn'gun would be confined in China for life. The former provided physical means by which China would dominate the peninsular kingdom; the latter was an outright and unjustifiable political intervention in its internal affairs.

An institutional basis for the change was laid when a Sino-Korean trade agreement was promulgated in the fall of 1882. It was the Korean government that first proposed, in the early 1880s, removal of the long-standing ban on Sino-Korean maritime trade, which had been in effect from the early Ch'ing period. Its purpose was to check a growing Japanese monopoly of Korean foreign trade following the signing of the Kanghwa Treaty. Talks began on the proposal in Tientsin, China, in May 1882, but were suspended by the outbreak of the Soldiers' Riot in July. Following the suppression of the riot, the Korean government dispatched

Cho Yŏngha, Kim Hongjip, and Ŏ Yunjung to China to resume the talks. This led to the promulgation of a trade agreement between the two countries in October.

Since it was considered inappropriate for China to "negotiate" with a tributary, the agreement was "promulgated" unilaterally by the Chinese government as "internal administrative regulations." In fact, however, it is definitely an "interstate agreement," negotiated by the representatives of the two governments. It designated Li Hung-chang in his capacity as Imperial Commissioner for the Northern Treaty Ports as the counterpart equal in status to the king of Korea. Since the commissioner was loosely under the jurisdiction of the Tsungli Yamen, in theory the Korean government was subordinated to the Yamen. Moreover, Li's semi-official diplomatic tutorship for Korea was now broadened to include actual supervisory authority. Though far from formal incorporation of Korea into Chinese administration, this new administrative linkage was totally alien in spirit and practice to the traditional relationship between the two countries under the tribute system.

The preamble of the agreement proclaimed that since the "regulations" were being established in the spirit of the benevolent treatment China had long accorded Korea, its model tributary, China's treaty partners could not claim the same "favored" treatment from China under the most-favored-nation clause. In fact, Korea was put at serious disadvantage not only vis-à-vis China, but also in comparison with Western treaty powers. While Chinese traders and merchants were guaranteed full extraterritorial rights and privileges in Korea, Koreans in China were strictly subject to Chinese jurisdiction. China's profession of favorable treatment for Korea was a complete perversion of the truth. It was in fact a declaration of its own special prerogatives in the name of its suzerainty.

In spite of the proclaimed exclusiveness of the agreement, Western treaty powers were subsequently able to claim the same privileged position in Korea as enjoyed by China under the most-favored-nation clause. So did Japan in 1883 when it gained the same status as the Western treaty powers. Thus, for Korea the 1882 trade agreement with China combined the undesirable features of the Chinese tribute system and of the Western unequal treaty system.[45)]

Growing Relations with Western Nations

Following the signing of the three Western treaties, only the United States established full diplomatic relations with Korea. Lucius H. Foote, America's first minister and envoy plenipotentiary, arrived in Seoul in May 1883 to open the first Western legation in Korea. The Korean government responded by sending a goodwill mission to the United States. It was headed by Min Yŏng'ik, the queen's adopted

45) On the significance of the Sino-Korean trade agreement, see *ibid*, pp. 140-144.

nephew, and Hong Yŏngsik, son of a former chief state councillor, as chief and deputy chief, respectively. Sŏ Kwangbŏm, scion of a prominent yangban family, served as its secretary. All in their early twenties, the youthful trio represented a new political leadership emerging in a turbulent era about to unfold in the Hermit Kingdom. The mission arrived in the United States in the fall of 1883 and was received by President Chester A. Arthur in New York. Thereafter it toured major cities in New England for some forty days. While in the United States, the mission engaged a number of American advisers for the incipient self-strengthening program at home. Yu Kilchun, one of its members, stayed behind in the United States as student, thus becoming the first Korean ever to study in the West.[46]

As has been mentioned, Britain and Germany, dissatisfied with the so-called liberal provisions of their first treaties with Korea, refused to ratify them. British Minister to Japan Parkes led the opposition of the British diplomatic and commercial community in China and Japan. Following the promulgation of the Sino-Korean trade agreement in October 1882, Parks decided to secure for Britain the same rights and privileges in Korea as enjoyed by China. Transferred to Beijing as British minister to China in August 1883, Parkes went to Seoul in October, where he was joined by Eduard Zappe, German minister to Japan, in early November that

46) For more details on the mission, see Yur-bok Lee, *Diplomatic Relations between the United States and Korea, 1866-1887*(New Yrok, N.Y.: Humanities Press), pp. 59-62.

year. Together they prepared a new draft treaty and presented it to the Korean government. After short negotiations, the revised treaties with Britain and Germany were signed in late November. The new British treaty, declaring perpetual peace and friendship between the two signatories, provided for the exchange of diplomatic representatives and the stationing of consular officials at the open port. It granted extraterritorial rights and privileges to British subjects in Korea. In addition to Pusan and Inch'ŏn, two additional ports, Hanyang (Seoul) and Yanghwajin, were to be opened to British trade, with full liberty of trade guaranteed for British merchants. It also granted Britain most-favored-nation status. The German treaty was completely identical with the British treaty in the contents. Similar treaties were signed with Italy and Russia in the summer of 1884.[47) Because of the Korean distrust of Francc stemming from the 1886 French expedition no treaty was signed with that country until 1886.

Although both Britain and Germany recognized Korea as a sovereign and independent state, neither of them opened a legation in Korea, partly because of an insufficient need for full diplomatic representation and partly in deference to the Chinese claim of suzerainty over the peninsular kingdom. Britain opened a consulate general in Seoul and placed it loosely under the authority of its legtation in Beijing, with

47) On the renegotiated British and German treaties, see Deuchler, *Confucian Gentlemen*, pp. 167-170.

Parkes serving concurrently as British minister to Korea. Although the American treaty was more liberal in favor of Korea, the United States nevertheless enjoyed exactly the same rights and privileges in Korea as did Britain and other Western treaty powers under the most favored-nation clause.

A New Chinese Overlordship

As has been noted, the Chinese military intervention in Korea following the 1882 Soldiers' Riot profoundly altered the nature of the Sino-Korean tributary relationship. Although the traditional ceremonial exchanges, such as the dispatch of the annual Korean tributary embassy to China, continued, they were reduced to empty rituals with little practical significance. The Chinese Board of Rites, which had handled tributary relations with Korea, were now relegated to the background. It was Li Hung-chang in his capacity as Imperial Commissioner for the Northern Trade Ports who handled all substantive Korean affairs, including Korea foreign policy—though still in the name of Chinese suzerainty.

Shortly after the signing of the Korean-Japanese Treaty of Chemulp'o, Chang Chien, a young scholarly aide to General Wu Ch'ang-ching, commander of the Chinese garrison in Seoul, conducted a study of the political and strategic problems China faced in Korea. Concluding that the growth of Japanese influence in the peninsula posed the principal threat to China, Chang recommended formal incorporation of Korea into Chinese administration. Li Hung-chang, however, rejected it as impractical. He pointed out that it would cause unnecessary friction between China and Japan. Subsequently, Chang P'ei-lun, a prominent Hanlin scholar, memorialized to the throne that China station in Korea an imperial commissioner, who would conduct Korea's foreign relations and command its military. Li again opposed the recommendations. In fact, however, he proceeded to put into effect many of the measures recommended by the two Changs.

In the fall of 1882, Cho Yŏngha and Kim Yunsik, who were in Tientsin for consultation with Chinese authorities, asked Li Hung-chang for assistance in the conduct Korean foreign relations and in the rebuilding of its military, which had virtually collapsed during the Soldiers' Riot. Specifically, they asked Li to send "able and experienced" Chinese advisers to Seoul. In compliance, Li selected Ma Chien-ch'ang and Paul G. von Möllendorff for the assignments. The former was Ma Chien-chung's brother and had just returned home from Japan where he had served as Chinese Vice Consul; the latter was a former German Vice Consul in China and now Li's foreign affairs adviser. The pair arrived in Seoul in December 1882. Ma was given an assignment as an unofficial adviser, for it was deemed inappropriate for a Chinese official to serve in the government of a tributary state in a formal capacity. Möllendorff was formally appointed Vice Minister of Foreign Affairs and concurrently head of the newly created Customs Service. Handpicked by

Li as the first Westerner ever to serve in the Korean government, Möllendorff was expected to follow Li's orders and serve his Chinese mandarin patron more loyally than he would his Korean royal master.[48)]

The task of rebuilding of the Korean military was entrusted to General Wu in Seoul. He in turn put Yüan Shih-k'ai, one of his aides, in charge of the task. A brash twenty-three year-old youth with little military experience but with abundant self-confidence, Yüan eagerly took up his assignment. He organized two new battalions consisting of 500 men each. In addition, Yüan replaced the defunct Special Skills Force with two new battalions. All these units, equipped with British Enfield rifles manufactured at the Tientsin Arsenal, were given Chinese-style training. They were commanded by select members of the Min faction, including Min Yŏng'ik—a clear indication of the faction's intention to control the military. By the end of 1883, Korea thus had a relatively modern force of four battalions in the capital. Its instructors were all Chinese officers from General Wu's command. The force was in fact under the full operational control of General Wu, commander of the Chinese garrison in Seoul.

General Wu's responsibilities were not confined to military matters. He had confidential instructions from Li Hung-chang

---

48) For a study of Möllendorff's career in Korea, see Yur-bok Lee, *West Goes East: Paul Georg von Möllendorff and Great Power Imperialism in Late Yi Korea* (Honolulu: University of Hawaii Press, 1988).

to keep a close watch on all activities of the Korean government by working closely with Ma Chien-ch'ang and Möllendorff. The general was a Chinese high commissioner in Korea all but in name, with his influence extending to diplomatic, military, and economic affairs. Although all this was done in the name of Chinese suzerainty, it flagrantly violated Korea's hitherto complete autonomy in its own affairs. Going far beyond what the Chinese authorities claimed as "strengthening of Chinese suzerainty," the change in fact reflected a complete metamorphosis of the traditional relationship between the two countries under the tribute system.

With the fate of the royal couple and that of the Min faction firmly in the hands of the Chinese, the pendulum in Korean court politics swung from a mildly pro-Japanese stance to one of total dependence on China. The scholarly General Wu was gentlemanly in conduct and tolerant in temper. But the young, roughish Yüan was arrogant and domineering, behaving like a proconsul with few scruple. In April 1884 General Wu returned to China with three of the original six battalions, in order to prepare for a possible French invasion of north China following the outbreak of the Sino-French War over Vietnam. Formally put in charge of Korean military affairs, Yüan interfered virtually in every activity of the Korean government in a manner and spirit totally alien to traditional benign Chinese suzerainty. What evolved in Korea in the period following the Soldiers' Riot was far from what Li Hung-chang had originally envisioned for his Korea strategy. Yet, Li accepted the change with equanimity and even satisfaction, reposing his full confidence in Yüan and giving him his unstinted support.[49)]

Nascent Nationalism: The Aborted 1884 (Kapsin) Coup

The 1882 Soldiers' Riot was a xenophobic explosion of literati cultural chauvinism and popular discontent, directed mainly against the Japanese abroad and the Min oligarchy at home. Ironically, the Japanese position in the peninsula was considerably strengthened in the wake of the riot. With the arrival of 200 Japanese troops in Seoul in the fall of 1882, a commensurate rise in Japanese influence followed.

According to the terms of the Chemulp'o Treaty, in September 1882 Korea sent an apology mission to Japan. It was headed by Pak Yŏnghyo, a young royal son-in-law, and Kim Mansik, who was Kim Yunsik's cousin, as chief and deputy chief respectively. Sŏ Kwangbŏm was the secretary

---

49) On the Chinese-sponsored Korean reforms and Yüan's domineering role in Korean politics, see Young Ick Lew, "Dynamics of the Korean Enlightenment Movement, 1879-1889: A Survey with Emphasis on the Roles of the Korean Leaders" in *Proceedings of the Conference on the Self-Strengthening Movement in Late Ch'ing China, 1860-1894* (Taipei, Republic of China, 1987), Part I, pp. 589-620.

of the mission. Also accompanying the mission in an advisory capacity were Kim Okkyun and Min Yŏng'ik. Kim was generally regarded as the leader of a small group of young radical reformers. As Queen Min's adopted nephew, Min was the heir-apparent to the Min oligarchic leadership.

These were bright young officials whose future seemed assured both by their elitist pedigrees and talent. Many were disciples and admirers of the late Pak Kyusu, the enlightened statesman who had for years tried to persuade both the Taewŏn'gun and Kojong to be friendly toward Japan and have an open mind toward the West. Pak also had been a patron of O Kyŏngsŏk, a senior government interpreter who had accompanied many a tributary embassy to Beijing, and Yu Honggi, O's friend and a herbal medicine specialist. O and Yu gained knowledge about the West by studying books O had brought home from China. Both men were members of the *chung'in* class—who served in the government only in professional or technical capacities. But they are said to have tutored Kim Okkyun and his *yangban* friends in modern thought, impressing upon them Korea's need for reform and modernization. Kim and his friends were appointed members of the apology mission to Japan, probably because more influential senior officials shunned what they considered an unpleasant and lowly assignment. It is also possible that they were chosen by Kojong and Queen Min for their progressive views.

Upon their arrival in Tokyo leaders of the mission, including Kim and Min, were received by the Meiji emperor in audience. During their two-month sojourn in Japan, members of the mission met many Japanese government officials and civilian leaders, including Fukuzawa Yukichi, Meiji Japan's foremost "enlightenment" thinker and educator. Although within a few years he would become the foremost advocate of Japan's celebrated *datsu-A* policy, at this time Fukuzawa actively aided Kim Okkyun and his fellow reformers. Unlike members of the previous Korean missions, Kim and his associates met Western diplomats and missionaries in Japan. The Japanese government went out of its way to please their visitors. It readily granted an extension of the payment period for the 500,000-*yen* riot indemnity from five to ten years and arranged a 170,000-*yen* bank loan for the mission to meet the first installment on the indemnity payment and defray expenses for dozens of Korean students enrolled at various schools in Japan, including the Japanese Army Cadet School. Japanese authorities also indicated that they might provide an additional loan if requested with the king's personal letter.

The mission returned home in January 1883, convinced that Korea should follow Meiji Japan, rather than Ch'ing China, in modernization and self-strengthening. Many of its members were given substantial positions in the government. With royal support, they initiated a number of reform projects, including the inauguration of the tri-monthly *Hansŏng Sunbo*, Korea's first modern newspaper, and the establishment of a modern postal service. Kim Mansik was put in charge of the newspaper with a Japanese editorial adviser named Inoue Kakugorō, who was a Fukuzawa disciple. Hong Yŏngsik—who would subsequently visit the United States with Min Yŏng'ik—was appointed the first director of the Postal Service. Appointed Chief Magistrate of Seoul, Pak Yŏnghyo put into effect many measures for modernizing the capital's municipal administration.

For their progressive views, the young reformers were dubbed the Enlightenment Party. They were also known as the Independence Party for their opposition to Chinese domination. The reformers were, however, distrusted by the conservative literati for their radical views, scorned by the Mins for their demand for a share of power, and detested by the Chinese for their assertion of Korean independence and pro-Japanese stand. Their influence remained limited and their position precarious. Despite his enlightened personal views, the influential Min Yŏng'ik did not join their rank, apparently because of his family position.

Though they may have individually enjoyed Kojong's confidence and moral support and sympathy from Japanese and Western diplomats in Seoul, the reformers represented a small minority within the capital bureaucracy. With their ingrained aristocratic elitism, they did not cultivate or seek popular support. Their efforts were checked at every turn by the Mins, Yüan Shih-k'ai, and Möllendorff—who turned out to be their most strident critic and foe. Most of the reformers were soon removed from official positions in the Min-dominated bureaucracy. In the fervid atmosphere of Korean factional politics, neither the dominant Min oligarchy nor the radical minority was willing to compromise or exercise moderation in the struggle for power.

Meanwhile, despite its strengthened position in the peninsula, Japan avoided an immediate open confrontation with China. While rejecting the Chinese claim of suzerainty over Korea and aligning itself with Western treaty powers supporting Korean independence, especially the United States, Japan did not wish to provoke China needlessly until it was better prepared militarily. While opposition politicians and civilian leaders in Japan, such as Gotō Shōjirō and Fukuzawa, actively aided and abetted Kim Okkyun and his fellow radicals, the Japanese government remained lukewarm toward them at best. In late 1883, Kim went to Japan to seek a 3 million-*yen* loan to finance his reform program, but the Japanese government spurned his request.

The outbreak of the Sino-French War and the disastrous Chinese naval defeat at Foochow, however, caused Tokyo to reappraise its position, for the conflict seemed to present an opportunity for Japan to drive Chinese influence from the Korean Peninsula, especially after the partial withdrawal of the Chinese garrison from Korea in April 1884.[50)]

Upon his return to Seoul from an extended leave, Japanese Minister Takezoe Shin'ichirō notified the Korean government that Japan was renouncing the unpaid 400,000 *yen* of the 500,000-*yen* riot indemnity. Takezoe, who had been openly

---

50) On the rise of Japanese influence, see Deutchler, *Confucian Gentlemen*, pp. 199-205.

contemptuous of the radicals before, now eagerly befriended Kim Okkyun and his associates. Instigating them to overthrow the Mins, he promised to aid them with Japanese troops. Asserting that China, involved as it was in a war with France, would not be able to intervene in Korea as they had before, he boasted that though heavily outnumbered, Japanese legation troops could easily handle the Chinese garrison in Seoul. Relying totally on Takezoe's verbal promise, Kim and his co-conspirators plotted to seize power by force. Other than some 150 Japanese troops in Seoul, they had no more than a few scores of their own men, including the cadets recently returned from Japan, against the well-armed 1,500 Chinese troops in the capital.

This time there was a group of moderate reformers within the Korean government, such as Kim Hongjip, Ŏ Yunjung, Kim Mansik, and Kim Yunsik. Conscientious and enlightened, these men seem to have inherited the pragmatism of the late Pak Kyusu and the spirit of late Chosŏn Practical Learning (Sirhak). With realism and moderation, they took a gradualist approach toward reform. While recognizing Japanese achievements in modernization, they did not fully trust the Japanese and preferred to maintain the traditional rapport and cooperation with China. For practical reasons, they were willing to work with the Mins. Unfortunately, however, they were able neither to prevail upon the conservatives, nor to restrain the radicals.

With overt Japanese encouragement and support, the radicals staged an ill-prepared coup on December 4, 1884, by taking advantage of a banquet celebrating the inauguration of the new postal service. Its director Hong Yŏngsik, one of the chief conspirators, invited to the banquet the commanders of all the Royal Guard battalions, who had been marked for assassination. But the plan misfired, and only one of them, Min Yŏng'ik, was wounded while the others escaped unharmed. Kim Okkyun and fellow conspirators then rushed to the royal palace and falsely informed the king that Chinese garrison troops had created disturbances. They asked him to summon Japanese Minister Takezoe for help. The latter responded with 150 Japanese legation troops as he had promised. Having seized the persons of the king and queen, the conspirators had the king summon all top officials to the palace on the following morning. Those marked for assassination were killed one by one as they arrived at the palace gate, including the three surviving Royal Guard commanders and several members of the Min faction. Thereafter, the conspirators reportedly adopted a fourteen-point reform program.

The program, as it was later related by Kim Okkyun, called for immediate repatriation of the Taewŏn'gun and termination of the tributary ties with China. It also called for curtailment of *yangban* privileges, recruitment of officials on the basis of merit, decentralized fiscal and military administration, and concentration of decision-making power in a new state council. The coup leaders seem to have visualized a modernized Korea free of Chinese control and with an egalitarian social order replacing the traditional hierarchy of the dynasty.

Within two days, however, the coup was crushed. On December 6, Yüan Shih-k'ai personally led 1,000 Chinese troops in an assault on the palace to rescue the king. Facing the numerically superior Chinese force, Takezoe reneged on his word and withdrew from the palace with his troops. With their departure, the coup collapsed. Of the coup leaders only Hong Yŏngsik and Pak Yŏnggyo, Pak Yŏnghyo's brother, remained at the king's side to the end and were killed. After setting fire to the legation building, Takezoe fled to Japan with his staff. Kim Okkyun, Pak Yŏnghyo, and other conspirators managed to escape with them to Japan. Altogether some 200 men were killed in the fiasco, including thirty-eight Japanese and ten Chinese.[51)]

In January 1885, Japanese Foreign Minister Inoue arrived in Seoul to settle the incident. He was escorted by a force of two army battalions and seven warships. The Korean government appointed Kim Hongjip, second state councillor, to meet with Inoue. In the ensuing exchange of denunciation, Kim accused Takezoe of involvement in a treasonous plot against the host government. Although he was fully aware of Takezoe's inexcusable involvement in the coup, Inoue countered that Takezoe had simply responded to a call for help from the legitimate ruler of the host country to whom

51) *Ibid*, pp. 205-208. For a detailed study of the coup, see Harold F. Cook, *Korea's 1884 Incident: Its Background and Kim Ok-kyun's Elusive Dream* (Seoul: Royal Asiatic Society, Korea Branch, 1972).

he was dully accredited.

For obvious reasons, the Japanese wished to sidestep the issue of responsibility for the incident. For its part, Koreans were advised by the Chinese to avoid further trouble with Japan. The result was the Treaty of Hansŏng, signed in January 1885. Korea agreed to pay an idemnity of 100,000 *yen* for the loss of Japanese lives and property during the incident and another 20,000 *yen* for rebuilding the Japanese legation in Seoul. In addition, it agreed to send an apology mission to Japan. By a strange twist of logic and reason, the Korea government's position was thus turned from that of a victim into that of a malefactor, while the Japanese government managed to emerge with a major diplomatic victory from an embarrassing blunder.

Japan went on to score an even greater victory. Li Hung-chang and Itō Hirobumi, representing China and Japan respectively, met in Tientsin in the following April to discuss the question of Korean. The two signed an agreement known as the Li-Itō Convention of Tientsin, which announced that both China and Japan would withdraw their troops from the Korean Peninsula within four months. It further stated that should either country decide in the future to send troops to Korea, it would notify the other of its decision. Japan thus achieved by diplomacy what it had failed to achieve by the use of force: equal status and rights with China in the peninsular kingdom. In particular, Japan gained the right to send troops to Korea by unilateral decision—a right which China had always considered exclusively its own as Korea's suzerain. In emulation of the predatory imperialism of the contemporary West, both China and Japan thus assumed the role of "secondary imperialist" toward their smaller and weaker neighbor.[52)]

Li was certainly not so obtuse as not to realize what the agreement meant to China. But he was in an impossible position: faced with a the real danger of French attack on north China, he had little choice but to accept compromise with Japan in Korea, in order to forestall Franco-Japanese collaboration against China. Li apparently still hoped that whatever its formal relationship with Japan was, Korea would always remain faithful to its "suzerain."

The 1884 coup was the first radical reform attempt in Korean history that was inspired by modern ideas brought in from abroad in the wake of the opening of the country to the Western world. In ideology, it was pro-Japanese, engineered by men inspired by the Meiji reform—actively aided and abetted by the Japanese. In sentiment, the abortive coup was the first manifestation of nascent modern Korean nationalism, engendered by Chinese interference and domination. Though it was an ill-prepared fiasco, it was progressive in its political philosophy and aim, aspiring for an independent and modern Korea like Meiji Japan.

The venture, however, was bound to fail. Utterly devoid of realism and practical experience, the conspirators totally

---

52) On the Li-Itō Convention, see Deuchler, *Confucian Gentlemen*, pp. 211-214.

ignored the prevalent conservatism of both the officialdom and the literati, which still remained faithful to China and distrustful of Japan. Impatient to seize power, they relied on the dubious word of a handful of Japanese diplomats who obviously had ulterior motives of their own, without making any effort to organize domestic support. While they may have believed that they had the tacit approval for the well-meaning but fickle Kojong, they apparently had no support from the strong-willed queen, which would have been more crucial. By their rash, bloody action in collaboration with the Japanese, they forfeited whatever royal confidence they may have had and earned the wrath of the populace as well as the officialdom and the literati. To sum up, Kim Okkyun and his fellow conspirators possessed the idealism and elitist arrogance of aristocratic youth accustomed to power and privilege, but lacked the pragmatic wisdom, prudent judgment, and organizing ability required of successful reformers.

CONCLUSION

Living in close geographical proximity to and even closer cultural affinity with China, the Koreans had long viewed it as the center of the universal empire that theoretically embraced all mankind and embodied its civilization. They were convinced that Confucian culture was the "central florescence" (chung-hua) of human civilization. The Confucian literati of nineteenth-century Korea, largely devoid of cultural nationalism, firmly believed in the universality of Confucian culture. In their view, its preservation was their foremost moral duty and took precedence over the preservation of any particular land or dynasty. Nineteenth-century Koreans were probably more determined to preserve Confucian culture than any other people in the East Asian world.[53)]

Their cultural affinity and self-identification with the Middle Kingdom notwithstanding, Koreans always jealously guarded their political independence and resisted Chinese interference in their affairs. The history of the Korean people is a story of unceasing struggle against external aggression. In order to preserve their political independence from Chinese domination and control and to protect their territorial safety from Japanese intrusion and plunder, Koreans maintained a policy of rigid exclusion against both neighbors. In the middle decades of the nineteenth century, when they were approached for open intercourse and commerce by Westerners, Koreans were living in a closed land far more tightly isolated than China or Japan. With little physical or cultural contact with the Western world, they gained their knowledge of the West only indirectly through China. Their perception and image of the West

53) For a comprehensive study of Korea's traditional cultural affinity with China, see M. Frederick Nelson, *Korea and the Old Orders in Eastern Asia* (Baton Rouge: Louisiana State University Press, 1945).

were formed largely on the basis of limited contact with the few Western missionaries operating clandestinely in their midst. This colored their attitude and response to the West through most of the nineteenth century. Viewing the Westerners almost solely in terms of Catholicism with its universalistic doctrine, the Korean literati, with their equally universalistic Confucianism, regarded them as representing a barbarity's challenge to civilization. Hence, their response was the universalistic call *of wijŏng ch'ŏksa,* primarily for the preservation of Confucian culture and only secondarily for the defense of their land.

This differed clearly from the pragmatic accommodation with the West of the contemporary Chinese mandarins, who had historically nurtured a cosmopolitan outlook of empire, fostered by continuous trade and cultural contact with the Western world. Following China's humiliating defeat in the Opium War, while still confident of their cultural superiority over the Western world, some Chinese leaders saw merit in Western culture and began calling for the limited adoption of its science and technology. They expounded the pragmatic doctrine of "Chinese learning for principle and Western learning for utility" (Chung-hsüeh wei t'i Hsi-hsüeh wei yung) as the slogan for China's self-strengthening.[54)]

---

54) For an appraisal of China's self-strengthening program, see Kwang-Ching Liu, "Self-Strengthening: The Pursuit of Western Technology." in Denis Twitchett and John K. Fairbank, eds., *The Cambridge History of China* (Cambridge: Cambridge University Press, 1978), Vol. 10, Part I, pp. 491-542.

Even more clearly, the Korean literati's response to the West contrasted that of contemporary Japanese samurai (warriors) who, in spite of Tokugawa Japan's seclusion policy, had significant contact with the Western world. Though a bona fide member of the East Asian world, Japan did not always closely identify itself with the Sino-centric world order. Compared with the Chinese and Korean scholar-officials, Japan's military rulers were better able to appraise Western military strength realistically. Since Japanese samurai perceived the nineteenth-century West chiefly as a military, not cultural, threat, they responded to it with the nationalistic call of *jōi* ("expulsion of the barbarians"). Recognizing quickly the superiority of Western military science and technology, they proceeded to launch an all-out effort for their wholesale adoption, with a nationalistic call for "enriching the country and strengthening the army" (fukoku kyōhei) for the defense of their country.[55)]

As Western pressure for opening the Hermit Kingdom mounted in the early 1860s, the Korean literati's sense of cultural and moral crisis deepened. While Chinese mandarins began accommodating with and Japanese samurai began emulating the West, Korean literati developed a sense of mission as the self-appointed defender of Confucian culture and tradition. Their call of *wijŏng ch'ŏksa* combined a cultural antagonism against the West, a disapproval of

55) W. G. Beasley, *The Meiji Restoration* (Stanford: Stanford University Press, 1972), pp. 350-378.

Chinese accommodation with the West, and an antipathy toward the Japanese emulation of the West. This reawakened the Korean literati's lingering anti-Manchu sentiment and their dormant distrust of the Japanese. The Taewŏn'gun personified these literati sentiments. Hence, his exclusionist policy toward the West and his uncompromising stand against Japan enjoyed virtually unanimous and solid support from the literati and the populace alike.

Though myopic in vision and misguided in action, the Taewŏn'gun was personally a superb leader. By his resolute stand and forceful leadership he was able to repulse, though with heavy prices, the half-hearted French and American attempts at breaching the centuries-old wall of Korean exclusionism. The "victories" not only reinforced Koreans' belief in their own ability to defend their land against Western armed intrusion, but also gave them pride as "the defender of civilization" against the challenge of the Western "barbarians." Korean literati viewed Ch'ing China's accommodation with the West as a "Manchu sellout" and Meiji Japan's embrace of Western culture as a betrayal of East culture and tradition.[56)]

As knowledge of outside world increased among Koreans, their perception of the West became more realistic. The Taewŏn'gun's ouster from power made possible an adjustment of Korea's Japan policy on the basis of this new realism. The subsequent process of reconciliation with Japan, however, was

---

56) Kim, *The East Asian World Order*, pp. 62-76.

rendered difficult by Japan's nationalistic ambition and its "imperial" pretensions toward Korea, which rekindled the Koreans' deep-seated distrust of the Japanese. Combined with Korean aversion for Western culture, especially its religion, this aroused among Koreans a suspicion of Japanese-Western collusion against Korea. In these circumstances, it took Japanese gunboat diplomacy to bring about a rapprochement between the two neighbors with the signing of the Treaty of Kanghwa in 1876. The treaty, however, did not signal Korea's conscious or voluntary entry into the modern international community. Subjectively, the Koreans regarded it merely as a step toward the restoration of harmonious relations with Japan. Lacking in vision and conviction and deprived of resolute leadership, the Korean government under Kojong's personal rule was passive and indecisive, unable to respond positively to the changing reality of the time.

Meanwhile, growing increasingly concerned about the safety of the Korean Peninsula, which had traditionally been regarded as the eastern shield of the Chinese empire, Li Hung-chang gradually formulated a new strategy for protecting it from what he perceived as a dual threat from Japan and Russia. In a period of China's dynastic decline and military weakness, Li had to rely chiefly on diplomatic rather than military means. Accordingly, he decided to persuade Korea to enter into treaty relations with Western powers in the hope that these powers would jointly or severally check Japanese and Russian aggression against Korea. Li's experience in dealing with Western powers and his pragmatism made him choose the more effective Western treaty system, rather than the largely symbolic Chinese tribute system—which was fast becoming irrelevant in the age of imperialism as an instrument for implementing his Korea strategy.

Korea's traditional political autonomy and the principle of mutual non-interference in each other's affairs under the tribute system made Li proceed with caution. Beginning with informal counsel through personal correspondence with Yi Yuwŏn in the mid-1870s, he went on to assume, by imperial command, an informal diplomatic tutorship for Korea by the end of the decade. This unprecedented new role enabled Li to mastermind the negotiations that led to the signing of Korea's treaties with the United States, Britain, and Germany in the summer of 1882. The treaties ended Korea's centuries-old isolation and brought it into the modern world community.

The Korean government, dominated by Queen Min and her relatives and intimidated by the conservative Confucian literati at this time, signed the treaties without conviction and almost entirely under Chinese prodding and guidance. In view of the determined literati opposition centered around the Taewŏn'gun, it was virtually a foregone conclusion that the treaties would face a violent domestic challenge. The 1882 midsummer Soldiers' Riot was an explosive manifestation of that challenge.

The unprecedented Chinese military intervention that followed put China squarely face-to-face with Japan on the strategic peninsula. Of Korea's new Western treaty partners, only the

United States was mildly sympathetic with the cause of Korean independence. Preoccupied as it was, however, with post-Civil War Reconstruction at home and guided by the Monroe Doctrine abroad, the United States in the Gilded Age had little inclination to concern itself with the problems of an obscure Asian kingdom. Great Britain, pursuing a policy of alliance with China to protect its mercantile empire and check Russian expansion in East Asia, acquiesced in China's domination of the peninsular kingdom in the name of its traditional suzerainty. Long viewed with suspicion by the Koreans as an agent of the Roman Catholic Church, France could not even obtain a treaty from Korea, let alone exercise any influence on the peninsular kingdom. Lacking as yet any commercial interest of its own in East Asia, Germany readily aligned itself with Britain in the region. Although eager to establish a foothold in the peninsula, Russia was as yet in no position to challenge China, Britain, and Japan in the Korean Peninsula.

In the face of the violent Korean domestic reaction against the opening of the country and a disappointing lack of Western interest in the peninsular kingdom, Li Hung-chang's treaty-system strategy failed to produce the hoped-for result. Instead, it created a two-party rivalry in Korea between China and Japan, each seeking its own exclusive control over the peninsula. Abandoning the new strategy, Li fell back on the familiar tribute system, with ready compliance from the Koreans. This inevitably led to a Chinese domination of the peninsular kingdom, transforming in the process benign

Chinese suzerainty into "secondary imperialism" — domination of a small nation by a power which itself is a victim of imperialist aggression.[57)]

Meanwhile, Japan proceeded to consolidate its position in the peninsula through expansion of political influence and commercial interest. Both China, Korea's traditional suzerain, and Japan, its old neighbor, began to treat the peninsular kingdom in the spirit of predatory imperialism.

Against this changing international backdrop, Korea was hopelessly deficient in military capability to resist external aggression. It possessed neither China's size and wealth nor Japan's maritime position to attract world attention. Most crucially, steeped in their Confucian culturalism and exclusionist tradition, Korean literati were unable to view the West objectively. They possessed neither the breadth of historical experience and pragmatism of the Chinese mandarins, nor the nationalism and martial tradition of the Japanese samurai to grasp the nature of the Western challenge they faced.

Unable to respond positively to the challenge, Confucian Korea was ill-prepared for independent survival in a Darwinian world in an age of unbridled imperialism. The 1884 coup, a rash and reckless venture by young and inexperienced radicals, was instantly crushed by China and

57) For a critical view of post Chinese policy in Korea, see Young Ick Lew, "Yüan Shih-k'ai Residency in Korea and the Korean Enlightenment Movement, 1885-94," *The Journal of Korean Studies* 5 (1983), pp. 63-107.

readily abandoned by Japan. That neither of its two neighbors was interested in Korean independence was made abundantly clear by the Li-Itō Convention signed in April 1885.

Caught in the growing rivalry between two "secondary imperialist" neighbors, Korea was foredoomed to the fate of the proverbial shrimp whose back would be broken in a fight between two whales. Viewed in a broad, long-term historical perspective, the signing of the Li-Itō Convention, along with the signing of the Sino-French Treaty in June 1885—which recognized French colonization of Vietnam—marked the actual demise of the centuries-old Sino-centric world order and the advent of an era of unbridled imperialism in East Asia.

편집 후기

김기혁 선생은 스스로를 '만학도'라고 말씀하시곤 하셨다. 만 42세가 되는 해인 1967년 9월에야 캘리포니아대학 데이비스(Davis) 캠퍼스의 사학과 대학원 과정에 입학하였으니 그럴만도 했다. 그런데 이후 단기간에 그가 이룬 학문적 성과는 놀라운 것이었다. 2년 만인 1969년에 석사학위를 취득하였는데, 이때의 석사논문은 1974년 미시간대학의 중국학연구센터에서 『중국의 초기 근대화에 대한 일본인들의 연구: 문헌학적 개관』(*Japanese Perspectives on China's Early Modernization: A Bibliographical Survey*)이라는 제목으로 출간되었다. 이 책은 비록 129쪽의 소책자이지만, 1840~1895년 사이에 전개된 중국의 자강운동에 대한 일본학계의 연구 경향 및 성과를 정리한 '제1급의 사학사적 논문' (a first-rate historiographical essay)이라는 평가를 받았다. 이같은 서평은 미국에서 발간되는 『아시아학 저널』(*Journal of Asian Studies*), 35-2(1976. 2)에 실렸다. 평자는 위스콘신대학 밀워키(Milwaukee) 캠퍼스의 (David D. Buck) 교수였다.

김기혁 선생은 1975년 6월에 캘리포니아대학에서 박사학위를 취득하였다. 그리고는 곧바로 이 대학의 조교수가 되셨다. 대학원에 입학한 지 8년 만이었다. 그의 박사학위논문은 1980년 초 캘리포니아대학 출판부에서 『동아시아 세계질서의 종막: 한국, 일본 및 중화제국, 1860~1882』(*The Last Phase of the East Asian World Order: Korea, Japan and the Chinese Empire, 1860~1882*)이라는 제목으로 출간되었다. 해방 후 한국인 역사학자가 펴낸 이 분야의 최고 명저(名著)라고 볼 수 있는 이 책에 대해, 당시 시카고대학에 재직하던 이리에(Akira Iriye : 入江昭) 교수는 "한 · 중 · 일 동아시아 3개국 언어에 대한 저자의 탁월한 능력만으로도 이 책은 이정표적인 가치를 지니고 있다"

고 평했다. 또한 "다양한 자료들을 상호 연결시켜 해석하는 데 상당한 노력을 기울임으로써 균형 잡힌 서술을 가능케 하였고, 이로 말미암아 이 책은 주정주의(emotionalism)와 국수주의적인 편견 내지 도그마에서 벗어난 역사서가 될 수 있었다"고 평했다. 따라서 근대 동아시아 외교사를 공부하려는 연구자들에게 있어 이 책은 충분히 신뢰할 만한 입문서가 될 수 있다고 평했다. 이러한 서평은 『미국 역사학 평론』(*American Historical Review*) 86-1(1981.2)에 실렸다.

김기혁 선생이 40대에 미국의 대학원에 입학하여 역사 공부를 본격적으로 시작했음에도 불구하고 비교적 짧은 기간에 이상과 같이 괄목할 만한 학문적 성과를 낼 수 있었던 배경 내지 요인은 무엇일까? 그는 '왜정시대'인 1925년에 태어났는데, 중학교 시절에 역사(특히 한국사) 공부를 할 결심을 했다고 한다. 그가 어린 나이에 이러한 생각을 한 데에는 학문을 숭상하는 집안의 가풍이 크게 영향을 미쳤던 것으로 보인다. 그는 경북 안동시 예안면 오천리에서 6백여 년간 세거한 이른바 삼한거족(三韓巨族)이라는 명문 광산김씨(光山金氏) 예안파 문중에 속했다. 오천리는 일명 군자리(君子里)로도 불렸는데, 이는 조선 중기의 유학자 정구(鄭逑)가 "오천리에는 온 마을에 군자 아닌 이가 없다(烏川一里 無非君子)"라고 칭송한 데에서 비롯된 것이라 한다. 김기혁 선생은 가끔 이러한 일화를 전하면서 자신의 가문에 대한 자긍심을 드러내었다. 반세기 가까이 외국에서 생활했음에도 불구하고 그가 한국의 전통문화에 애착을 가지고 선비적 기품을 간직할 수 있었던 것도 이러한 자긍심이 작용했기 때문이라고 말할 수 있다.

일찍이 고향의 가숙에서 한문 고전을 익히던 김기혁 선생은 1938년에 일본으로 건너가 중학교 과정부터 이수하면서 역사가가 되기 위한 수련을 쌓았다. 그러나 애석하게도 그는 태평양전쟁으로 말미암아 대학 진학을 포기하고 귀국해야만 했다. 해방 후에는 집안의 경제적 어려움 때문에 대학에 진학하지 못하고 미군정 기관에 취직했다. 1950년부터 미연방정부 외국방송서비스국의 도쿄지국에 근무하면서 메이지대학(明治大學) 법학부를 졸업했다. 그리고 1967년까지 미국 정부기관에서 일을 했다. 이러한 과정을 거치면서 그는 모국어와 한문 이외에 일어와 영어를 원어민 못지않게 구사할 수 있는 출중한 어학 능력을 갖추는 동시에 전후 동아시아 국제정세의 흐름을 파악하는 통찰력을 길렀다.

김기혁 선생은 그러한 지적 바탕 위에서 캘리포니아대학의 대학원에 등록했고, 여기에서 훌륭한 스승을 만날 수 있었다. 그는 미국 내에서 중국근대사의 권위자로 손꼽히던 리우꾸앙징(Kuang-Ching Liu: 劉廣京) 교수였다. 류 교수는 19세기 후반 청조 선통(宣統)황제의 태사로 명망이 높았던 쳔빠오쳔(陳寶琛)의 외손자로서, 중국근대사의 산 증인이라고도 할 수 있었다. 리우 교수는 김기혁 선생의 석사와 박사학위논문을 지도했을 뿐만 아니라 그가 캘리포니아대학에 교수로서 자리잡는 데에도 큰 힘이 되어 주었다. 리우 교수가 김기혁 선생의 역사가로서의 자질을 높이 평가하지 않았다면 그러한 행운은 없었을 것이다.

김기혁 선생은 1986년 말 포항공대의 초대 교양학부장으로 조빙을 받고 귀국하셨다. 이제 막 개교를 앞둔 포항공대로서는 '세계적인 역사학자'를 영입한 셈이었지만, 학문적 측면에서 보면 김기혁 선생에게는 불리한 결정이었다. 그럼에도 불구하고 그가 귀국의 길을 선택했던 것은 늘 마음속에 간직했던 조국, 특히 고향에 대한 애정과 그리움 때문이었다고 여겨진다. 귀국 후에는 동료 교수가 지어준 '무송'(撫松)이라는 아호를 즐겨 사용했는데, 이 호는 도연명(陶淵明)의 귀거래사(歸去來辭)에 나오는 "나는 외로운 소나무를 어루만지며 서성대고 맴돌고 있노라(撫孤松而盤桓)"는 구절에서 따온 것이었다.

김기혁 선생은 고국으로 돌아온 후 『동아시아 세계질서의 종막』의 후속편으로서 청일전쟁(1894~1895)까지의 동아시아 외교사를 집필하려는 계획을 세웠지만, 끝내 이 뜻을 이루지 못한 채 영면하셨다. 세상을 뜨기 얼마 전까지만 해도 나이를 잊은 것처럼 건강하고 활달한 모습으로 자신이 구상 중인 책에 대하여 이야기하곤 했다.

이 책에는 김기혁 선생이 귀국 전후에 쓰신 논문들 중에서 5편을 골라 수록하였다. 이 중에 2편(「19세기 중엽의 동아시아 국제정세」와 "Korea's Entry into the Modern International Community")는 미간 원고이다. 나머지 3편 중 「강화도조약의 역사적 배경과 국제적 환경」은 『국사관논총』25(1991)에, 「근대 초기에 있어서 한·청·일 관계의 전개」는 『사상과 정책』1-4(경향신문사, 1984)에, 그리고 「이홍장과 청일전쟁」은 『청일전쟁의 재조명』(한림대 아시아문화연구소, 1996)에 각각 실린 바 있다.

이들 논문은 주로 갑신정변(1884)까지의 시기에 국한되어 있어 아쉬운 감이 없지 않지만, 19세기 후반 서양세력의 동아시아 진출을 배경으로 한 한·중·일 3국의 관계사를 김기혁 선생께서 어떻게 이해하고 있었는지를 잘 보여준다. 한편으로 우리는 『한국사 시민강좌』에 실렸던 「나의 책을 말한다」라는 글을 통하여 선생이 역사학에 입문하게 된 과정과 학자로서의 소탈한 면모를 살필 수 있다. 삼가 고인의 명복을 빌며, 아울러 이 책을 통하여 선생의 학문적 업적이 오래오래 기억될 수 있기를 바라마지 않는다.

2007년 3월

유영익·고정휴

찾 아 보 기

[ㄴ]

[ㄷ]

[ㄹ]

[ㅁ]

[ㅂ]

[ㅅ]

[ㅇ]

[ㅈ]

[A]

[I]

[J]

[K]

[U]

[V]

[W]

[Y]

근대 한·중·일 관계사

저 자 김기혁

펴낸곳 연세대학교 출판부

주 소 서울특별시 서대문구 성산로 262
http://www.yonsei.ac.kr/press
e-mail: ysup@yonsei.ac.kr

전 화 02) 2123-3380~2

팩 스 02) 2123-8673

등 록 1955년 10월 13일 제9-60호

인 쇄 대일문예사

2007년 5월 15일 1판 1쇄
2010년 6월 25일 1판 2쇄

ISBN 978-89-7141-776-8 (03340)

값 25,000원